검사의 탄생

지금 이 순간 당신에게
필요한 검찰 공부

검찰연구모임 리셋

검사의 탄생

윌북

추천의 글

제도는 늘 발전시켜 나가야 하는 대상이며, 발전이 멈춘 제도는 그 자체의 함정에 빠져버린다. 민주주의 모델을 구축했던 그리스에서 민주주의가 지속되지 못하고, 이상적인 헌법 모델을 제시했던 바이마르공화국이 나치의 손바닥에서 벗어나지 못한 게 그 역사적 증거다. 그럼에도 워낙 분열의 시대이다 보니 개혁이란 말은 곧 분열하자는 말처럼 들리기도 한다. 개혁은 지금까지의 잘못을 추궁하기 위해서만이 아니라, 다음 단계로 넘어가기 위해서라도 필요하다. 내가 청탁금지법을 입안할 때 발전 단계 이론을 끌어들인 것은 그래서였다. 우리나라는 엘리트 카르텔의 단계에 머물러 있는데, 거기서 벗어나 다음 단계로 넘어가기 위해 청탁금지법이 필요하다고 생각했다.

검찰개혁도 마찬가지다. 검찰개혁을 설득하기는 쉽지 않다. 검찰에 대한 견제와 균형을 위해 공수처가 필요하다고 주장하자 한 검사가 그럼 국세청도 하나 더 만들고 경찰청도 하나 더 만들어야 하지 않느냐고 반문하던 기억이 난다. 검찰 독립이 더 중요하다는 주장에, 제대로 된 견제 장치가 갖춰진 다음에야 가능하지 않겠느냐고 설득했던 기억도 있다. 세월이 흘렀으나 안타깝게도 검찰개혁은 풀리지 않은 과제로 남아 있고, 검찰개혁에 대해 이야기하고 설득해야 하는 수고로움도 여전하다. 이 책은 시의적절하게도 검찰개혁에 관련된 전문적인 내용을 쉽게 풀어쓰고 있다. 우리 사회가 다음 단계로 도약해야 한다는 데 동의하는 사람이라면 누구든지 꼭 읽어보아야 할 책이다.

김영란(전 대법관, 『판결과 정의』 저자)

검찰총장 출신이 대통령이 되었고, 검찰개혁은 다시 한번 뜨거운 감자가 되었다. 평범한 시민들도 서슴없이 "검찰이 바뀌어야 한다"는 이야기를 꺼낸다. 하지만 조금만 들여다봐도 전문적이고 복잡한 쟁점이 한두 가지가 아니다. 누구나 개혁을 말하지만, 정확히 검찰의 무엇이 문제고, 무엇을 어떻게 바꿔야 하는지 말하기는 쉽지 않다. 이 책은 검찰개혁의 여러 쟁점을 문답식으로 알기 쉽게 풀어놓았다. '검찰개혁을 위한 시민 교재'라고 하면 딱 맞을 것 같다. 이 책과 함께 검찰개혁에 관한 시민사회의 토론이 한 단계 높은 수준으로 올라갈 수 있기를 기대해본다. 검찰개혁, 말만 들어도 지겨울 법하지만, 이제는 정말 종지부를 찍을 때가 되었다. 진정한 개혁은 예나 지금이나 시민의 의지와 참여에 달려 있다.

홍성수(숙명여자대학교 법학부 교수, 『말이 칼이 될 때』 저자)

2장
검찰은 무엇으로 사는가

3장
검사가 누리는 특권들

4장
언론은 검찰을 감시할 수 있을까

5장
법원은 검찰을 통제할 수 있을까

6장
검찰, 어떻게 바꿔야 할까

7장
검찰개혁은 한판 승부가 아니다

머리말

검찰에 대해
이야기해야 하는 이유

　'검찰개혁'이라는 화두는 오랜 기간 한국 사회의 논쟁거리였고 오늘 이 순간에도 현재진행형입니다. 긴 시간 논란이 있었고, 나름 개선안이 마련되었고 시행된 것도 꽤 있지만 여전히 본질적인 개혁이 필요하다는 주장과 그에 대한 반론이 이어지고 있습니다. 시행된 개혁안에 대해서도 찬반이 엇갈리며, 제대로 시행되었는지에 대해서도 논란이 그치지 않습니다.

　잠시 2024년의 현실을 볼까요. 검찰 출신 대통령과 여당 대표가 존재하는 한편, 검찰개혁을 가장 중요한 목표로 내세운 동시에 수사와 기소 대상이 된 제1야당과 제2야당 대표가 그 대척점에 서 있습니다. 검찰이 제대로 권한 행사를 하는지에 대해서나 제도 개혁을 둘러싸고도 양측의 견해 차이가 아주 크고, 국민들의 의견도 엇갈리고 있습니다.

　그러나 과연 논란이 되어온 만큼 우리 사회와 시민들이 이 주제에 대해 충분한 대화와 논의를 하였는지 의문이 듭니다. 그때그때의 상황에 따라 흥밋거리로 소비하거나 정치적인 입장에 따라 이미 정해놓은 답을 고집하기도 하고, 특히 검찰이라는 주제의 전문성 때문에 많은 사람의 참여가 힘들기도 했습니다.

하지만 검찰개혁은 소수의 전문가나 정치인 또는 검사들에게만 맡겨두기에는 너무 중요합니다. 검찰을 포함한 형사사법절차는 모두에게 영향을 미칠 뿐 아니라 우리 사회의 진로를 결정하기 때문입니다. 무엇보다 검찰 등 수사 체계가 어떠해야 하는지, 형사사법절차가 합리적이고 공정하려면 검찰의 위치와 권능이 어떻게 부여되고 제한되어야 하는지는 '국민의 이익'이라는 기준에서 판단되어야 합니다. 국민이 알고, 토론에 참여하며, 결정할 수 있는 과정이 절실합니다.

비단 검찰개혁 문제만이 아닙니다. 어떤 의제에 관해서는 대립하는 의견들이 갈수록 극단적이 되고 갈등의 해결과 공동의 대안 마련에는 이르지 못하는 일이 많아졌습니다. 우리 정치와 사회의 중요한 문제입니다. 힘들고 불편하더라도 의견을 모으고 논쟁과 토론을 통하여 민주적으로 결정을 내려야 합니다. 대화와 공론, 민주적 원칙에 따른 결정과 집행이 꼭 필요합니다.

이 책의 저자들은 학계, 법조계뿐 아니라 언론계와 시민운동 영역에서 검찰개혁 문제에 관심을 가지고 활동해온 사람들입니다. 지난해부터는 자신이 몸담은 영역을 넘어서 서로 토론하고 고민하는 공부 모임을 해왔습니다. 검찰개혁 문제를 두고 보통의 시민들과 소통하는 방식을 고민하다가 질문과 답변 형식으로 정리해보기로 하였고, 한 권의 책으로 그 결실을 맺게 되었습니다. 이 책이 서로 다른 영역을 넘나들면서 이뤄낸 공동 작업의 결과라는 점 또한 작은 성과라고 생각합니다.

저자들은 검찰개혁이 필요하다는 공감대를 가지고, 검찰개혁의 당위성을 기초로 작업을 진행했습니다. 다만 공동 작업이라는 특성 때문에 이 책에 실린 견해들 전체는 저자 개개인의 견해와 조금은 다를 수밖에 없었습니다. 최종적으로 이견이 완전히 좁혀지지 않은 부분도 어쩔 수 없이 남아 있습니다. 이를 좌담회 방식으로 풀어보기로 하고, 그 내용은 7장에 수록했습니다. 이 점을 고려하고 읽어주시길 부탁드립니다.

검찰개혁에 반대하거나 소극적인 분들과도 대화하고자 노력했으나, 충분히 소통하지 못한 것은 아쉬움으로 남아 있습니다. 하지만 질문과 반대 논리의 소개, 재비판을 통해 부족하나마 다른 견해와 소통하려 했고, 앞으로 반대 견해를 가진 분들과도 토론을 나눌 수 있기를 기대합니다.

이 책은 특히 많은 분의 도움을 받아 만들어졌습니다. 모임의 요청으로 일부 글을 작성해주신 《뉴스타파》와 여러 자문을 해주신 오지원 변호사, 김상준 변호사, 장은주 영산대학교 교수, 박영흠 성신여자대학교 교수, 김기중 변호사의 수고에 감사를 드립니다.

집필 작업에는 참여하지는 못했지만 모임에서 지혜를 나눈 이근우 가천대학교 교수, 박정은 참여연대 전 사무처장, 김태일 참여연대 사법감시센터 팀장, 손우정 솔라시포럼 추진단장, 민변 복지재정위원회 위원장인 이동우 변호사께도 감사드립니다.

아울러 우리 모임의 간사를 맡은 전수진 변호사와 출판 과정을 총괄한 정은주 기자의 특별한 수고에 감사드리고자 합니다. 일반적인 편집 작업을 넘어 집필 방향과 형식을 같이 토론해주신 월북 최혜리 편집장, 박효주 편집자에게도 이 자리를 빌려 고마운 마음을 전합니다. 마지막으로 지금까지의 모임 운영과 출판은 법무법인 경의 지원에 의한 것임을 공유하며 그에 대한 고마움의 인사를 드립니다.

이 책이 검찰개혁의 주체이자 최종 결정자인 시민들이 생산적인 논의를 시작하는 데 보탬이 되기를 기대합니다.

1장

우리는 검찰공화국에 살고 있다

intro
보이스 피싱 검사

"서울중앙지방검찰청 첨단범죄수사팀 검사 김민수입니다."

김동현(가명) 씨는 '검사 김민수'라고 자신을 소개한 사람에게 전화를 받았습니다. 검사 김민수라는 사람은 김동현 씨 계좌가 금융 사기에 연루되어 있으니 긴급히 돈을 찾아야 한다고 하며 그 돈을 지시한 주민센터 택배함에 넣고 자신에게 알려준 후 연락을 기다리라고 합니다. 김동현 씨는 그의 전 재산이 다름없는 420만 원을 인출한 후 주민센터 택배함에 넣고 검사 김민수에게 알려준 후, 다시 찾아가라는 연락을 기다렸습니다. 하지만 검사 김민수는 나타나지도, 연락을 하지도 않았습니다. 다시 찾아가본 택배함은 이미 비어 있었습니다. 심한 자책에 시달리던 김동현 씨는 결국 목숨을 끊게 됩니다.

김동현 씨의 아버지는 청와대 국민 청원 게시판에 "내 아들을 죽인 얼굴 없는 검사 김민수를 잡을 수 있을까요?"라고 청원을 올렸습니다. 사기 조직은 잡혔지만 죽은 청년은 돌아올 수 없었습니다.

한 청년을 죽음으로 내몬 보이스 피싱범이 사칭한 신분은 '검사'였습니다. 왜 검사였을까요? 평범한 시민에게 검사는 막대한 권한을 가진 사람, 범죄를 처단하고 정치와 사회까지 움직이는 사람으로 여겨지기 때문입니다. 검사가 직접 전화해 당신의 계좌가 범죄에 연루되었다고 한다면, 이를 무시하거나 의심하기는 쉽지 않습니다.

2024년 8월 경찰청이 발표한 자료에 따르면 2022년 보이스 피싱으로 검거된 2만 1832건 중 검사나 경찰, 금감원 직원 등 기관을 사칭한 경우가 40퍼센트에 달한다고 합니다. 왜 보이스 피싱범은 검사를 사칭할까요? 검사와 검찰이 한국 사회 권력의 핵심 중 하나이기 때문일 것입니다.

실제로 우리는 '검찰공화국', '검찰국가', '검찰 독재'라는 말을 자주 듣습니다. 검찰이 한국 사회에 중요한, 결정적 역할을 할 때가 많고, 검사들이 높은 자리를 많이 차지하고 있다는 방증이겠지요. 지금부터 77가지 질문을 통해 한국 사회에서 검찰의 의미와 역할을 짚어보려 합니다. 검찰은 생각보다 우리 사회의 곳곳에 영향을 끼치고 있으며, 검찰이 제대로 기능하지 않으면 법치라는 시스템이 크게 흔들린다는 것을 확인할 수 있을 것입니다.

⊕ 검찰은 원래부터 힘이 셌을까?
↘ '검찰공화국'의 시작을 찾아서

　　　　　우리는 '검찰공화국'이라고 이야기할 정도로 검찰이 거대한 힘을 가진 사회에서 살고 있지만, 검찰이 원래부터 이렇게 힘이 셌던 건 아닙니다. 검찰이 힘을 불리게 된 상황을 살펴보려면 '검찰공화국', '검찰국가', '검찰 독재' 같은 말이 언제부터 사용됐는지 살펴보는 것도 도움이 됩니다.

　　노태우 정부 때 검사 출신 인사들이 정부 요직에 진출하면서 검찰공화국이라는 비아냥이 나오기 시작했습니다. 1990년대 말에 들어서는 이 말이 비대해진 검찰 권력을 가리키는 말로 사용되었죠. 1999년 8월 국회에서 한 야당 국회의원이 대검찰청 공안부장 진형구가 조폐공사의 파업을 유도한 사건을 두고 국회 청문회에서 "구조조정 과정의 '효율성'이 우리나라 전체의 혼란과 노동자의 피눈물을 가져왔고 오만방자한 검찰공화국을 만들었다"라고 발언한 기록이 남아 있습니다.

　　요컨대, '검찰공화국'은 노태우 정부와 김영삼 정부가 검찰을 이용해 통치 기반을 구축해온 정치 관행을 비판하면서 사용되기 시작했습니다. 검찰을 개혁해야 한다는 목소리가 처음 등장한 것도 이 시기였습니다. 이는 김대중 정부에서도 계속됩니다. 의약분업을 둘러싸고 의료계가 파업을 반복하자 당시 보건복지부가 의사들의 폐업 관련 자료를 검찰에 넘겼습니다. 정책 문제를 정치적으로 해결하지 못하고 검찰의 힘을 빌어 위압적으로 처리하고자 한 것입니다(역사는 반복된다고 하지요. '한 번은 희극으로 또 한 번은 비극으로' 말입니다. 윤석열 정부에서의 의대 정원 확대와 관련하여 동일한 양상이 벌어지고 있습니다). 이 사태에서도 검찰공화국이냐는 비판이 나왔습니다.

한마디로 '검찰공화국', '검찰국가'라는 말은 정치에 끼어들어 과도한 영향을 미치는 검찰의 문제, 검찰의 정치적 활용을 지적하는 말이었습니다. 이후에도 검찰의 힘은 결코 작아지지 않았기에 종종 이런 표현이 사용되곤 했습니다. 하지만 검사 출신인 윤석열 대통령이 등장하면서 그 사용 빈도가 크게 증가하게 됩니다.

⊕ '검찰공화국', '검찰공화국' 하는데
  정확히 무슨 뜻일까?
  ↘ '검찰이 과잉 권한으로 민주주의를
    위협하고 있다'

검찰공화국은 법적 용어가 아니기 때문에 사전적 정의는 없습니다. 쓰는 사람에 따라 의미가 조금씩 다르기도 하지요. 하지만 사용례를 모아보면 다음과 같이 요약할 수 있습니다.

❶ 법으로 검찰에 너무도 많은 권한을 부여하여 국민 위에
  검찰이 군림하게 됨(과잉 권한)

❷ 필요에 따라 반대 세력은 가혹하게 수사하고 우호 세력
   은 수사하지 않거나 형식적으로 수사를 하는 등 권한을
   자의적으로 행사하는 경우가 많음(권한 행사의 자의성)
❸ 검사 출신이 정부 요직에 과도하게 진출하여 통치의 기
   반을 이루고 있음(과잉 대표)
❹ 검찰의 논리가 국정 운영에 결정적인 영향을 미치고,
   사회적 갈등이나 정치 분쟁이 발생할 때 대화와 타협이
   아니라 검찰권에 의존하게 됨(과잉 의존)
❺ 결국 민주공화국의 정신을 훼손할 우려가 커짐(민주주
   의와 갈등)

⊕ 검찰공화국이라는 말이 나오기 전에도 검찰은 문제가 있었을까?

↳ 없었던 '검찰의 DNA'가 새로 생긴 건 아니라…

검사를 '영감님'이라는 부르는 관행이 있었습니다. 조선 시대 상감과 대감에 다음가는 호칭으로 검사를 불렀던 건 검사가 그만큼 일반 시민 위에 군림하는 힘 있는 존재로 여겨졌기 때문일 겁니다. 아울러 그들의 권력 앞에 어쩌지 못하고 복종해야 하는 서민들의 한탄이 곁들여진 호칭이기도 할 터입니다.

검찰은 경찰, 법원과 더불어 형사사법권을 행사하는 기관입니

다. 그중에서도 검찰은 범죄자가 형사재판*을 받도록 공소公訴**를 제기하거나 그러지 않을 권리를 가진 국가기관입니다. 이를 법률 용어로 검사의 '기소독점주의(검사만 기소할 수 있다)'와 '기소편 의주의(기소할 것인지 여부를 검사의 재량에 맡긴다)'라 부릅니다.

<u>형사소송법</u>
제246조(국가소추주의) 공소는 검사가 제기하여 수행한다.
제247조(기소편의주의) 검사는 형법 제51조의 사항을 참 작하여 공소를 제기하지 아니할 수 있다.

문제는 우리나라 검찰은 공소 제기와 유지만 하는 것이 아니라 직접 수사까지 할 수 있어 권한을 남용할 가능성이 크다는 것입니다. 예를 들면 공소 제기, 즉 기소를 하기 위해 수사를 짜 맞추거나 피해 자를 압박하는 과잉 수사도 얼마든지 할 수 있습니다. 반대로 기소하 지 않으려고 형식적으로 수사를 하거나 질질 끌 수도 있습니다.

1960년대에서 1980년대 사이의 권위주의적 통치 시기에 검 찰은 말 그대로 집권 세력의 수족이자 통치 도구였습니다. 군사정 권은 주로 중앙정보부나 안기부(국가안전기획부)와 같은 정보 조 직이나 기무사(국군기무사령부) 같은 군사 조직을 활용해 정권에

---

*   형사재판은 국가가 개인에게 형벌을 내릴지 판단하는 재판이다. 반면 민사재판은 개 인과 개인 간의 분쟁을 다룬다.

**   공소는 검사가 법원에 죄를 지은 사람에 대한 재판을 청구하는 것이다. 공소를 제기 하는 것을 '기소'라고 약칭한다.

반대하거나 비판하는 사람들을 억압했습니다. 검찰은 각종 법(국가보안법이나 집시법 등)을 활용해 그들을 범법자로 만들고 재판에 넘겨 교도소로 보내는 역할을 했지요. 그런 와중에도 지주 집마름처럼 권력의 한 자락을 쥐고 국민 위에 군림했던 것은 사실이고요. 이렇게 정치권력에 빌붙어 군사정권의 손과 발이 된 검찰을 '정치검찰'이라고 불렀습니다.

이승만 정권에서 진보당 당수 조봉암의 목숨을 앗아가고, 인혁당 관련자 8명의 생명을 빼앗은 사법 살인을 일으킨 것도 검찰입니다. 동백림 간첩 사건, 김대중 내란 음모 사건 등 현대사의 흐름을 바꾸어놓은 어두운 역사 중심에는 검찰이 자리하고 있었습니다. 전두환, 노태우 등 군사 쿠데타를 일으키고 광주 민중을 학살한 주범들에게 "성공한 쿠데타는 처벌할 수 없다"며 직무를 유기한 검사도 있었습니다. 전 법무부차관 김학의 부실 수사에서 보듯 제 식구 감싸기로 일관하면서 검찰을 성역으로 만들기도 했습니다.

문제는 이런 과거에 대해 검찰이 지금까지 제대로 된 반성과 진심 어린 사과를 하지 않았다는 겁니다.

⊕ 왜 윤석열 정부에서 검찰 문제가 더 심각해진 걸까?
↘ 대통령의 '수사통치' 때문

검찰이 권력의 핵심부로 진출하면서 문제가 더욱

두드러지게 되었습니다. 검사 출신 대통령이 정치도 검찰 수사하듯 하면서 많은 것이 달라졌거든요. 이를 '수사통치'라고 부릅니다.

검찰총장 윤석열은 정부와의 갈등 끝에 직을 그만두고 야당의 대선 후보로 나서 당선되었습니다. 사실상 검찰총장에서 대통령으로 직행한, 유례없는 일입니다.

윤석열 대통령의 통치 방식은 검사가 특수 수사를 하는 것과 유사합니다. 우선 전·현직 검사들이 분야나 전문성과는 관계없이 대통령실 요직이나 장관 같은 고위직에 임명되고 있습니다. 검사가 방송통신위원회 위원장으로 임명되기도 했죠. 그와 함께 정치적 타협이 필요한 일들도 합법 또는 불법이라는 검사의 이분법적 시선으로 재단해버리는 사례가 부쩍 늘어났습니다.

이런 수사통치 방식이 단적으로 나타난 것이 화물차 운전기사 파업에 대한 대응입니다. 2023년 초 화물차 운전기사들이 안전운행제를 연장해달라고 요구하다 파업에 돌입했을 때, 윤석열 정부는 제도를 검토하는 대신 파업이 불법인지만 따져 처벌 일변도로 대응했습니다. 의대 정원 조정 문제 역시 다르지 않습니다. 의사들이 강력하게 반발하면서 사회문제로 커졌지만, 윤석열 정부는 사회적 합의나 정치적 해결보다는 면허 정지 같은 법적인 제재로 의사들을 억누르고 있는 상황이지요.

역사적으로 따져보면 1987년 민주화와 함께 우리 사회는 권위주의 통치를 벗어나는 듯했지만, 검찰 권력은 계속 확대되었습니다. 안기부나 보안사(보안사령부) 등이 쇠퇴하면서 그 역할 중 상당 부분이 검찰로 넘어오고, 검사들이 정부 요직에서 더욱 큰 비중을 차지하게 됩니다.

　　하지만 이승만 정권 이후 역대 가장 많은 거부권을 행사한다든지, 국회에서의 법 통과를 회피하며 시행령 통치로 일관하는 폐단 등은 윤석열 정부 특유의 검찰공화국 행태라고 할 수 있습니다.

⊕ '시행령 통치'라는 건 또 뭘까?
↳ 지키라고 있는 법을 슬쩍 우회하는 편법 기술

　　법을 잘 아는 사람들은 법의 빈틈을 찾거나 우회하는 법도 잘 찾아내는 법입니다. 검사 정권은 일명 '시행령 통치'로 법을 무력화하곤 합니다. 이는 법치주의의 위배이자 입법-행정-사법으로 나뉜 삼권분립을 무시하는 행태이기도 합니다.

　　법이 만들어지고 실행되는 방식을 살펴보면 입법부(국회)가 큰 줄기를 정해 법률로 만들고, 행정부(정부)가 그 법률에 필요한 구체적이고 세부적인 내용을 시행령이나 시행규칙으로 풀어내는 방식이 일반적입니다. 예컨대, 국민건강보험법에는 건강보험료를 정하는 보험료율이 명시되어 있지 않습니다. 국회에서 법으로 정하지 않고 "1000분의 80 이내"로 정부가 정하도록 위임했습니다. 그때그때 경제 사정이나 국민들의 생활 형편에 따라 행정부가 정할 수 있도록 여지를 마련한 것입니다. 행정부는 수많은 자료와 정보를 검토해 대통령령으로 1만 분의 709로 정했습니다. 시행령은 이렇게 법률이 정해준 범위 안에서만 제정되고 시행되어야 합니다.

그런데 소위 '검수완박법'이라 불리는 검찰청법과 형사소송법 개정의 경우, 그것을 시행령으로 어떻게 우회할 수 있었는지 살펴 볼까요? 국회는 검찰청법을 개정해 "부패 범죄, 경제 범죄 등 대통 령령으로 정하는 중요 범죄"(제4조 제1항 제1호 가목)만 검사가 수 사할 수 있게 하고, 나머지 범죄에 대한 수사권은 경찰에 이관했습 니다. 그런데 정부가 '검사의 수사 개시 범죄 범위에 관한 규정'이 라는 시행령(대통령령)을 만들어 입법의 취지와 다르게 검사의 수 사 대상을 넓혀버렸습니다. 법률에 "등"이 있다는 걸 빌미 삼아 국 회가 만든 법을 무력하게 만들어버린 거죠.

물론 국회에서 검찰청법을 개정할 때 검사의 수사 범위를 명 확히 정했다면 이런 일이 발생하지 않았을 겁니다. 하지만 그렇다 고 하위법에 불과한 시행령으로 상위법인 법률을 무력화시키는 행 위는 명백히 법치주의 원리에 어긋난다고 할 수 있습니다(헌법 제 75조는 "대통령은 법률에서 구체적으로 범위를 정하여 위임받은 사 항과 법률을 집행하기 위해 필요한 사항에 관해 대통령령을 발할 수 있다"고 규정합니다).

윤석열 정부에서 이러한 사례는 계속 반복됩니다. 정부조직법 에 따르면 고위 공직자 인사 검증은 법무부의 일이 아닙니다. 그런 데도 '공직 후보자 등에 관한 정보의 수집 및 관리에 관한 규정'이 라는 시행령을 만들어 그 권한을 법무부에 넘겼습니다. 경찰국 신 설도 마찬가지입니다. 경찰은 행정안전부가 아니라 독립 외청인 경찰청의 영역입니다. 그렇지만 윤석열 정부는 시행령으로 행정안전부에 경찰국을 설치하여 경찰청을 총괄하게 만들었습니다. 이뿐만이 아니라 국민적 합의가 필요한 TV 시청료 징수 방법을 일방적으로 시행령으로 바꾸기도 했고, 헌법재판소가 위헌이라고 선언한 집시법(집회 및 시위에 관한 법률) 조항도 시행령을 활용해 실질적으로 부활시켰습니다.

시행령 자체가 문제는 아니지만, 시행령의 내용이 상위법에 어긋나는 건 위헌 또는 위법입니다. 이러한 시행령 통치는 권력분립과 법치주의를 무의미한 것으로 만들곤 합니다.

⊕ 윤석열 대통령은 거부권을 왜 이렇게 남발하는 걸까?
↳ '예외적 권한'에서 '권한'만 보고 있는 것

우리나라에서 '정치'라고 하면 편 가르기와 패싸움 정도가 먼저 연상되지만, 원칙적으로 정치는 대화와 타협을 근간으로 합니다. 하지만 검찰공화국에서는 정치가 사라지고 '법적인 권한'만 남게 됩니다.

대통령은 법률안을 거부할 권한이 있지만, 그건 국회가 만든 법이 마음에 안 든다고 언제든 거부할 수 있다는 뜻은 아닙니다. 국민 대표 기관인 국회가 입법권을 오남용하는 아주 예외적인 경우, 또 다른 국민 대표 기관인 대통령이 국민의 의사를 모아 입법을 저지할 수 있도록 함으로써, 국회가 입법권을 전횡하지 못하도록 한 것입니다. 즉, 거부권은 대통령이 자기 마음대로 행사하는 권한이 아니라, 달리 어찌지 못하는 순간에 국민적 토론과 합의를 거쳐 발동해야 하는 예외적인 권한이어야 합니다.

2024년 11월 현재 윤석열 대통령은 '전세 사기 특별법'을 비롯해 총 25번에 걸쳐 거부권을 행사했습니다. 그 과정에서 법안을 추진하는 야당과 합의는커녕 합당한 대안도 제시하지 않았습니다. 국민 다수가 동의하는 법안조차 거부권을 행사한 사례도 많습니다.

특히 '김건희 특검법'은 대통령의 배우자와 관련된 법이라 이해 충돌 회피의 의무가 있는데도 거부권을 행사했습니다. 국민을 위해 행사해야 할 권력을 배우자와 자신을 위해 행사한 거죠. '채상병 특검법' 역시 대통령과 대통령실이 해병대 군사경찰의 직무를 방해했다는 혐의가 있는 만큼, 그 법안을 거부하는 것은 이익 충돌에 해당할 수 있습니다.

사실 윤석열 대통령이 가장 많은 거부권을 행사한 대통령은 아닙니다. 이승만 대통령은 45개의 법률안에 대해 거부권을 행사했으니까요. 하지만 나라의 기틀이 아직 다 갖추어지지 않은 제1공화국의 예외적 사례를 들어 비정상적인 거부권 남발을 합리화할 수는 없습니다. 거부권 행사가 자신의 권한이기 때문에 정당하다는 논리는 형식적 법치만을 강조한다는 점에서도 검찰국가의 특성이라고 할 수 있습니다. 이승만 대통령(45건)과 윤석열 대통령(25건)을 제외한 역대 대통령이 거부권을 행사한 횟수를 모두 더해도 21건에 그칩니다.

⊕ 검찰개혁을 했다는데 왜 검찰의 위세는
더 커진 것 같을까?
↘ 구조적인 문제+인사 문제

21대 국회가 제정한 검찰청법 개정안이 시행령으로 무력화된 사례에서 보듯, 우리나라처럼 대통령에게 권력이 집중된 체제에서는 국회의 입법권이 약해지기 쉽습니다. 아무리 국회가 법을 만들어도 정부가 이를 거부하거나 법의 그물망을 빠져나갈 방법을 찾는다면 법이 무력화되기 십상입니다.

검찰청법이 개정되었다고는 하나 당초 취지대로 시행되지 못하고 검사의 수사권이 여전히 막강합니다. 검사 출신 인사들이 공직에 대거 임명되고 요직을 장악하면서 검찰의 권력 행사 방식이 행정부에 널리 퍼지게 됐습니다.

⊕ 대통령이 검사 출신인 게 문제일까?
↘ 그게 전부는 아님

대통령이 윤석열만 아니면, 또는 검사 출신만 아니면 될까요? 문제의 원인은 오히려 대통령이 집무를 수행하는 과정에 검찰의 사고 틀을 그대로 가져와 사용하는 데 있습니다. 모든 것을 법률적인 판단으로 처리하는데, 그 판단의 기준이 되는 법률은 자신이 해석하고 자신이 집행하는 법률인 것입니다. 게다가 정부의 의사 결정 과정이 검사 출신이라는 단일한 사고 틀을 가진 사람들에 의해 지배되고 있지요. 이는 다양성과 다원성이라는 현대 사회의 행정 수요에 정부가 제대로 부응하지 못하게 합니다.

⊕ 검찰은 어쩌다 정권의 하수인이라는 말을 듣게 되었을까?
↳ 서로에게 이익이라는 이유로

윤석열 정부의 검찰은 정권으로부터 독립적이지 않을 뿐 아니라 사실상 한 몸이라고들 이야기합니다. 검찰의 권한(수사권과 기소권, 영장 청구권 등)을 통치의 수단으로 삼고 있기 때문이죠.

그럼 검찰이 수사한 대상들을 살펴볼까요? 제일 먼저 문재인 정부 고위 공직자들이 검찰의 목표가 되었습니다. 전 청와대 안보실장 서훈, 전 국정원(국가정보원) 원장 박지원, 방송통신위원장 한상혁(현직임에도 구속영장이 청구되었으나 기각)을 비롯한 전 정부 고위 공직자들이 직권남용 등의 혐의로 압수수색과 수사를 받았습니다. 이재명 대표를 비롯한 더불어민주당 의원과 당직자들도 배임과 뇌물, 정치자금법 위반 등 다양한 혐의로 압수수색과 수사를 받았고 당사까지 압수수색을 당했습니다.

민주노총 소속인 화물연대, 건설노조 등이 다음 목표였습니다. 노동단체들은 국정원법 위반, 업무방해, 집시법 위반 등 다양한 혐의로 압수수색과 수사를 받았습니다. 시민단체도 검찰의 조준을 피해가지 못했습니다. 녹색연합 사무처장이 압수수색을 받았고, 공청회를 방해했다는 이유로 구속영장이 청구되기도 하였습니다. 《뉴스타파》를 비롯하여 언론사와 언론인들도 검찰의 수사 대상이 되었습니다. 검찰은 특별수사팀까지 꾸려 압수수색과 수사를 벌였고 결국 기소하였습니다. 윤석열 풍자 영상을 올렸다는 이유로 수사를 받은 개인도 있습니다.

윤석열 정부는 이러한 검찰(사안에 따라 경찰이 나서거나 감사원과 권익위 등이 앞장선 경우도 있습니다)의 압수수색과 수사를 정치적 국면을 타개하는 수단으로 활용했습니다. 검찰을 이용해 위기를 피하고 마음에 안 드는 사람들의 입을 틀어막아버린 거죠.

⊕ 검사 출신 인사들의 '활약'은 왜 문제가 되는 걸까?

↳ "검사는 뭐든지 할 수 있다"와 "내가 수사해봐서 아는데"의 위험천만한 콜라보라

원래 검사가 있을 곳은 검찰청입니다. 참고로 2024년 현재 검사정원법에 따르면 총 2292명의 검사가 있습니다. 그런데 검사들이 법무부 등 외부로 파견되거나 다른 분야에서 '활약'하는 경우가 급격하게 늘어나고 있습니다. 문재인 정부에서 추진한 법무부의 탈脫검찰화가 역전되고 재再검찰화가 진행 중입니다.

　검찰청을 벗어나 다른 공직에서 일하는 검사는 윤석열 정부 들어 계속 늘어나고 있습니다. 참여연대에 따르면 2024년 4월 기준으로 장·차관급에 임명된 전직 검사와 대통령실 고위직 등으로 일하는 전직 검사는 23명에 달합니다. 법무부에 60명, 국회 등 외부로 파견 간 검사는 50명입니다. 윤석열 정부에서 검사 출신 공공기관 임원도 41명(이 중 29명 임명)에 달합니다.

법무부의 탈검찰화

　검찰청은 법무부의 외청 조직이다. 법무부 직속이 아니라 외청으로 이원화한 이유는 정치인이 장관이 되는 법무부와 검사로 구성되는 검찰청을 분리시켜 한편으로는 검찰의 정치적 중립성을 보장하고, 다른 한편으로는 검찰의 권력 남용을 법무부가 감시하고 견제할 수 있도록 하기 위해서다. 그런데 그동안 장관부터 실·국장은 물론 주요 과장이나 팀원까지 검사들이 법무부의 직을 맡아 일해왔다. 검찰을 감시, 견제해야 할 법무부가 검찰의 식민지처럼 되어온 것이다.

　그래서 검찰개혁의 주요 의제 중 하나도 법무부 요직에 검사가 아닌 전문적인 지식과 소양을 갖춘 일반직 공직자를 채용하는 것이었다. 이것이 법무부의 탈검찰화다. 탈검찰화는 문재인 정부에서 약간 진척을 보이다가 윤석열 정부에 와서 다시 과거로 퇴행하고 말았다. 법무부 법무실장과 인권국 인권구조과장 등 문재인 정부에서 비검찰 출신 인사가 임명되었던 직책에 다시 검사가 임명되고 있다. 그래서 법무부가 검찰을 견제하기는커녕 한 몸이 되어 권력을 전횡하고 있다.

대통령실의 경우도 심각합니다. 인사 업무만 하더라도, 인사 추천(인사기획관 복두규, 인사비서관 이원모)*, 1차 검증(법무부 인사정보관리단 검사 출신 인사정보1담당관 한동훈, 법무부장관 박성재), 2차 검증(공직기강비서관 이시원·이원모, 민정수석 김주현) 등 인사 추천과 검증 라인 전체를 전·현직 검사들이 차지해왔습니다. 2024년 4월 총선에서 패배한 윤석열 대통령이 민심을 듣겠다며 부활시킨 민정수석에는 검사 출신 김주현이 임명되었습니다. 민정수석 부활은 인사는 물론이고 검찰과 같은 사정 기관에 대한 장악력을 높이려는 의도로 보입니다.

다양성이 부족한 인사 추천·검증 라인은 대통령의 권한 행사에서 가장 중요하다고 할 수 있는 인사 과정의 합리적인 토론이나 견제를 어렵게 만들었고, 이는 검사 출신 인사가 지속적으로 등용되는 구조적인 배경이 되었습니다. 또한 범죄를 수사하고 기소하는 검사들이 정치(국회)는 물론이고 사회정책을 비롯해 타협과 조

***

* 　복두규는 2024년 5월 민정수석을 신설하는 대통령실 조직 개편으로 퇴임, 이원모는 공직기강비서관으로 복귀했다.

1장
우리는 검찰공화국에 살고 있다

검찰 출신 고위 공직자와 외부 파견 검사 현황[1]

검찰청 외 검사 현황	2023년 (11월 14일 조사 기준)	2024년 (5월 10일 조사 기준)
장·차관급과 대통령실 고위직 (검사 또는 검찰수사관 출신)	24명 (사임자 3명 포함)	28명 (사임자 11명 포함)
법무부 소속 및 법무부 파견	67명	60명
국회 등 외부 파견(검사)	48명	50명
법무부와 외부 파견(검찰수사관)	28명	39명
소계(검찰 출신 고위 공직자 +외부 기관 파견자)	165명 (중복 2명 제외)	175명 (중복 2명 제외)
공공기관 임원(검찰 출신)	18명	42명
합계	183명 (사임자 제외 180명)	213명 (사임자 제외 195명)

(참여연대 조사로 오차가 있을 수 있음)

정이 필요한 영역까지 진출해 요직을 차지하고 정치적 해결을 어렵게 만들고 있습니다.

물론 검찰 출신이어도 자신의 전문성이나 능력을 살려 고위직에 올라갈 수 있습니다. 그러나 방송통신위원장 같은 자리가 검사의 전문성이 필요한 자리일까요? 전문성이 논란이 될 때마다 검사 출신들은 "내가 수사해봐서 아는데…"라는 논리를 펴곤 합니다. 하지만 이는 유죄 또는 무죄라는 흑백논리 속에서만 진행되었던 수사의 경험, 수사 검사로서 법률 논리를 모두에게 강요하며 말할 기회를 빼앗아버리는 논법입니다. 세상의 복잡성을 단순 논리로 대체할 뿐 아니라, 다른 사람들의 이견이나 비판, 반대 논리까지도 억압해버리는, 그래서 민주화 시대에는 전혀 어울릴 수 없는 어투입니다. 그래서 윤석열 대통령을 두고 불통의 대통령이라 비판하는 것입니다.

⊕ 전관예우는 왜 문제인 걸까?
↘ 공정한 법 집행에 대한 불신을 키우고 검찰 카르텔을 강화함

전관예우는 고위직 검사나 판사로 재직했던 변호사들이 공직 경력과 인맥을 토대로 사건을 독점하거나, 탈법적 방법으로 변론하고 고액의 수임료를 받는 병폐를 일컫는 말입니다. 그래서 전관예우를 받던 변호사들이 다시 공직에 진출할 때 고액의 수임료 때문에 문제가 되는 일도 종종 벌어집니다.

전관예우는 그 자체만으로 검찰공화국의 특수한 현상이라 보기는 어렵습니다. 다만 전관예우가 공정한 법 집행에 대한 불신에 기반하고 있다는 점을 주목할 필요가 있습니다.

퇴직한 지 얼마 되지 않은 판사나 검사가 사건 처리에 영향력을 발휘할 수 있다는 믿음이 존재하고, 이를 기대하는 의뢰인들이 있고, 고액의 수임료를 받고 있는 것이 현실입니다. 전관 변호사들이 피고인에게 유리한 결과를 가져온다는 실증적 증거는 없습니다. 하지만 구속이나 실형 위기에 놓인 피고인은 지푸라기라도 잡고 싶은 심정으로 전관 변호사에게 매달립니다. 검찰의 권한과 영향력이 큰 검찰공화국에서는 당연히 전관예우에 대한 믿음이 커질 수밖에 없겠죠.

검사 출신 전관 변호사에 대한 구체적인 통계도 있습니다. 대검찰청 공인전문검사 인증 심사위원회는 매년 성범죄, 금융, 조세 등 47개 분야에서 검찰을 대표할 만한 '전문 검사(벨트 검사)'를 선발합니다. 수사 성과는 물론 경력과 학위, 논문 등 다양한 자료를 검토하는데 2급은 블루벨트, 1급은 블랙벨트입니다. 최소 10년의 경력과 실력으로 블루벨트를 따고 나면 블랙벨트에 도전할 수 있습니다. 블랙벨트 취득자는 지금까지 8명뿐입니다.[2] '벨트'를 딴 검사들이 퇴직하면 어떻게 될까요? 변호사로 활동 중인 전직 벨트 검사 78명 가운데 31명(40퍼센트)이 김앤장 등 10대 로펌에 취업했습니다. 이들은 로펌에서도 검사 시절 맡았던 분야를 담당합니다. 대기업 비자금 수사를 맡은 검사는 퇴직 후 1000억 원대 분식회계 의혹을 받은 대기업 대표를 변호하기도 했습니다. 재벌을 수사하던 검사가 퇴직 이후 재벌을 변호하는 것입니다.

윤석열 정부 출범 이후에는 기업들이 검찰 출신 인사를 사외이사나 감사위원으로 모시는 것이 유행입니다. 참여연대의 조사에 따르면, 2022~2023년 검찰청과 법무부에서 퇴직해 민간 기업 임직원으로 취업한 검사가 최소 69명이라고 합니다. 특히 검사장급 24명 중 13명은 2개 이상의 민간 기업에 취업했습니다. 이렇게 기업들이 검사 출신을 모시는 건, 검찰의 영향력이 커지는 상황에서 수사를 피하거나 대비하기 위한 조치일 것입니다. 검찰국가의 현상이 공직 사회를 넘어 민간까지 확대되는 추세로 보입니다.

검사 시절 갈고닦은 전문성을 살려서 변호사로 일하는 게 뭐가 문제라고 반문할지 모릅니다. 하지만 국민의 세금으로 국민을 위해 범죄를 척결하던 검사가 퇴직 이후 그동안의 경력을 바탕으로 범죄자들의 방패가 되는 것이 과연 옳을까요?

⊕ 검찰 출신 정치인은 왜 문제가 될까?
↘ 검찰 출신이 정치인의 '정치'를 봐야 함

민주국가에서는 검사 출신이라고 정치에 참여하는 것을 금지할 수 없습니다. 그건 정치의 자유니까요. 하지만 정치인 수사 경험이 많다고 하루아침에 정치 전문가가 된다거나, 정치인이 될 자질이 갖췄다고 말하긴 어렵습니다. 2024년 11월 현재, 우리나라는 대통령도 검사 출신이고, 여당 대표 역시 검사 출신입니다.

정치인으로 검증되지 않은 검사 출신이 대거 국회 진출을 꿈꾸고 실제로 들어간 상황이 문제입니다. 22대 국회의원 선거에 출마를 준비했던 검사 출신 인사는 확인된 것만 55명이고, 이 중 35명이 출마해 18명이 당선되었습니다(초선 9명, 재선 이상 9명).

국회의원 당선자 중에는 사직한 지 1년도 되지 않아 출마하거나, 사직서가 수리되기도 전에 검사 신분으로 예비후보에 등록한 경우도 있습니다. 재직 중인 검사가 출마한다는 것은 사실상 자신의 출마를 위해 검사라는 신분을 이용해 정치 활동을 한 셈입니다. 그래서 검사나 퇴직한 지 얼마 되지 않은 검사의 출마는 검찰에 대한 신뢰를 크게 훼손합니다. 정치적 사안에 대해 판단을 내리고 정치인에 대해 수사와 기소를 하는 검사는 정치적 중립을 지켜야 할 의무가 있습니다.

또한, 검사가 국민을 대표하는 정치적 능력을 갖췄는지를 확인할 방법이 없다는 게 문제입니다. 법률에 따라 범죄를 수사하고 기소하는 검사 출신 인사들이 타협과 조정이 필요한 정치와 정책의 영역에 과잉 대표되는 것도 우려스럽습니다.

⊕ 검사는 정치를 못하게 막아야 할까?
↘ 검사 '만' 문제 삼는 건 아니지만…

문재인 정부에 민변(민주사회를위한변호사모임) 소속 변호사들이 공직이나 정치에 진출한 경우가 많았는데, 왜 검사만 문제를 삼느냐는 사람들이 있습니다. 가장 큰 차이는 신분입니다. 검사는 공직자로, 그에 따른 권한과 책임이 있습니다. 현직이거나 현직에서 물러난 지 얼마 되지 않은 검사가 곧바로 정치에 나서는 것은 검찰의 중립성을 훼손하고 이해 충돌의 문제를 발생시킵니다. 그래서 공직 출신 인사들은 사직 후 취업을 하는 데 제한을 두기도 합니다. 또한 검사 출신들이 특정 정치 세력에 집중하여 진출할 경우, 검찰 조직의 중립성도 의심받을 수밖에 없습니다.

반면 변호사는 민간인으로서 정치적 중립 의무가 없습니다. 외국에서도 변호사가 정치계에 진출하는 경우가 많습니다. 스스로 시간을 내어 공익 활동을 하거나 사회단체에 가입하기도 하고 정치적 활동을 하기도 하는데, 이는 모두 자율적 영역에 속합니다. 이를 기초로 정치에 진출하는 것을 검사와 비교할 수는 없습니다. 변호사의 공직 진출을 이유로 검사의 정치적 진출을 방어하는 것은 적절하지 않습니다.

다만, 특정 경력을 가진 사람들이 과잉 대표되는 것은 국회 구성의 다양성을 고려했을 때 바람직하지 않습니다. 검사든, 변호사든 특정 직업인이 너무 많이 국회의원이 되는 것은 특정 직역이 과대 대표되고 이로 인해 다른 영역은 국회에서 소외될 수 있다는 점에서 비판받을 수 있을 것입니다. 22대 국회는 법조인 출신들이 20퍼센트가 넘어서 과잉 대표되었다는 비판이 제기되고 있습니다.

⊕ **법치를 강조하는 것도 검찰국가의**
   특징일까?
   ↘ **법치의 의미를 왜곡하는 것이야말로**
      검찰국가의 현상

윤석열 정부에서는 "법에 따라서", "법대로 하겠다" 같은 말을 자주 듣게 됩니다. 그게 법치주의라고도 합니다. 법치주의는 사람이 아니라 법으로 통치하는 것을 의미합니다. 하지만 그보다 근본적인 뜻은 법으로써 국가권력의 임의적 행사를 통제하고, 이를 통해 국민의 자유와 권리를 보장한다는 의미입니다. 법치주의는 권력의 정점에 있는 대통령이나 그 주변의 정치권력을 법치의 주체가 아니라 법치의 대상으로 규정합니다.

그런데도 마치 과거 권위주의 정부처럼 윤석열 정부는 '법치'라는 말을 왜곡하여 권력 수단으로 남용하고 있습니다. '노사법치주의'라는 말이 대표적입니다. 겉으로는 노사 간 대화와 타협을 내세우는 듯지만, 실제로는 노동조합의 회계 장부 공개나 타임오프제* 등 법을 내세워 노동자의 권리를 억압하고 노동조합을 옥죄는 거죠. 중대재해처벌법을 제대로 적용하지 않는다든지 노란봉투법**에 거부권을 행사해 법 자체를 무력화한 것도 마찬가지입니다.

윤석열 정부는 법치라는 말을 자신을 향해 사용하지 않습니다. 그보다는 정치적 반대자나 사회적 약자를 상대로 빈번하게 활용합니다. 야당과 사회적 약자들을 '법에 따라' 검찰과 경찰을 동원해 수사하고 기소해왔습니다. 사회에는 다양한 견해가 존재하는 게 당연한데도, 일방적이고 획일적인 조치만을 강제합니다. 법치

---

* 노동조합 전임자에 대한 회사 측의 임금 지급을 원칙적으로 금지하되, 조합원들의 활동 가운데 단체교섭 활동 시간 등 노무관리적 성격의 활동을 근무시간으로 인정함으로써 회사가 임금을 지급할 수 있도록 하는 제도

** 파업 노동자 등에 대한 손해배상 청구를 제한하는 내용을 담은 노동조합 및 노동관계조정법 제2·3조 개정법률안

의 본래 뜻과 정반대라고 할 수 있습니다.

윤석열 정부가 말하는 법치는 '인권의 보장자로서 법', '모두의 법'이 아니라, '검찰의 법'을 의미할 때가 많습니다. 본래 의미에 따른 법의 지배가 아니라, 통치의 수단으로 법을 동원하는 것뿐입니다.

국가 운영과 관련한 모든 것을 법의 잣대로 인식하고 평가하는 국가, 법을 검찰이 독점하는 국가, 법의 목표를 국민이 아니라 권력 확보에 맞추는 국가, 그런 국가는 법치국가가 아니라 검찰국가입니다. 법이 지배하는 나라rule of law가 아니라 법을 이용해 사람이 지배하는rule by law 후진적인 나라일 따름이지요.

⊕ 왜 검사가 정치에 관여하면 안 된다는 걸까?
↘ 검찰의 수사는 정치 현안과 선거 결과까지도 바꿀 수 있음

특정인을 언제, 어떤 범죄로 수사하고 기소할 것인지, 재판은 어떻게 꾸려갈 것인지 모두 결정할 권한을 가진 검사는 브라질의 세차작전(다음 쪽 참고)***과 같은 수사를 기획하거나 추진할 수 있습니다. 반대로 수사하고 기소해서 범죄를 밝혀내어

*** 세차장이나 주유소 등을 활용한 암환전상 수사에서 따온 이름이다. 페트로브라스 등 국영 회사들은 50억 달러가 넘는 비자금을 조성해 정치인 등에게 뇌물을 건넸고, 이에 대한 거대 부패 스캔들 수사가 이어졌다.

야 할 사건을 알고도 덮어버려 권력을 유지하게 할 수도 있죠. 정치판에서 검사는 어떤 방패도 뚫어버리는 창이 될 수도, 어떤 창도 막아내는 방패가 될 수도 있습니다.

부패한 정치인을 수사하고 기소하는 것은 당연한 일입니다. 하지만 정적과 경쟁자를 제거할 목적으로 수사가 기획되거나 진행되는 건 위험합니다. 이러한 수사는 선거에 영향을 미치고 선거의 결과를 바꿀 수도 있습니다. 국민의 선택이 아니라 검찰의 선택에 따라 정치나 선거의 승자가 좌우된다는 건 위험한 일입니다. 그래서 과거에는 선거 때 정치인이나 정당에 대한 수사를 자제하고 국민의 선택에 영향을 미치지 않으려 했습니다. 하지만 검찰의 태도는 달라졌고, 이는 검찰이 국민의 신뢰를 잃은 이유 중 하나입니다.

민주 사회에서도 검사가 정치에 관여하는 경우가 있습니다. 대통령이 범죄와의 전쟁을 선포하면 검사가 발맞춰 움직입니다. 검사직선제가 도입된 미국에서는 정당에서 검사 후보자를 공천하기도 합니다. '정파적 검사'가 합법적으로 탄생하는 것이죠.

그러나 이런 경우에는 정치검찰이라고 비판하지 않습니다. 민주 사회에서는 검사의 직무를 판사가 통제하고 변호사가 견제하며 시민사회가 지켜보기 때문입니다. 특히 언론이 중요한 역할을 합니다. 검사들이 흘려주는 피의 사실을 그대로 베낀 '받아쓰기'가 아니라 충실히 취재하고 분석한 '탐사보도'를 합니다.

브라질의 세차작전

검사가 개입하여 정치판을 바꾼 대표적인 사건으로 브라질의 세차작전이 있다.[3] 2016년 브라질의 데우탕 달라그노우 검사가 세차작전이라는 기획 수사를 벌여 유력한 대통령 후보였던 룰라 전 대통령을 기소했다. 1심에서 징역 9년 6개월 형을 선고받은 룰라는 대선 출마 자격을 잃었다. 1심 판사 세르지우 모루는 달라그노우와 재판 결과를 모의해 룰라를 유죄로 몰아갔다. 그 결과 2018년 극우 보우소나루가 대통령에 당선되고 1심 판사는 법무부 장관으로 임명됐다.

고등법원도 룰라의 유죄를 인정하고 12년 형을 선고하였으나 2023년 대법원은 수사가 편파적이었다는 이유로 수사 시 수집된 증거를 무효로 선언하고, 2심 판결을 파기했다. 이와 별도로 유엔 인권이사회도 룰라와 주변 사람까지 감청하는 등 수사 과정에서 인권침해가 있었다고 지적했다.

신자유주의와
법률전쟁

모든 나쁜 것은 신자유주의로 통한다는 농담 같은 말이 있지만, 사법 역시 신자유주의의 영향에서 자유롭지 못하다. 신자유주의 체제에서 법은 전쟁터이자 전쟁 무기이기 때문이다.

대對테러전이 대표적 사례인데 국민의 안전이라는 이름으로 법치를 내세워 사회적 저항을 통제하고 시민의 자유를 후퇴시키는 경우다. 때로는 시장에 반대하는 사람들이나 세력을 무력화하거나 제거하는 수단으로 법이 동원되는데, 이를 법률전쟁lawfare이라고 부른다.

1980~1990년대 동남아시아 여러 국가에서 사법 개혁이 빠르게 진행되었다. 법체계, 특히 사법절차를 정비하고 법률가를 활발히 양성했다. 사법 예산을 확충하고 재판받을 권리를 보장하는 한편 재판의 독립을 강화하는 제도 개선도 이루어졌다.

이러한 작업은 그 사회의 법치가 확립되는 계기가 되었지만, 다른 한편으로는 미국을 중심으로 한 국제 자본이 주변부 국가를 통제하기 위해 국제경제법, 국제통상법 등을 통용시키려는 수단이기도 했다. 1997년 외환위기 때 국제통화기금IMF의 요구가 그랬듯이, 시장의 투명성·공정성을 확보한다는 명분을 내세워 거대 자본이 정치 상황이나 사회구조에 얽매이지 않고 마음대로 소통할 수 있는 공간을 확보하는 작업이었던 것이다.

법의 이름으로, 또는 법의 도움을 받아서 구조조정을 진행하고 기업사냥이나 합병을 통해 노동자를 대규모 해고하거나 비정규직으로 몰아넣는 일들이 속출했다. 이 과정에서 사법관의 지배juristo-cracy 현상이나 정치의 사법화 현상이 전 세계적으로 퍼졌다. 공공 영역이 시장으로 대체되면서 정치적 숙의보다는 개인의 자유와 권리가, 민주적 의사 결정보다는 사법관이 관리하는 체제가 전면에 내세워졌다. 이것이 '제1단계의 법률전쟁'이다.

　　'제2단계의 법률전쟁'은 이렇게 구축된 법치주의의 틀을 정치의 도구로 동원하는 것이다. 브라질의 세차작전과 룰라 대통령 사례처럼 남미에서는 신자유주의 세력이 좌파 세력을 몰아내고 정부를 장악하기 위한 방편으로 법률을 내세웠다. 법률이 정치적 투쟁의 수단으로 전락하는 것이 20세기 말부터 나타난 새로운 양상이다.

　　우리나라도 비슷하다. 1987년 이후 한국 사회는 민주화의 길을 걷게 되지만, 그 결실은 온전하지 않았다. 6월 민주항쟁이 신군부 세력과 거대 3당의 타협으로 끝나면서 이른바 자유주의적 개혁 수준으로 민주화 과정이 진행되었다. 실질적 국민주권의 시대를 열기보다는 대의제 민주주의와 법치주의를 강화하는 쪽으로 치우쳐버린 것이다. 대의제 민주주의는 거대 양당이 지배하는 체제로 고착되었고, 법치주의는 법률가 집단의 질적·양적 확장으로 귀결되었다.

　　문제는 법치주의다. 우리나라는 다른 국가와 달리 검찰의 힘이 지나치게 강하다. 일제강점기부터 권력이 확장되었던 검찰은 대부분의 형사사법권을 독점했을 뿐만 아니라 법치 행정의 중심인 법무부에도 영향을 미치며 명실상부한 주인공의 자리를 차지하고 있다. 과거 비밀경찰이 수행하던 물리력을 검찰이 물려받아 구사하는 것은 작은 사례에 불과하다.

여기에 검찰총장이었던 사람이 곧장 대통령이 되면서 검찰이 벌이는 법률전쟁은 정치의 수단을 넘어 정치 그 자체가 되어버렸다. 검찰식의 흑백논리, 일방적 결정 구조가 정치 전반을 지배하게 된 것이다.

최근 검찰공화국 혹은 검찰정치의 양상들이나 정치의 사법화 현상들(정치 투쟁의 방식으로 고소·고발을 일삼는 행태들)은 법률전쟁에서 벌어지는 전투다. 모든 사회 문제를 법률안 발의로만 종결짓는 정치인들의 행태, 사법농단 사태는 물론 이태원 참사나 채 상병 사건조차 사법적 책임만을 묻는 현실 등 모든 것을 법률 문제로만 환원하는 게 우리 정치의 현주소다. 심지어 의사 증원 문제까지도 합리적인 분석이나 긴밀한 숙의 없이 무작정 면허를 정지시키고 형사처벌하겠다고 나섰다. 안전운임제든 의료 파업이든 윤석열 정부가 수행하는 대부분의 정책 결정에서는 합법·불법의 사고만 작용하며 그 끝에는 형사처벌만 기다리고 있다.

신자유주의의 압박은 전 세계적으로 다를 것이 없지만, 그것을 처리하는 과정은 우리나라에서 확연히 다르게 나타나고 있다. 검찰이 주도하는, 검찰의 나라가 되어 버린 것이다.

2장

검찰은
무엇으로
사는가

intro
"야, 이 ××야" 검찰의 작동 방식

2001년 5월 초 울산지검 검사장은 전화 한 통을 받습니다. 전화를 건 사람은 대검찰청 차장검사 신승남이었습니다 (신승남은 그달 26일 검찰총장이 됩니다). 그는 울산지검 특수부가 진행하던 울산시장 뇌물공여 사건이 외부에 알려지지 않도록 하라고 지시했습니다. 당시 울산지검은 이미 물증을 확보한 상태였지만, 전화 한 통으로 사건은 내사가 종결됩니다.[1]

비슷한 사건이 약 20년 뒤에도 일어났습니다. 2020년 1월 서울중앙지검장 이성윤이 수사가 더 필요하다고 판단한 청와대 공직기강비서관 최강욱 사건을 검찰총장 윤석열이 당장 기소하라며 밀어붙였습니다. 이성윤이 거부하자 화가 난 윤석열은 전화를 걸어 욕

설을 쏟아냅니다. "야, 이 ××야, 니가 이렇게 내 지시를 따르지 않고 협조도 안 하면 앞으로 어떻게 할 거야. 최강욱이는 허위 증명서 해주고 비서관으로 간 놈인데, 그런 ××가 인사 검증을 담당하면 안 되잖아. 이 ××, 당장 기소해."[2]

결국 수사팀은 "검찰총장 지시가 위법·부당하지 않은데도, 서울중앙지검장은 이를 위반했다"며 공소장을 법원에 접수했습니다. 직속 상급자인 서울중앙지검장이 아니라 검찰총장의 지시를 따른 것입니다.

이 두 사건은 검찰의 지시-복종 메커니즘을 보여주는 대표적인 사례입니다. 신승남의 사례는 우리나라 검사들이 수사할 때 검사장을 통해 검찰총장의 지휘를 받을 수 있다는 점을, 이성윤의 사례는 검찰총장이 사건을 수사하는 지휘부를 바꿔가며 자기 입맛에 맞게 수사를 지휘할 수 있다는 점을 각각 보여줍니다.

이런 막강한 검찰총장의 힘은 '검사동일체의 원칙'에서 나옵니다. 검사는 상급자의 지휘·감독을 따라야 하고 검찰총장, 각급 검찰청 검사장, 지청장은 자신의 직무를 넘길 수도 다른 사람의 직무를 넘겨받을 수도 있습니다(검찰청법 제7조 1항, 제7조의2).

검사도 공무원인데 상관의 지휘를 받는 것이 뭐가 문제냐고 할 수도 있습니다. 일반적인 공무원이라면 타당한 지적입니다. 그러나 검사는 수사와 기소를 하는 공무원입니다. 수사는 이른바 '실체적 진실'을 밝히는 활동입니다. 범죄가 일어났을 때 그것을 누가, 어떻게 저질렀는지 밝히는 것입니다.

수사와 기소 같은 검사의 본질적인 직무는 "모든 검사가 단독으로 처리하는 것이며, 검사가 검찰총장이나 검사장의 보조 기관으로서 처리하는 것이 아니"라고 합니다.[3] 이러한 검사 직무의 특성을 '단독제의 관청'으로서의 성격이라고 부릅니다. 수사를 담당한 검사가 스스로 판단하지 않고 상급자에게 수시로 지휘·감독을 받게 되면 수사의 공정성이나 객관성을 보장하기 쉽지 않기 때문입니다. 이것이 우리나라 검찰 조식에서 개개의 검사가 겪고 있는 모순 상태입니다.

⊕ 한국 검찰은 왜 이렇게 수직적일까?
↘ 제왕적 검찰총장+검사동일체 원칙

'검찰'개혁이라는 말은 있어도, '검사'개혁이라는 말은 들어본 적이 없으시죠? 검사와 검찰이 다르기 때문인데요. 검사는 범죄 수사와 기소를 하는 법무부 소속 공무원입니다. 검찰은 여러 검사를 칭하는 집합명사이기도 하고, 검사가 속한 조직을 가리키는 말이기도 합니다.

전국의 검사는 검찰총장을 정점에 두고 검찰이라는 하나의 집단으로 활동합니다. 그렇게 하면 검사 개개인의 독단을 방지하고, 일관성 있게 수사와 재판을 진행할 수 있지요. 이를 검사동일체 원칙이라고 합니다.

2004년 개정되기 전 옛 검찰청법 제7조는 "검사동일체의 원칙"이라는 제목 아래 1항은 "검찰은 검찰사무에 관하여 상사의 명

대검찰청 조직도

검찰연구관		
대변인실	반부패
국제협력	형사
형사정책	마약 조직범죄
인권정책	공공수사
범죄정보	공판송무
정보통신	과학수사
기획조정	감찰

검찰총장

대변인

차장

인권정책관	범죄정보기획관	형사정책담당관	국제협력담당관
인권기획담당관	범죄정보1담당관		
인권감독담당관	범죄정보2담당관		
양성평등정책담당관			

기획조정부장	**반부패부장**	**형사부장**	**마약·조직범죄부장**
정책기획과정	반부패기획관	형사1과장	마약·조직범죄기획관
정보통신과장	반부패1과장	형사2과장	마약과장
	반부패2과장	형사3과장	조직범죄과장
	반부패3과장	형사4과장	범죄수익환수과장

공공수사부장	**공판송무부장**	**과학수사부장**	**감찰부장**	**사무국장**
공공수사기획관	공판1과장	법과학분석과장	감찰1과장	운영지원과장
공안수사지원과장	공판2과장	디엔에이·화학분석과장	감찰2과장	복지후생과장
선거수사지원과장	집행과장	디지털수사과장	감찰3과장	비상안전담당관
노동수사지원과장		사이버·기술범죄수사과장		

2024년 현재 대검찰청의 중간 간부 이상의 조직도로,
검찰총장을 중심으로 한 몸처럼 조직이 구성되어 있다.
굵은 글자는 검사장급 간부를 나타낸다.

령에 복종한다"고 규정하였습니다. 2항과 3항에서는 상관(검찰총장, 검사장, 지청장)이 부하 검사에게 직무를 넘길 수 있고 부하 검사의 직무를 자신이 직접 처리하거나 다른 검사에게 처리하도록 할 수 있게 되어 있습니다.

노무현 정부 때 제7조의 제목이 "검찰사무에 관한 지휘감독"으로 바뀌고 그 표현도 "상급자의 지휘·감독에 따른다"로 달라졌습니다. 하지만 법학자들은 검사동일체의 원칙이 여전히 유지되고 있다고 봅니다.[4] 검사동일체의 원칙은 서열 중심의 가부장 문화, 군대식 상명하복 문화와 닮은 모습으로 검찰에 뿌리 깊이 정착돼 있습니다.

우리나라는 전국적으로 하나의 검찰 조직이 모든 사건을 관할하는 단일검찰체제입니다. 게다가 모든 검찰 사무가 검찰총장 한 명에 집중되는 구조입니다. 검사동일체로 한 몸처럼 움직이는 검찰 조직을 검찰총장이 좌지우지할 수 있어서 '제왕적 검찰총장'이라고 부르기도 합니다. 신속하고 일관된 검찰권 행사가 장점일 수 있습니다. 하지만 검찰총장에게 모든 권한이 집중되는 이러한 시스템은 사법제도가 발전한 국가에서는 찾아보기 힘듭니다. 한 나라의 형사사법권을 한 명이 독점하면 권력이 집중돼 오남용이 발생할 수 있기 때문입니다.

정리하자면, 우리나라 검찰은 검사동일체의 원칙과 함께 제왕적 검찰총장이 단일검찰체제의 최상층을 점하고 있어 권력이 집중되고 서열화된 검찰 조직 문화가 형성되기 좋은 토대를 갖고 있습니다.

2장
검찰은 무엇으로 사는가

검찰의 조직구조

대검찰청					
서울고등 검찰청	수원고등 검찰청	대전고등 검찰청	대구고등 검찰청	부산고등 검찰청	광주고등 검찰청
서울중앙지방 검찰청 **서울동부지방 검찰청** **서울남부지방 검찰청** **서울북부지방 검찰청** **의정부지방 검찰청** 고양지청 남양주지청 **인천지방 검찰청** 부천지청 **춘천지방 검찰청** 강릉지청 원주지청 속초지청 영월지청	**수원지방 검찰청** 성남지청 여주지청 평택지청 안산지청 안양지청	**대전지방 검찰청** 홍성지청 공주지청 논산지청 서산지청 천안지청 **청주지방 검찰청** 충주지청 제천지청 영동지청	**대구지방 검찰청** 안동지청 경주지청 김천지청 상주지청 의성지청 영덕지청 포항지청 서부지청	**부산지방 검찰청** 동부지청 서부지청 **창원지방 검찰청** 진주지청 통영지청 밀양지청 거창지청 마산지청 **울산지방 검찰청**	**광주지방 검찰청** 목포지청 장흥지청 순천지청 해남지청 **전주지방 검찰청** 군산지청 정읍지청 남원지청 **제주지방 검찰청**

검사가 소속된 관청을 검찰청이라고 한다. 한국에는 대검찰청과 6개의
고등검찰청, 18개의 지방검찰청이 있다. 각 검찰청에는 검사 이외에도
검찰사무관(검찰수사관)과 일반 업무를 맡는 행정공무원이 일하고 있다.

단일검찰체제와 복수검찰체제[5]

나라마다 역사적·사회적 경험이 다른 만큼 검찰의 권한(검찰권)과 검찰 조직도 다르다. 연방제 국가에는 연방검찰 조직이 따로 있다. 예를 들어, 연방제 국가인 미국에는 연방검찰과 별도로 주state검찰이 있다. 지방검사가 담당하는 주검찰 조직은 구district, 카운티, 시티 등으로 다시 나뉜다.

연방제가 아닌 단일국가에서도 각 검찰청이 검찰권을 따로 행사하는, 분권화된 검찰 조직을 두는 경우가 있다. 이를 복수검찰체제라고 부르는데, 프랑스가 대표적이다. 복수검찰체제는 검찰권의 분할로 인한 견제와 균형이 장점이다. 검찰권이 나뉘어 있어서 한 검찰청이 단독으로 사건을 무마하거나 은폐하는 일이 여의치 않기 때문이다.

단일검찰체제인 나라는 우리나라 말고는 일본 정도가 있다. 일본도 전국적으로 하나의 검찰 조직을 유지하고 있으며, 수장인 검찰총장이 지휘권과 수사권을 동시에 갖는다. 또 우리나라와 마찬가지로 검찰총장을 정점으로 한 몸처럼 움직이는 검사동일체 원칙을 강조한다. 일본에서는 검찰의 부패나 직권남용이 문제되어 몇 차례 검찰개혁이 진행되었다. 일본 법학자들은 검찰의 역할이 지나치게 큰 것과 직접 수사의 전통을 문제의 원인으로 지적한다.

물론 복수검찰체제 국가에서도 검찰개혁 논의가 없는 것은 아니다. 다만 검찰개혁의 초점이 우리나라와는 다르다. 독일, 프랑스 등에서는 검찰권 분산으로 인해 효율이 떨어지는 점이 큰 고민거리다. 검찰권이 조각나 있어 조직·금융·테러·마약 등과 같은 중요 범죄에 신속하게 대응하지 못한다는 비판을 받는다.

일본의 검찰개혁

일본의 검찰 제도는 우리나라와 유사하며, 비슷한 검찰개혁 논의도 있었다. 그러므로 일본의 검찰개혁 과정을 살펴보는 것은 의미가 있다. 다만 일본의 검찰개혁은 사법개혁과 더불어 진행되었다. 패전 이전의 일본 사법성은 대심원(대법원)과 검찰청을 관할했기 때문이다.

일본 형사사법은 예전부터 검찰이 주도권을 쥐고 있었다. 법학자들은 수사하여 기소하는 검찰이 재판의 진행과 결과까지도 사실상 좌지우지하는 상황을 빗대어 '규문주의*적 검찰사법'[6]이라고 불렀다. 당시 검찰개혁의 목표는 '검찰의 민주화'로, 이는 '규문주의적 검찰사법의 해체'를 의미했다.[7]

일본이 패전하자 연합군사령부GHQ는 헌법과 형사소송법을 적극적으로 개정하고자 했다. 반대로 일본 사법성은 치안 유지를 명분으로 내세워 기존 검찰권을 유지하고자 했다. 양쪽이 절충안을 찾았고 1948년 형사소송법이 전면 개정되었다.

첫째, 최고재판소와 검찰청을 분리했다. 검찰청은 법무성 소속

---

*   규문주의는 법원이 직권으로 소송절차를 개시하여 심리, 재판하는 주의를 말한다.
수사, 기소, 재판의 주체가 분리되지 않는 게 특징이다.

이 되었다. 둘째, 검찰에 대한 민주적 통제가 강조되었다. 연합군사령부는 미국의 대배심제도(기소배심)와 검찰관공선제(검사선거제)를 도입하고자 했다. 하지만 일본 사법성의 반대로 대배심제도 대신 검찰심사회제도가, 검찰관공선제 대신 검사적격심사제도가 생겨났다. 셋째, 경찰에 일차 수사권을 주고, 검찰은 보충 수사를 하도록 조정했다. 검찰의 직접 수사는 중대 사건으로 제한되었다.[8]

하지만 이런 변화에도 불구하고 수사기관의 권한은 강화되었고 자백 위주의 규문주의적 수사 관행은 계속되었다. 무리한 수사로 자백을 받아내 억울하게 처벌받는 사람이 생기는 이른바 '원죄사건'이 종종 발생하여, 사회적 문제가 되었다.

일본 법학계와 일본변호사연합회 등은 오랜 기간 검찰개혁을 주장했지만 보수적인 의회의 벽을 넘지 못했다. 그러다 2000년대 검찰개혁이 가시화되기 시작했다.

2000년 후쿠오카 지방검찰청 차장검사가 수사 정보를 누설한 사건을 검찰이 불기소처분하자 후쿠오카 검찰심사회가 '불기소 부당'으로 의결했으나 검찰은 끝내 기소하지 않았다. 이 사건을 계기로 2004년 검찰심사회법이 개정되었다. '기소 상당' 의견으로 의결되었음에도 검찰이 재차 불기소한 사건에 대하여 검찰심사회가 다시 기소 의결을 하면 법원이 변호사를 지정하여 공소를 제기하고 유지하도록 했다. 이 법은 2009년부터 시행되고 있다.

2010년에는 오사카 지방검찰청 특별수사부의 증거 날조 사건이 일어났다. 담당 검사는 재판을 통해 실형을 선고받았다. 이 사건의 계기로 일본 법무성은 '검찰의 바람직한 상태 검토 회의'라는 위원회를 구성하여 법무대신(법무부 장관)에게 검찰개혁 방안을 건의하도록 했다. 그 결과 2014년 검찰개혁 보고서가 채택되었다. 그 내용을 보면, 증거 날조의 원인으로 '자백에 대한 과도한 의존'을 꼽으며, 증거 수집 수단을 다양화하고 신문 조서에 대한 의존을 낮추는 것을 대안으로 제시했다. 이에 따라 2016년 신문 녹음·녹화 제도가 도입되고 증거 개시를 확대하는 내용의 법 개정이 이루어졌다.

⊕ 한국 검찰을 한마디로 설명하면?
↘ 무소불위 권력

한국 검찰의 권한은 막강합니다. 범죄의 수사, 공소의 제기와 유지, 그리고 형 집행까지 형사 절차 전반에 걸쳐 법적인 권한을 행사합니다. 게다가 권한을 행사할 때 폭넓은 재량도 갖고 있습니다. 하지만 법률로 창설된 국가기관이 무소불위無所不爲(하지 못하는 일이 없음)하다는 것은 쉽게 상상하기 어렵습니다.

무소불위 '권한'이 아니라 '권력'이라고 표현했다는 점에 주목해주십시오. 권한 자체가 큰 것은 사실이지만 그 자체로 무소불위라고 부를 정도는 아닙니다. 이 권한을 다른 국가기관이 통제함으로써 견제와 균형이 작동하면 별문제가 없습니다. 하지만 견제와 균형이 이루어지지 않으면 국가기관의 권한은 권력이 되고 무소불위의 것이 됩니다. 간단히 말해, 검찰은 '아무런 통제를 받지 않는 권력'이 되었기에 위험합니다.

많은 형사사건이 재판으로 넘어가기 전, 검찰 단계에서 수사의 진행 여부, 기소 여부 등이 판단됩니다(구속영장이나 압수수색영장을 판사에게 청구하긴 합니다만, 이는 수사 절차에서 판사의 통제를 받는 것일 뿐 재판 절차는 아닙니다). "검찰이 사건을 덮어줄 수도, 키워줄 수도 있다"고 이야기하고, 검사 출신 변호사가 구속영장 청구나 공소 제기를 막아주겠다며 수억 원씩 챙길 수 있는 이유입니다.

대검찰청 기획조정부장을 지낸 변호사 홍만표(2009년 대검찰청 수사기획관으로 노무현 전 대통령의 검찰 조사 계기가 된 '박연차 게이트'를 지휘했습니다)가 2016년 네이처리퍼블릭 대표 정운호의 구속과 추가 수사를 막아준다는 명목으로 수억 원을 받아 논란이 일었습니다. 홍만표가 2011년 9월 개업부터 2015년 12월까지 변호사 수임계를 내지 않고 변호한, '몰래 변론' 건수는 62건에 달하며, 수임료 36억 5000여 원을 누락해 세금 15억 5000만 원가량*을 포탈한 것으로 드러났습니다.[9]

반대로 재판에 넘길 필요가 없는 사건을 굳이 검찰이 기소해서 몇 년씩이나 재판을 받으며 시달리게 할 수도 있습니다. 무죄 판결이 나와도 삶은 이미 무너져버린 뒤입니다. 2008년 정연주 KBS 사장 사건이 대표적입니다.

---

* 변호사 홍만표가 2011년 9월부터 2012년 12월까지 국세청에 신고한 매출액은 110억 원으로, 전관 변호사 가운데에서도 단연 돋보이는 1위였다.

2장
검찰은 무엇으로 사는가

서울중앙지검 조사부(부장 박은석)는 국세청과 세금 반환 소송을 벌이던 KBS가 1심에서 이겼는데도 2심에서 법원의 조정을 받아들여 세금을 일부만 돌려받아 회사에 손해를 끼쳤다는 혐의로 정연주를 재판에 넘겼습니다. 조정은 법원이 중재안을 내놓으면 분쟁 당사자가 서로 양보해 받아들이는 행위를 말합니다. 법원이 진행한 법률 절차를 따른 것이 범죄 행위라는 주장입니다.

검찰의 논리대로라면 법원은 정연주의 배임 범죄를 부추긴 것이고, 국가는 배임 범죄 수익금 2000억 원을 챙긴 것입니다. 당연히 1심, 2심, 3심에서 정연주는 무죄를 선고받았습니다. 그러나 정연주는 이미 KBS 사장 자리에서 쫓겨났고 이명박 정부는 공영방송을 장악해버렸습니다.[10]

검찰 수사권의 뿌리[11]

검찰의 강력한 힘, 그중에서도 강력한 수사권의 역사를 알려면 일제강점기 이전으로 거슬러 올라가야 한다.

근대적 의미의 검찰 제도는 1895년 재판소구성법에서 시작한다. 갑오개혁이 낳은 사법 근대화의 산물인 이 법은 재판과 행정을 나누고, 재판권을 재판소로 통합했다. 검사는 재판소의 직원으로 수사와 기소권을 행사하도록 했다. 이 법의 제정에도 일본이 관여했지만, 1905년 을사늑약 이후에는 일본 검찰 제도가 노골적으로 우리나라에 이식됐다.

조선총독부가 1912년 공포한 조선형사령은 본토 일본과 달리 검찰과 경찰의 독자적인 강제처분권한(급속처분)을 인정했다. 반면, 인권 보장을 위한 기본적 장치들은 식민지 조선에서는 배제되었다.

식민지 검찰의 기본 방침은 검사의 직접 수사를 강화하는 것이었지만, 현실화되기는 어려웠다. 검사 수가 부족한 탓이 컸다. 1910년대 조선에는 약 60명의 검사가 있었는데, 다른 업무를 수행하는 검사(법원 소속 검사, 감독관 등)를 빼고 나면 실제 일선에서 수사와 송무를 담당한 인력은 절반 정도로 추정된다. 이 상황에서 검사가 적극적으로 수사에 나서거나 경찰에 대해 적극적으로 수사지휘권을 발휘하기가 어려웠다. 그러다 보니 검사는 중요한 범죄 위주로 수사하면서 대부분은 경찰의 수사 결과에 의존해 사건을 법원에 넘길 수밖에 없었다. 결과적으로 식민지 사법 체계는 경찰의 수사력, 특히 독자적인 강제처분권한과 범죄즉결제도(즉결심판)에 의존했다.

변화는 일제강점기 후기에 찾아왔다. 1941년 3월에 국방보안법이 제정되고 치안유지법이 전면 개정되면서 검사의 위상이 획기적으로 강화되었다. 이 두 가지 법을 위반한 사건을 수사할 때 피고인의 소환, 구인·구류, 신문, 압수, 수색, 검증, 감정, 통역과 번역 등의 강제 처분권은 검사만이 행사하도록 바뀌었고, 경찰은 검사의 명령에 의해서만 처분이 가능해졌다.

1945년 해방 직후 일제강점기의 식민지 사법 체제(조선형사령 체제)를 극복해야 한다는 개혁의 목소리가 터져 나온 것은 당연했다. '형사사법의 민주화' 기치 아래, 수사기관에 부여되었던 과도한 권한을 분산하고 인권 보장을 강화하자는 내용의 구상들이 등장했다. 하지만 상당수의 개혁적 구상은 보수적인 사법 관료에 의해 제동이 걸렸다. 여기에 미군정기 일제 잔재를 극복하지 못한 경찰에 대한 불신이 겹치면서, 해방 이후의 형사사법 체계는 식민지적 구습을 완전히 극복하지 못한 채 검찰 중심의 수사 체계로 귀착되었다. 이는 다음과 같은 기록에서도 드러난다.

1954년 1월 9일 서울 태평로 부민관(현 서울시의회 건물)에서 형사소송법 초안에 대한 공청회가 열렸다.[12] 이날 첫 안건은 '검사와 사법경찰관리(경찰)와의 관계'에 관한 것이었다.

"범죄 수사에 있어서 사법경찰관리에게 주도권을 줄 것인가 또는 현행 형사소송법과 마찬가지로 사법경찰관리를 검사의 지휘하에 둘 것인가, 말하자면 사법경찰관리와 검사와의 관계가 상호 협력 관계냐, 상명하복의 관계에 둘 것이냐, 이 문제에 대해서 말씀해 주시기를 바랍니다."

전문위원 서대교의 질문에 검사 출신 국회의원 엄상섭이 답했다.

"우리나라 실정을 보면 검찰기관이 범죄 수사의 주체가 된다면 기소권만 가지고도 강력한 기관이거늘 수사의 권한까지 '플러스'하게 되니 이것은 결국 '검찰 파쇼'를 가지고 온다는 것입니다. (…) 우리나라는 경찰이 중앙집권제로 되어 있는데, 경찰에다가 수사권을 전적으로 맡기면 '경찰 파쇼'라는 것이 나오지 않나, '검찰 파쇼'보다 '경찰 파쇼'의 경향이 더 세지 않을까? 이런 점을 보아가지고 (…) 법제사법위원회에서는 오직 우리나라에 있어서 범죄 수사의 수노권은 검찰이 가지는 것이 좋다는 정도로 생각했던 것입니다. 그러나 장래에 있어서는 우리나라도 조만간 수사권하고 기소권하고는 분리하는 이러한 방향으로 나가는 것이 좋겠다는 생각을 가지고 있습니다."

검찰총장 한격만은 해방 이후의 실정(아마도 일제 '순사'의 잔재가 남아 있던 경찰의 실태)을 거론하며 '시기상조론'을 들고 나섰다.

"이론적으로 말하면 아까 엄 의원이 말씀한 바와 마찬가지로 수사는 경찰에 맡기고 검사에게는 기소권만 주자는 것은 법리상으로는 타당합니다만, 앞으로 100년 후면 모르지만 검사에게 수사권을 주는 것이 타당하다고 생각합니다."

아울러 FBI와 같은 법무부 소속 수사기관 도입을 통한 '수사의 일원화'와 경찰에 대한 '검찰의 수사지휘권 강화'도 주장했다.

그해 9월 국회를 통과한 제정 형사소송법은 검찰의 수사권과 경찰에 대한 수사지휘권, 검찰 내 경찰 인력 도입(검찰수사관)을 규정했다. 형사소송법 제정 당시의 현실적 사정을 염두에 두고 검찰에 부여한 수사권은 (2020년 형사소송법 개정으로 검사의 수사지휘권이 폐지되었다는 점을 제외하고는) 지금까지 기본적으로 유지되고 있다.

⊕ 검찰의 힘이 강하면 어떤 문제가 생기길래?
↳ 조국 사건과 고발 사주 사건이
보여주는 비정상

검찰의 권한이 막강하고, 균형과 견제가 이뤄지지

않으면 무소불위가 될 수 있음을 보았습니다. 검찰의 힘이 강하면 어떤 문제가 생기는지 더 살펴보겠습니다.

먼저 정치적 중립을 지켜야 할(검사윤리강령 제3조 제1항) 검찰이 정치에 개입한다고 해도 이를 견제할 방법이 마땅치 않게 됩니다. 검찰의 권한이 권력, 특히 정치적 권력으로 팽창하는 것도 이 때문입니다.

우리나라 검찰은 정치 권력에 대해 선택적인 수사와 기소를 진행해 문제를 일으키곤 합니다. 더 나아가 검찰 조직(더 정확하게는 검찰 수뇌부의 몇몇 검사)을 위해 정치적 선택을 하고 수사와 기소를 활용하기도 합니다.

문재인 정부 시절 법무부 장관 조국은 검찰개혁 의지를 분명히 드러냈습니다. 그러자 검찰은 조국 일가족을 대대적으로 수사하기 시작합니다. 특히 조국과 부인 정경심에 대한 수사 내용이 실시간 보도되도록 언론 플레이에 힘을 썼습니다. 정경심은 재판 결과도 나오기 전에 이미 '여론의 법정'에서 유죄판결이 내려졌고, 조국은 취임 33일 만에 사퇴했습니다.

한편 검찰은 '자기 식구'에게는 한없이 관대합니다. 검사는 범죄를 저질러도 수사 없이 유야무야 끝나는 일이 많습니다. 여론이 크게 일어나거나 피해자가 노력해 간신히 수사가 되어도 기소되지 않아 '면죄부 수사'라는 말이 흔하게 사용됩니다. 2024년 2월 법원이 유죄판결을 내린 고발 사주 사건도 공수처(고위공직자범죄수사처)가 없었다면 같은 운명에 처했을 겁니다. 정치적 중립 위반, 권력의 사유화, 제 식구 감싸기 등 검찰의 악폐가 응축된 전

형적인 사건이니까요.

고발 사주 사건은 2020년 4월 총선을 앞두고 검찰이 선거에 영향을 끼치기 위해 정치인과 언론인에 대한 고발장을 만들어 미래통합당(현 국민의힘)에 전달했다는 사건입니다. 이 고발장에는 검찰총장 윤석열과 부인 김건희, 대검찰청 반부패부장 한동훈이 명예훼손 피해자로 이름을 올렸습니다. 미래통합당이 이 고발장을 접수하면 검찰이 수사에 나서는 시나리오였을 겁니다.

공수처는 고발장을 작성해 미래통합당에 전달한 혐의로 검사 손준성을 기소했고 1심 법원은 공소사실을 인정해 징역 1년의 실형을 선고했습니다. 그러나 재판이 진행 중이던 2023년 4월 손준성은 검찰청 자체 감사에서 무혐의 처분을 받고, 이후 9월에는 '검찰의 꽃'이라고 하는 검사장으로 승진했습니다.

반면, 공수처는 손준성이 고발장을 전달한 미래통합당 의원 김웅을 공범으로 지목해 검찰에 넘겼는데, 검찰은 불기소처분했습니다. 김웅은 범행 당시 검사가 아니었기에 공수처가 아니라 검찰이 기소해야 했습니다. 고발장을 전달한 사람은 법원에서 '유죄', 고발장을 전달받은 사람은 검찰에서 '무죄'가 된 셈입니다(2024년 11월 현재 2심 계류 중입니다).

정치인과 고위 공무원의 범법 행위는 그 자체로도 문제지만, 이들의 범죄를 경찰이나 검찰이 수사·기소하지 않거나 법원이 제대로 처벌하지 않는다면 누가 형사사법기관, 나아가 국가를 신뢰할까요?

2장
검찰은 무엇으로 사는가

⊕ 그럼 검찰은 뭘 하면 되는데?
↳ 검찰의 '본래' 역할을 잘하면 됨

검사는 뭘 하는 사람일까요? '무엇이 검사인가'라는 질문에 한마디로 답하긴 어렵습니다. 나라마다 검사의 권한과 활동 범위가 다르기 때문입니다. 공소 기능(국가를 대리하여 범죄자를 소추하고 재판의 원고로서 형사소송을 수행하는 기능)을 가진다는 게 거의 유일한 공통점입니다. 나라에 따라 수사 기능이 거의 없는 검사는 있어도, 공소 기능이 없는 경우는 없습니다.

반면 경찰은 공소 기능이 없는 수사기관입니다.[*] 이와 구별하기 위해서 공소 기능이 있는 기관을 '검찰 기구'라고 부릅니다. 즉, 검찰 기구는 공소가 임무인 기관이라는 의미입니다(공수처도 고위 공직자에 대한 공소 기능이 있으므로 검찰 기구로 봐야 합니다).

우리나라 검찰은 어떨까요? 검찰청법과 형사소송법에 따르면 검찰청은 검사가 소속된 기관이고, 검사는 범죄를 수사하고 공소를 제기·유지하는 사람입니다. 우리나라 검사는 수사 기능과 공소 기능을 모두 갖고 있지만 역시 핵심은 공소 기능입니다. 공소 기능(소추권)을 가진 법률 전문 공무원이 '검사'입니다.

검찰이 공소를 담당하는 이유는 무엇일까요? 첫째, 수사기관

---

[*] 형사 절차만 놓고 보면 경찰은 수사 기능을 수행하는 조직이다. 즉결심판절차법에 따라 경찰서장이 공소의 성질을 띠는 즉결심판청구를 하는 경우도 있지만, 이는 어디까지나 예외적인 권한이다.

[**] 수사를 받을 때는 '피의자', 재판에 넘겨지면 '피고인'이 된다.

인 경찰의 수사를 합리적으로 검토하기 위해서입니다. 수사를 했던 경찰과 분리된 검찰청 소속 검사가 경찰이 수사한 혐의 사실과 증거를 제3자의 시각에서 검토하여 기소 여부를 판단하도록 설계한 것입니다(이를 검찰의 수사와 공판 사이의 '여과 기능filtering function' 이라고 합니다).

둘째, 법률 전문가인 검사를 두어 경찰의 수사 과정과 결과를 법적으로 살펴보게 함으로써 수사의 적법성을 높일 수 있습니다. 검사는 경찰의 수사 내용을 점검해서 공소를 제기하고 유죄판결을 받도록 합니다. 이 과정에서 검사와 경찰은 서로를 견제하는 동시에 협력하게 됩니다. 경찰이 부실 수사나 과잉 수사를 할 경우 검사가 이를 바로잡을 수 있습니다. 두 기관이 건전한 긴장을 유지하는 게 국민에게 바람직합니다(이를 검찰의 '적법성 통제 기능'이라고 합니다).

⊕ 검찰이 공소 기능은 제대로 하고 있을까?
↳ 수사에 집중한 나머지 공소는 뒷전인 게 현실

문제는 검찰이 공소 기능을 홀대하고, 공소를 담당하는 검사들도 수사만큼 진력하지 않는다는 점입니다.

형사법정의 모습을 살펴보겠습니다. 법정 문을 열고 들어가면 법대가 보이고, 법대에 판사의 자리가 있습니다. 법대 앞으로 왼쪽에는 검사가 앉는 자리, 오른쪽에는 변호사와 피고인*이 앉는 자리가 있습니다. 하지만 재판의 주인공은 검사가 되기 일쑤입니다. 판사는 검사를 자주 부릅니다.

"검사님, 공소사실 요지 말씀하세요."
"검사님, 증거 기록 제출하세요."
"검사님, 구형 의견 말씀하세요."

우리나라 검찰은 오랫동안 공소 기능보다 수사 기능을 유지·강화하는 데 애써왔습니다. 그 결과 검찰 내에서 재판 등 공소 기능은 부수적인 업무로 취급되어 왔습니다. 수사 검사와 공판 검사를 따로 두고 공판 검사는 수백 건의 사건을 맡습니다. 수사 검사가 사건을 수사해 기소하면, 공판 검사는 넘겨받은 기록을 갖고 재판에서 증거를 제시하고 피고인이나 증인을 신문하고, 구형하는 일까지 재판 과정을 담당합니다.

공판 검사는 담당하는 사건이 수백 건이다 보니 사건 기록을 꼼꼼히 읽을 여유도 충분하지 않습니다. 그래서 사건을 제대로 파악하지도 못한 채 재판에 들어가 자판기처럼 비슷한 말을 반복하기도 합니다.

먼저 검사는 공소장을 그냥 읽는 것이 보통입니다. 공소장이 긴 경우에는 재판장이 요지를 진술하라고 하기도 합니다. 판사나 피해자가 이해하기 쉽게 설명을 덧붙이거나 사건의 의미를 설명하는 경우는 거의 없습니다. 그건 세간의 주목을 받는 일부 중요 사건만, 예외적으로 수사 검사가 직접 공판까지 담당할 경우에나 가능합니다.

증거에 대한 조사도 형식적입니다. 형사소송법을 보면, 증거 서류는 신청인이 낭독하는 게 원칙입니다. 그러나 현실에서 검사는 증거 목록과 기록을 제출하고 피고인이 동의하지 않는 증거에 대해서만 증인신문을 하는 정도입니다. 형식적으로 해도 유죄 판단을 받아내는 데는 별문제 없기 때문입니다(2023년 사법연감에 따르면, 1심 공판의 경우 유죄판결의 비율이 약 95.2퍼센트, 무죄판결의 비율이 약 3.4퍼센트, 기타 형면제·면소, 관할위반, 공소기각 등이 합쳐서 약 1.5퍼센트 정도로 유죄판결의 비율이 압도적으로 높습니다).

검사의 구형 의견도 대체로 형식적입니다. "피고인을 징역 ○○년에 처해주십시오"라고 하지만, 별다른 근거 제시나 양형 가중 사유를 주장하거나 입증하지 않습니다. 피고인과 변호인이 최선을 다해 양형 감경 사유를 호소하는 모습과 대조적입니다.

검·경 수사권이 조정되면 검찰의 직접 수사가 줄어들면서 공소 기능이 보다 활성화되리라는 기대가 있었지만, 공판 검사가 법정에서 보여주는 모습을 보면 검찰은 기대에 전혀 부응하지 못하고 있습니다.

피해자를 위한 검사는 없다

형식적인 재판 과정에서 존재가 지워진 사람이 있다. 바로 피해자다. 피해자는 형사사건에서는 당사자일 수 있지만 형사 절차에서는 당사자가 아니다. 법정에는 피해자를 위한 공간도 따로 없다.

사람들은 '공익의 대표자'인 검사가 법정에서 피해자를 대변할 것으로 믿고 있다. 그러나 문제는 검찰이 수사 기능을 유지하는 데 전력을 쏟느라 공소 기능에는 그만큼 신경을 쓰지 않는다는 점이다. 공소 기능이 형식적으로 수행되면, 피해자는 법정에서 소외되기 마련이다.

특히 법정에 출석한 공판 검사의 모습을 본 피해자는 국가가 자신을 대변해주지 않는다고 느끼게 된다. 영화에서처럼 피해자의 사정을 상세히 설명하고 판사를 설득하면서 피고인을 엄벌에 처해야 한다고 낱낱이 주장하는 검사를 법정에서 쉽게 찾아볼 수 없기 때문이다. 검찰의 공소 기능에 대한 관심 부족은 낮은 양형의 한 원인으로, 때때로 납득하기 힘든 무죄 판결이 나오는 이유로 지목되기도 한다.

피해자는 자신의 사건을 국가가 어떻게 수사하고 있는지, 어떤 증거가 법정에 제출됐는지 알지 못한다. 경찰도 검찰도 수사 과정에서 피해자와 거의 소통하지 않는다. 피해자와 소통하지 않은 채 검찰이 무혐의 처분을 내리기도 하고 심지어 죄명을 잘못 적용하는 일이 발생하기도 한다.

재판 절차에서도 피해자가 할 수 있는 일이 별로 없다. 법원은 피고인에게는 공소장을 송달하지만 피해자에게는 공소장을 송달해주지 않는다. 피해자는 검찰이나 법원에 공소장 열람등사를 직접 신청하고 복사해야 한다. 피고인의 주소지가 있는 검찰과 법원이 사건을 맡기에 피해자가 먼 곳을 방문해야 할 때도 많다. 또한 피해자가 피고인의 주장을 반박하거나 추가 증거를 제시하려면 수사 기록을 알아야 하는데, 피해자의 증거 기록 열람등사는 전적으로 판사의 재량에 달려 있다. 판사가 허가하지 않으면 피해자는 재판 과정에서 어떤 증거가 제출되었는지도 알 수가 없다.

결국 피해자가 자신의 사건이 어떻게 진행되는지, 피고인이 제대로 처벌되는지 알려면 직접 법정에 출석하는 수밖에 없다. 그러나 그것도 쉽지 않다. 법원과 검찰은 피해자에게 재판일을 알려주지 않기 때문이다. 그래서 피해자는 사건 번호를 알아낸 다음 직접 재판 날짜를 찾아봐야 한다. 다음 재판일을 정할 때도 피고인이 출석 가능한지 확인할 뿐 피해자의 출석 여부는 고려하지 않는다.

게다가 재판에 참여하는 피해자가 신분을 노출하고 싶지 않은 때 보호받을 방법도 마땅치 않다. 현재는 '증인으로 출석한 성폭력 피해자'만이 피고인과 대면하지 않는 조처가 가능하다. 성폭력이 아닌 살인, 살인미수, 강도, 공갈, 협박 등의 피해자는 피고인에게 신변이 노출될 각오로 법정에 나가야 한다. 아니면 자신의 사건이 어떻게 진행되는지 아는 것을 포기해야 한다.

피해자의 권리가 미약한 것은 우리나라 형사소송 구조가 피해자를 형사 절차의 당사자로 보지 않기 때문이다. 대신 국가 기관인 검찰이 피해자를 대변하여 공소 기능을 한다고 전제한다. 판사는 검찰이 증거를 확보했으니 피해자와 검사가 소통하면 된다고 판단한다. 증거 기록의 열람등사를 피해자에게 허가하면 진술 오염이 생기거나 무기대등의 원칙에 반한다고 본다.

참고할 만한 외국 사례가 있다. 최근 독일은 형사소송 절차에서 피해자의 지위를 크게 강화했다. 다음은 대표적인 두 가지 사례다.

첫째, 독일 형사소송법은 성범죄나 명예와 관련된 범죄의 피해자는 검사가 공소를 제기한 경우에 공판에 참여할 수 있는 공소참가제도[13]를 두었다. 공소 참가인인 피해자에게는 법관·감정인에 대한 기피신청권과 질문권, 재판장의 명령·질문에 대한 이의신청권, 증거신청권, 진술권 등이 인정된다.[14]

둘째, 피해자가 직접 형사소송을 제기할 수 있는 사인소추를 주거침입죄, 모욕죄, 협박죄, 상해죄 등의 경우에 인정한다. 고소·고발이 아니라 직접 형사법원(구법원, 우리나라의 시·군법원에 해당)에 공소장을 제출하면 공판이 개시된다.

⊕ 하지만 검찰이 수사는 잘한다고 하던데?
↳ 꼭 그렇다고 단정할 수 없음

검찰 수사는 직접 수사와 간접 수사로 나뉩니다. 간접 수사는 경찰을 통해 수사하는 것입니다. 경찰이 수사해 검찰로 넘기면 이를 검토해서 경찰에 추가 수사를 요구하는 방식이죠.

직접 수사는 말 그대로 검사가 직접 수사하는 것입니다. 검사실에 있는 검찰수사관과 수사할 수도 있고, 검사실에 속하지 않은 검찰수사관에게 의뢰하여 수사할 수도 있습니다. 검사가 범죄 혐의를 인지해서 수사하는 '인지 사건'인 경우 직접 수사를 하는 일이 많습니다.

검찰은 직접 수사를 검찰의 고유 업무로 여겨왔습니다. 2022년 검·경 수사권 조정 때 직접 수사 범위를 줄이려 하자 검사들이 반발해 집단행동을 하기도 했죠. 검찰총장 윤석열이 사표를 냈던 이유이기도 합니다.

직접 수사에 대한 검찰의 집착은 유구합니다. 새로 들어선 정부가 검찰개혁을 추진하면, 검찰은 직접 수사로 존재감을 보이며 개혁의 동력을 꺾었습니다. 특수부 검사들은 노무현 정부 때 '대선 자금 수사'로 약진했고, 문재인 정부 때는 '국정농단 수사'로 또 한 번 위상을 강화했지요. "거악 척결", "권력형 비리 수사"를 내세웠지만, 실상은 검찰의 권력을 키우는 기회로 활용했습니다.

왜 검찰은 직접 수사에 집착하는 걸까요? 직접 수사가 검찰의 힘의 원천이기 때문입니다. 직접 수사를 함으로써 검찰은 큰 보상을 얻어왔습니다. 검찰은 수사를 통해 정치적 사안에 개입해왔습니다. 또한 '정치적 선택자'로서 자신의 위상을 강화해왔고요.

검찰이 수사만 잘하면 무슨 상관이냐고 할 수도 있겠지만, 검찰의 직접 수사는 두 가지 점에서 치명적 약점이 있습니다. 첫 번째는 확증 편향 문제입니다. 범죄를 인지해 직접 수사한 검사는 확증 편향 탓에 다른 각도에서 사건을 살펴보기 어렵습니다. "내가 볼 때 이게 진실이야", "내가 볼 때 저 사람이 범인이다" 하는 식으로 직관적·선험적으로 판단하기 쉽고, 틀릴 경우 이를 바로잡기도 어렵습니다. 오류를 무시하거나 피의자를 회유해서라도 자백을 받고 싶은 유혹에 빠지기도 합니다. 실체적 진실보다 검찰 수뇌부의 시각을 따라갈 위험도 있습니다.

2장
검찰은 무엇으로 사는가

두 번째는 매몰 비용의 오류 문제입니다. 수사를 하다 보면 상당한 시간과 인력, 노력을 들였는데도 범죄 혐의가 확인되지 않는, 소득이 없는 사건이 종종 생깁니다. 나쁜 놈이라는 의심을 품고 수사를 시작해 압수수색영장도 청구하고 피의자 소환 조사도 했는데 무혐의 처분을 내리는 건 말처럼 쉽지 않습니다.[15] 그랬다가는 무능한 검찰, 무능한 검사라고 평가받을 수 있으니까요. 검사 개인의 성과 지향적 태도에 검찰 조직의 정치적 고려가 더해지면 '묻지마 수사', '묻지마 기소'의 유혹에 빠지기 쉽습니다.

'순천 청산가리 막걸리 사건'은 이러한 검찰의 문제를 잘 보여준 사건입니다. 2009년, 순천에서 아버지와 딸이 청산가리를 넣은 막걸리를 어머니와 이웃에게 먹였다는 사건으로 떠들썩했습니다. 아버지와 딸은 재판에 넘겨졌고, 1심에서 무죄가 선고됐지만 검찰이 항소해 결국 아버지에게는 무기징역이, 딸에게는 20년 형이 선고됐습니다.

하지만 반전이 일어났습니다. 14년 만인 2024년 재심 결정이 난 겁니다. 변호사 박준영은 "검사가 자백을 강요하고 피고인들에게 유리한 증거를 재판에 내지 않았다"고 했습니다. 검찰의 주장과 맞지 않는 결정적인 증거들이 누락되었고, 검찰에 불리한 CCTV 영상은 기록이 없다고 거짓말하며 제출하지 않았던 거죠. 피의자를 강압적으로 신문한 것도 밝혀졌습니다.[16]

확증 편향과 매몰 비용의 유혹 탓에 검사는 직접 수사한 사건은 100퍼센트 옳은 수사이고, 피의자는 감옥에 가야 한다는 생각에서 자유롭기 어렵습니다. 자신이 푼 시험 문제는 모두 정답이니,

100점으로 채점하겠다는 학생과 비슷합니다. 그러나 문제를 푼 사람과 채점하는 사람이 달라야 시험이 공정해진다는 것은 상식입니다. 공정성을 확보하려면 수사를 담당하는 조직과 기소를 담당하는 조직은 분리되어야 합니다. 이것이 바로 수사-기소 분리가 필요한 이유입니다.

⊕ 다른 나라 검찰은 어떨까?
↘ 검찰이 탄생한 프랑스부터 우리나라와 비슷한 일본까지 두루 살펴봤는데…

검사 제도는 프랑스에서 탄생했습니다. 프랑스혁명 이후인 1808년 나폴레옹은 개혁된 형사절차법인 치죄법전을 제정하면서 '소추(검사)-수사(예심판사)-재판(법원)의 분리 원칙'을 확립했습니다. 시간이 지나면서 경찰과 검사의 수사가 확대되고 예심판사는 재판관의 역할이 중시되었습니다. 프랑스의 근대 검찰 제도는 유럽 각국의 모델이 됐습니다.[17]

독일 검찰을 나타내는 상징적인 문구는 "손 없는 머리Kopf ohne Hände"입니다. 독일 검찰은 자체 수사 인력이 없습니다. 검찰이 수사지휘권을 행사하며, 경찰은 검찰의 지휘를 받아 수사를 한다는 의미입니다. 독일의 검찰은 16개 주검찰과 연방검찰로 나뉘어 있고, 주검찰의 경우 다시 관할이 나뉩니다. 주검찰청 중 일부를 마약 범죄나 조직범죄 같은 특정 사건을 전담하는 중점 검찰청으로 지정하여 경찰을 파견받아 수사하기도 합니다. 조직(검찰청)으로 보면 직접 수사이지만, 신분(경찰)으로 보면 직접 수사가 아닙니다. 한국처럼 검찰청이 자체 인력(검찰수사관)으로 수사하는 것과는 다릅니다.

미국의 경우, 검찰권이 각 주로 분할된 뒤에 다시 지역에 따라 나뉘어져 있습니다. 직접 수사 여부도 연방과 주에 따라 다릅니다. 연방검찰은 직접 수사를 하지 않고, 주검찰이나 카운티검찰 등 지방검찰은 각 지역에 따라 직접 수사를 하기도, 하지 않기도 합니다. 미국 경찰의 분권 정도는 검찰보다 심합니다. 일부 지역에서는 수사 역량이 떨어질 정도입니다. 그렇게 수사 역량이 부족할 때 그 지역 검사장이 자체적으로 수사 인력을 고용해서 직접 수사에 나서기도 합니다. 수사 조직이 잘 갖추어져 있고 역량이 뛰어난 지역에서는 검사장이 굳이 직접 수사할 이유가 없습니다.

주검찰의 경우 검찰이 수사에 관여하더라도 경찰 수사와는 목적과 방식이 다릅니다. 경찰은 범인을 잡는 데 수사력을 집중한다면 검찰은 재판에서 유죄판결이 나올 수 있는지에 초점을 맞춥니다. 예를 들면 증거를 신뢰할 수 있는지, 쟁점 사안을 증명할 수 있는지, 피고인의 주장을 법적으로 반박할 수 있는지 등을 조사합니다. 그러다 보니 미국 검찰은 경찰의 수사를 사법적으로 지원하는 걸 주요 임무로 인식합니다.

영국은 막강한 경찰 권력을 견제하고 형사소추의 효율성을 높이기 위해 1985년에 검찰 제도를 도입했습니다. 영국 검찰은 별도의 수사 조직이 없고, 경찰이 수사한 결과를 받아 기소 여부를 판단합니다.

일본은 우리나라와 같이 '단일검찰체제'와 '제왕적 검찰총장제'라는 특성을 모두 가진 국가입니다. 경찰이 완전한 수사권을 갖고, 검찰은 보충적 수사권만 갖고 있습니다. 도쿄·오사카·나고야 3개 검찰청에는 특별수사부를, 나머지 검찰청에는 특별형사부를 두고 중요한 범죄를 직접 수사하기도 하지만 사건 수가 우리나라처럼 많지 않습니다.

국제적으로 보면 검사 제도의 핵심은 공소 기능이며, 검사에게 어느 정도로 수사 기능을 부여할 것인가는 나라마다 다릅니다.

⊕ 경찰이 검찰을 대체할 수 있을까?
↘ '검찰이 경찰보다 뛰어나다'는 착각, 혹은 오해

경찰과 검찰의 수사 능력을 단순 비교하기는 어렵습니다. 수사 사안의 난이도나 수사 현장, 수사 상황 등이 다르기 때문입니다.

경찰과 검찰의 수사 능력을 비교하는 잣대로 사건 처리 기간을 많이 거론합니다. 어떤 사람은 검찰과 경찰이 사건 처리에 걸리는 시간을 비교해 검찰이 더 수사를 잘한다고 말하기도 합니다. 검·경 수사권 조정 이후 사건 처리 속도가 늦어졌다는 걸 들어 경찰이 수사를 못하기 때문이라고도 합니다. 이런 주장이 맞는지 데이터로 확인해보겠습니다.

<그래프 1>은 연도별로 검찰의 사건 처리 기간을 보여줍니다. 검찰의 사건 처리 기간이란 사건 접수일(또는 인지일)부터 사건 처분일까지의 기간에서 경찰 처리 기간을 뺀 기간을 말합니다. 2021년 1월 기준으로 검·경 수사권 조정이 시행되어 검찰의 처리 사건이 줄어든 것으로 나타납니다.

<그래프 2>는 <그래프 1>을 바탕으로 각각의 사건 처리 기간이 차지하는 비중을 연도별로 나타낸 것입니다. 10일 이내로 처리한 사건이 압도적으로 많은 것을 확인할 수 있습니다. 2021년을 기점으로 검찰의 수사 대상이 축소되었음에도 10일 이내로 처리하는 사건의 비중은 비슷합니다. 검·경 수사권 조정 이후에도 검사가 대부분의 사건을 경찰의 수사에 의지해 처리하고 있다는 걸 보여줍니다.

검·경 수사권 조정 이전에도 검찰 수사의 상당수, 특히 형사부 사건의 약 70~80퍼센트는 검사에게 사건이 이첩된 지 일주일 이내에 종결되었습니다. 경찰이 3~6개월 걸린 사건을 검사가 1주일 만에 처리했으니 검사가 우수한 걸까요? 경찰이 충분히 조사하고 증거를 확보해서 사안을 잘 정리한 덕분에 검사가 경찰의 사건을 빠르게 파악할 수 있었고, 결론도 쉽게 내릴 수 있었던 것이 아닐까요?

오랫동안 형사사건은 대부분 경찰에서 수사해왔습니다. 겨우 2000여 명의 검사(다른 일을 하기도 하므로 실제로는 더 적습니다)

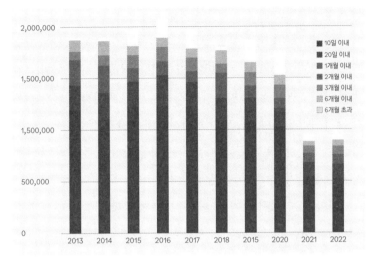

그래프 1 **연도별 검찰의 사건 처리 기간 (2013~2022년, 단위: 사건 수)**

출처: 『범죄 백서 2023』(법무연수원, 2024)

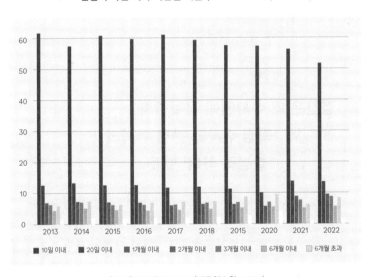

그래프 2 **검찰의 사건 처리 기간별 비율 (2013~2022년, 단위: %)**

출처: 『범죄 백서 2023』(법무연수원, 2024)

2장

검찰은 무엇으로 사는가

가 매년 범죄자 250만 명을 직접 수사하고 기소한다는 것은 불가능한 일이니까요.

따라서 검·경 수사권 조정 이전과 이후를 비교하는 것은 간접적으로, 그리고 추세로만 의미가 있습니다. 검찰의 사건 처리 기간에는 이미 그보다 앞서 이루어진 경찰의 사건 처리가 전제된 경우가 많기 때문입니다. 즉, 일반 형사사건에서 사건 접수부터 검찰이 직접 수사에 나서는 일은 많지 않다는 것을 감안해, 검찰의 사건 처리 기간을 따져봐야 한다는 말입니다.

나아가 사건 처리 기간만을 가지고 경찰과 검찰의 수사 능력을 비교하려는 시도는 무리가 있습니다. 검·경 수사권 조정 이후에는 다양한 변수를 가지고 수사 능력의 문제에 접근해야 합니다. 특히 검·경의 수사 효율성을 높이기 위한 협력이라는 관점에서 수사 체계 전체의 문제로 접근하여야 하며 경찰과 검찰의 수사 역량의 우열로 판단할 것은 아닙니다.

⊕ 검찰은 왜 수사권에 집착할까?
↳ 직접 수사와 간접 수사의 '결정적 차이' 때문

검찰은 직접 수사를 하는 사건에 대해 '사안의 진상', '실체적 진실'을 강조하곤 합니다. 해당 사건에 대해서는 담당 검사가 사안의 진실을 제일 잘 알고 있다는 거죠. 실체적 진실을 독점하면 수사 단계에서 검찰의 판단을 누구도 함부로 이야기할 수 없습니다.

반면 간접 수사는 경찰이 먼저 수사해서 검찰에 넘기기 때문에 경찰과 검찰이 실체적 진실을 공유합니다. 그래서 검찰과 경찰 사이에 논쟁이나 의견 차이가 발생하기도 합니다. '김학의 성 뇌물 사건'이 그러한 예입니다. 경찰의 판단과 검찰의 판단이 달랐고, 경찰의 영장 신청을 검찰이 받아들이지 않았습니다.

그러나 검찰의 직접 수사 사건이라면 사건이 수사 중인 동안에는 검찰이 실체적 진실을 독점하게 됩니다. 법원의 판단이 나올 때까지는 검찰만이 이 사건의 '진상'을 말할 수 있습니다. 또 검찰은 '재량'의 범위 내에서 사건의 처리 방향도 결정할 수 있습니다. 기소의 경우에는 법원의 판단이라도 받아볼 수 있지만, 불기소의 경우에는 검찰 스스로 사건을 다시 기소하지 않는 한 더는 법적으로 다투어볼 방법이 없습니다.

⊕ 검찰의 권한은 헌법에 정해져 있는 거라 건드릴 수 없다던데?
↘ 그건 검찰의 '주장'일 뿐

헌법 제12조 3항 체포·구속·압수 또는 수색을 할 때에는 적법한 절차에 따라 검사의 신청에 의하여 법관이 발부한 영장을 제시하여야 한다.

헌법 제16조 모든 국민은 주거의 자유를 침해받지 아니한다. 주거에 대한 압수나 수색을 할 때에는 검사의 신청에 의하여 법관이 발부한 영장을 제시하여야 한다.

"헌법에 따르면 검찰청은 헌법기관이며, 검사의 수사권은 헌법상 권한이다. 따라서 국회의 입법으로 검찰의 권한을 줄이거나 박탈할 수 없다." 2022년 검찰청법과 형사소송법을 개정해 검찰의 수사권을 축소하려 했을 때 검찰이 내세웠던 논리입니다.[18]

검찰의 논리에 따르면, 국회는 공수처와 같이 검찰권(공소기능)을 갖는 조직을 만들어도 안 되고, 검사의 직접 수사를 제한하는 법을 만들어서도 안 됩니다. 그러나 헌법재판소는 "영장 신청권은 검사에 부여된 헌법상 권한이지만 이를 바탕으로 헌법이 수사권을 (검찰법상) 검사에게 부여한 것으로 해석하기는 어렵다"고 판단했습니다. 수사권은 검사의 헌법상 권한이 아니며, 수사권과 소추권이 검찰에게만 부여된 권한으로 볼 수 없다는 것입니다.

실제로 검사뿐 아니라 공수처, 경찰, 군검사, 군사경찰, 특별검사 등 다양한 기관이 수사권을 갖고 활동해왔습니다. 헌법에 영장청구권이 검사에게 있다고 되어 있지만, 이 검사가 검찰청법에 의한 검사만 의미하는 것은 아니고, 군사법원법에 의한 군검사나 특검법이 정한 특검(특별검사)도 헌법상 검사로 봐야 한다는 것입니다.

국회 입법에 따라 검찰권의 범위는 얼마든지 달라질 수 있습니다. 검찰청법은 국회에서 제정한 법률이며, 검찰권은 검찰청법에서 정하는 범위에서만 인정되기 때문입니다. 검찰의 권한은 헌법이 보장하는 것이라 주장하며, 국회의 입법을 제한하려는 검찰의 태도는 위험합니다. 헌법을 내세우고 있지만 실은 외부의 통제를 거부하겠다는 심산입니다.

검사의 영장 신청권이 헌법에 들어간 이유

판사가 발부한 영장에 의해서만 체포·구속, 압수·수색 등 강제수사를 할 수 있도록 하는 '영장주의'가 우리나라에 도입된 것은 해방 후 미군정 시대였다. 일제강점기 일본은 사법적으로도 본토와 조선을 다르게 대했다. 독립운동을 효과적으로 탄압하고 식민 지배를 효율적으로 이행하기 위해서는 수사기관이 인신 구속을 맘대로할 수 있어야 한다고 판단했다. 그래서 1912년 조선형사령부터 "급속한 처분을 요할 때"는 검사가 피의자를 신문하고 20일 이내(경찰은 14일 이내) 구류하는 걸 허용했다(1922년 개정으로 검사, 경찰 모두 10일로 단축됨).

해방 이후 1948년 공포된 미군정 법령을 보면, 판사가 발부한 영장 없이는 검사가 인신을 구속할 수 없다고 되어 있다. 하지만 영장 신청권이 누구에게 있는지는 구체적으로 명시되지 않았다. 영장 신청권을 누가 갖는지 해석이 분분하자 미군정은 보충 규정(법령 제180호)을 내놓았다. 핵심 내용은 경찰의 영장 청구는 검사를 거쳐야 한다는 것이다. 한국 법의 독특한 '검사 경유 원칙'이 생겨난

순간이다. 이 검사 경유 원칙은 당시 사법부와 대검찰청의 합작품으로 알려져 있다.[19]

1948년 제헌 헌법과 1954년 형사소송법에 검사 경유 원칙은 포함되지 않았다. 헌법은 영장의 신청권자를 따로 두지 않았고, 형사소송법은 "검사 또는 사법경찰관"이 판사의 구속영장을 받아 피의자를 구속하거나 압수·수색할 수 있다고 규정했다. 다시 검사와 경찰 모두 영장 신청권을 갖게 된 것이다.

결정적 변화는 5·16 군사 쿠데타를 기점으로 발생했다. 1961년 형사소송법을 개정하면서 "피의자가 죄를 범했다고 의심할 만한 상당한 이유가 있을 때에는 검사가 판사의 구속영장을 받아 피의자를 구속할 수 있다"로 바꾸어 영장 신청권자를 검사로 한정한 것이다. 검사 경유 원칙이 법률로 규정되었다. 더 나아가 쿠데타 세력이 앞장선 1962년 제5차 개정 헌법(제3공화국 헌법)에는 "체포·구금·수색·압수에 있어 검찰관의 신청에 의하여 법관이 발부한 영장을 제시해야 한다"는 규정이 들어갔다. 검사의 영장 신청권이 형사소송법에서 헌법으로 격상된 것이다.[20]

검사의 영장 신청권 독점으로 인한 폐해가 적지 않다. '김학의 성 뇌물 사건'에서와 같이 검찰은 봐주고 싶은 사건에서는 경찰이 영장을 신청해도 받아들이지 않았다. 이러한 경우를 막기 위해서라도 헌법에서 검사의 독점적 영장 신청권을 삭제해야 한다는 주장이 많다. 영장은 수사기관이 신청하되 법원이 엄격하게 통제하면 충분하다는 것이다.[21]

이러한 주장은 수사와 기소를 분리해야 하고, 검찰의 경찰 수사

개입이 범인을 처벌하는 데 걸림돌이 된다는 인식에서 나왔다. 검찰개혁을 통해 수사-기소의 분리가 확립되면 그 변화된 상황에 맞추어 개헌이 논의되어야 한다.

⊕ 수사권 조정으로 검찰의 권한은 줄어들었을까?
↘ 검찰의 권한은 여전히 굳건하기만

2020년 검찰청법 제4조의 개정으로 검사의 수사 개시(직접 수사) 범위가 6대 범죄(부패 범죄, 경제 범죄, 공직자 범죄, 선거 범죄, 방위 사업 범죄, 대형 참사 범죄)로 축소되고, 2022년 다시 2대 범죄(부패 범죄, 경제 범죄)로 줄어들었습니다.

검사가 수사할 수 있는 범죄가 크게 줄어들었다고 생각할 수 있지만, 축소된 것은 '수사 개시' 범위입니다. 자체 인지 사건의 경우에는 수사의 개시가 제한됩니다. 그렇지만 직접 수사의 경우에는 별개로 계속 유지되고 있습니다. 게다가 윤석열 정부는 '시행령 통치'로 자체 인지 사건의 수사 개시 가능성을 넓혀버렸습니다.

2022년 검찰청법 시행령인 '검사의 수사 개시 범죄 범위에 관한 규정'을 개정하면서 부패 범죄와 경제 범죄의 범위를 최대한 확장했습니다. 법에 "부패 범죄, 경제 범죄 등 대통령령으로 정하는 중요 범죄"라고 규정되어 있는 점에 착안해 '등'의 의미를 넓게 해석한 겁니다. 예를 들면, 재산 범죄도 경제 범죄에 들어갈 수 있다는 식이죠. 그래서 결국은 기존 6대 범죄와 큰 차이가 나지 않는 범위에서 수사 개시를 하고 있습니다.

　또한 검사가 스스로 '직접 관련성'이 있는 범죄라고 판단하면 2대 범죄 외에도 자체 인지하여 수사를 할 수 있도록 하고 있습니다. 이때 직접 관련성의 범위를 검찰이 자의적으로 확장하는 것이 문제입니다. 2023년 '뉴스타파 등 언론사의 윤석열 대통령 명예훼손 혐의 수사'에서 서울중앙지검 대선개입 여론조작 특별수사팀(부장검사 강백신)은 2대 범죄에 속하지 않는 명예훼손을 수사 개시했습니다.[22] 명백한 법 위반입니다(이 사건은 전 언론노조 위원장 신학림과 김만배에게 배임수재, 청탁금지법위반이 있다며 수사 개시된 것입니다). 하지만 검찰은 대검찰청 예규인 '검사의 수사 개시에 대한 지침'에 근거했다며 문제가 없다고 했습니다. 지침을 보면, '직접 관련성'이 있는 사건인지는 검찰이 정하는데, 구체적인 내용은 외부에 공개되지 않고 있습니다.

　나아가 검찰은 보완 수사와 재수사를 직접 하겠다며 나서고 있습니다. 2020년 개정된 형사소송법은 검찰이 수사 개시를 하지 않고, 경찰이 수사해 검찰에 보낸 송치 사건을 경찰이 보완 수사하도록 했습니다.[23] 그런데도 2023년 법무부 장관 한동훈은 법 개정을 무력화했습니다. 형사소송법 시행령 '검사와 사법경찰관의 상호협력과 일반적 수사 준칙에 관한 규정'을 개정하여 '보완 수사와 재수사의 경우 검사의 직접 수사를 원칙'으로 규정한 것입니다. 경찰이 한 수사에 대해서 검찰의 입맛대로 다시 수사할 여지를 둔 것입니다.

⊕ 그럼 그동안의 노력은 의미 없는 걸까?
↳ 검찰의 권력은 여전하지만
통제 가능성이 생김

검·경 수사권 조정으로 검찰의 권한이 줄어든 것은 사실이지만, 검찰의 권력을 약화시킬 정도는 아니었습니다. 다만 수사권 조정 입법으로 검찰 권력에 대한 (잠재적) 통제 가능성은 두 가지 점에서 상당히 높아졌습니다.

첫째, 경찰의 일차 수사로 인한 견제 기능이 생겨났습니다. 일차 수사기관의 존재와 거기서 만든 수사 자료는 검찰이 제멋대로 사건의 결론을 뒤집거나 은폐·축소하기 어렵게 합니다. 여러 상황 때문에 당장은 이의를 제기할 수 없더라도 사건 처리 결과에 의문이 있는 경우, 나중에라도 사건을 재검토할 수 있습니다. 필요하다면 검사의 잘못에 대해 책임을 물을 수도 있습니다.

둘째, 공수처의 도입으로 제 식구 감싸기가 어려워졌습니다. 2020년 검찰개혁 3법 중에서 검찰이 가장 심하게 반대한 것이 공수처법이었고, 공수처법 제정 이후에도 공수처와 협조적 관계 구축을 기피하고 있습니다. 공수처가 검사의 고위 공직자 범죄(검사의 '모든 범죄'가 아닙니다)를 수사도 하고, 기소도 할 수 있기 때문입니다.

검사가 범죄를 저질러 피의자로 수사받는 사건을 검찰이 처리할 때는 봐주기 수사와 기소가 얼마든지 가능했습니다. 그러나 공수처 도입으로 검사의 지위가 피의자로 전환될 수 있게, 조금 심하게 말하면 드디어 검사에게도 형법이 적용될 수 있게 됐습니다. 검찰도 이러한 변화를 매우 의식하고 있는 것으로 보입니다.

⊕ 검찰이 약해지면 부패가 심해지지 않을까?
↘ 그럴듯하게 들리지만
논점 흐리기 수법일 뿐

2021년, 검찰총장 윤석열이 사퇴하면서 "검수완박(검찰 수사권 완전 박탈)은 부패완판(부패가 완전 판친다)"이라고 말했습니다. 법무부 장관 한동훈도 수사권 조정에 대해 "범죄자 말고 좋아할 사람이 없다"고 했습니다. 검찰의 수사권이 줄어들면 범죄가 판을 치고, 부패도 심해질 거라는 겁니다. 이러한 검찰 측 주장에 일부 언론도 적극 동조했지요.

정말 그럴까요? 그들의 논리가 왜 잘못되었는지 살펴보겠습니다. 먼저 '검찰의 힘이 약해진다'는 말부터 짚고 넘어가야 합니다. 이것이 검찰의 '권한'을 말하는 것인지, 검찰의 '권력'을 말하는지에 따라 평가가 달라지기 때문입니다.

'권한'이라는 시각에서 보면, 검찰의 수사 권한은 앞에서 본 것처럼 실제로 많이 줄어들지 않았습니다. 기소 권한은 거의 변화가 없고요. '권력'이라는 시각에서 보면, 검찰이 자기 마음대로 할 수 있는 힘이 줄었는지 회의적으로 보입니다. 검찰공화국이라는 말이 입길에 자주 오르내리는 것은 수사권 조정에도 불구하고 검찰의 권력은 여전하다는 점을 시사합니다. 수사권 조정 입법만으로 형사사법절차에서 검찰 권한에 대한 통제 장치가 아직 충분히 갖추어져 있다고 보기도 어렵습니다.

다음으로 '부패가 넘쳐난다'라는 말도 논의할 점이 많습니다. 부패 '범죄'에 대처하는 것은 형사사법 체계(형사처벌과 관련된 국가의 조직 체계로 경찰, 검찰, 법원, 교정 기관을 포함) 공통의 임무입니다. 그러므로 수사권 조정으로 '부패가 넘쳐난다'는 검찰의 주장이 성립하려면 ❶ 검찰이 부패 범죄를 수사하지 않으면 아무도 수사하지 않는다거나, ❷ 검찰이 경찰 등 다른 기관은 감당할 수 없는, 대체 불가한 전문성을 지니고 있다는 점이 전제되어야 합니다.

하나씩 살펴볼까요. ❶ 검찰이 아니면 누가 수사하느냐는 질문에 대해서는 마약 수사가 힌트가 될 것 같습니다. 최근 마약 수사가 많은 관심을 받고 있는데, 경찰도 검찰도 수사에 힘을 쓰고 있습니다. 누가 더 잘한다고 딱 잘라 말하기는 어렵지만, 처리하는 사건의 수를 보면 경찰이 압도적으로 많습니다. ❷ 물론 검찰이 오랫동안 특수 수사를 해오며 쌓아온 노하우는 분명히 있을 것입니다. 하지만 형사사법 체계의 건전한 발전을 위해서는 검찰은 그 노하우를 일차적 수사기관인 경찰과 공유하는 것이 바람직합니다. 경찰과 검찰이 서로 협력하는 관계를 형성하면 효율적으로 부패 범죄에 대응할 수 있습니다.

비슷한 논점 흐리기가 민생과 관련해서도 등장합니다. 일부에서는 "검찰개혁에 치중하면 민생이 파탄 난다"며 검찰개혁을 추진하는 건 민생에 소홀하는 것이라고 몰아붙입니다. 검찰개혁을 한다고 국민이 체감할 이익이 뚜렷하지 않으니, 검찰개혁은 민생 정책이 아니라는 주장입니다. 검찰개혁과 부패 수사가 양자택일의 관계가 아니듯, 검찰개혁과 민생도 양자택일의 관계가 아닙니다.

⊕ '검찰 패밀리'라는 말은 뭘까?
↘ 진짜 가족보다도 끈끈한 검찰 커뮤니티

우리나라 검찰은 현직과 전직이 얽히고설켜 '검찰 커뮤니티'를 이루고 있습니다. 검사는 평생 검찰 커뮤니티 속에서 안정적인 삶을 영위합니다. 검찰 커뮤니티의 대표적인 현상이 전관예우지요. 아는 사람을 챙겨주는 게 검사만이냐고 할 수 있겠지만, 검사가 형사사건을 다룬다는 걸 생각하면 의미가 달라집니다.

검찰 출신 전관 변호사는 검찰 커뮤니티에 속해 있어 일반적인 방법으로는 알기 힘든 수사 정보에 접근할 수 있고, 그래서 그를 선임하면 수사 범위나 정도, 구속, 처분, 구형 등 다방면에서 이익을 볼 수 있다는 인식이 광범위하게 퍼져 있습니다. 자연히 전관 변호사 수임료도 높아지죠.

    현직에 있는 검사, 즉 '현관現官'이 검찰 출신 전관前官을 전폭적으로 지원하는 건 미래를 위한 투자이자 보험이라고 볼 수 있습니다. 나쁜 평판을 얻어 검찰 커뮤니티에서 배제되면 검사로 일할 때뿐 아니라 이후 법률가로서의 삶이 흔들릴 수 있습니다. 게다가 검사가 일을 잘해서 인정받는다 해도, 그 인정은 검찰 커뮤니티 안에서만 유효합니다. 때문에 검사들은 '검찰의 적'이 되어 조직에서 따돌림당할 만한 일은 하지 않으려 하게 됩니다.

    무엇보다 전관은 현관 또는 현관에 영향을 미치는 자리로 되돌아올 수 있습니다. 친親검찰 정부에서 검찰 커뮤니티에서 신망이 두터운 인사를 민정수석이나 법무부 장관에 앉히는 모습을 보세요.

    검찰 출신 민정수석과 법무부 장관은 검찰과 정권을 하나로 묶고, 검찰을 효과적으로 통제하는 역할을 합니다. 검찰과 정권이 일종의 공생 관계를 유지하게 되는 거죠. 둘의 이해관계가 달라지면 문제가 생길 수 있지만, 대체로는 검찰의 이해에 반하지 않는 한 결정적인 대립은 하지 않습니다.

    반대로 검찰 커뮤니티에 속하지 않는 사람이 민정수석이나 법무부 장관이 되면 검찰과의 대립이 불가피해집니다. 검찰 커뮤니티의 이익을 관철시키기 어렵기 때문입니다. 검찰개혁이 전면적으로 등장하고 '검찰과의 갈등'이 표출되는 것은 이러한 시기입니다. 검찰개혁이 검찰총장 출신 법무부 장관 주도로, 그리고 검찰 자체 개혁(이른바 '셀프 개혁') 위주로 있는 듯 없는 듯 흐지부지 진행되기도 한 반면, 노무현 정부와 문재인 정부의 검찰개혁은 검찰 커뮤니티의 강한 저항을 받은 것도 이 때문입니다.

⊕ 검찰개혁의 좌초가 검찰 패밀리의 저항 때문만이었을까?
↘ 검찰 커뮤니티의 든든한 우군, 언론과 검찰 출신 정치인

검찰 커뮤니티의 강한 저항을 가능했던 것은, 검찰 커뮤니티와 이심전심으로 손발이 짝짝 맞는 든든한 우군들의 존재가 있기 때문입니다. 바로 검찰 커뮤니티 출신의 정치인(국회 법사위에 많이 포진해 있습니다)과 검찰 출입 기자입니다. 이들을 묶어서 '검찰-언론-정치 네트워크'라고도 부릅니다.

검찰 출신 정치인은 법적 안전판이나 일종의 보험으로 검찰과 친밀한 관계를 유지합니다. 자신이 관련된 사건이 벌어질 때를 대비하는 것이지요.

검찰 출입 기자는 검찰과 공생관계입니다. 사람들은 대형 범죄나 떠들썩한 사건에 관심이 많습니다. 그런데 검찰 '단독' 기사는 검찰 내부 인사의 도움이 없으면 나오기 어렵습니다. 검사는 자신을 외부에 알리고 피의자를 심리적으로 압박하는 수단으로 언론 플레이를 활용합니다.

검찰은 "정치적 거물에 대한 수사는 정치적 외압을 받기 때문에 이를 막아줄 여론의 지지가 필요하다"고 이야기합니다. 언론 보도가 수사를 이어갈 동력이 된다는 거죠. 하지만 나중에 보면, 법적 판단과는 관련 없고 단지 호기심을 자극하기 위해 언론을 활용하는 경우도 적지 않습니다.

언론은 '국민의 알 권리'를 위해 검찰발 단독 기사도 필요하다고 주장합니다. 실제로 국민은 법으로 정의가 실현되는 것, '사회악'이 법 앞에서 처벌받는 것에 관심이 높습니다. 수사가 어떻게 진행되는지 검찰이 밝히고, 언론이 보도해서 자신의 알 권리가 충족되기를 바랍니다. 하지만 그 과정에서 피의자가 혹독한 공격을 받고 삶 전체가 부정당하기도 합니다. 나중에 사실무근이 확인되어도 이미 명예는 땅에 떨어지고 삶은 돌이킬 수 없이 망가진 다음일 때가 많습니다.

검찰 커뮤니티와 검찰-언론-정치 네트워크는 어쩌면 자연스러운 현상일 수 있습니다. 문제는 이들이 이익 공유를 전제로 하고, 그 이익이 불법일 가능성이 높다는 점입니다. 예컨대 이 네트워크를 유지하려면 비용이 드는데, 그 출처의 하나로 추측되는 것이 검찰의 특수활동비입니다. 일명 '검찰 통치 자금'이라고도 하지요. 법으로 이러한 부패 고리를 차단할 수 있어야 합니다.

우리가 검찰개혁을 이야기할 때, 외형상 검찰 권한의 제한·축소를 강조합니다. 하지만 검찰개혁을 제대로 이루어지려면 부패 고리에서 벗어나 검찰권이 합리적이고 공정하게 행사되도록 제도적 틀을 만들어야 합니다.

특수활동에 쓰이지 않는
검찰 특수활동비

이 글은 저자들의 요청을 받은 임선응 《뉴스타파》 기자가
검찰의 특수활동비 취재 과정을 기반으로 작성했습니다.

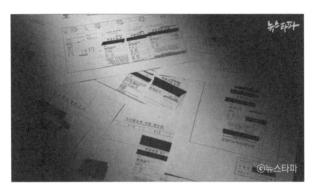

먹칠이 되어 알아볼 수 없는 검찰의 특수활동비 영수증

정부 기관의 문건이라기보다는 '먹지'였다. 그것도 무려 6만
장에 달하는. '어떻게 해야 하나.' 검찰을 상대로 한 1243일의 정
보공개 행정소송을 거쳐, 2023년 6월 공개된 검찰 특수활동비 자
료를 바라보며 처음 들었던 생각이다.

특수활동비, 줄여서 특활비라고 부르는 이 예산은 문자 그
대로 특수활동에 쓰라고 있는 돈이다. 정확히는 "기밀 유지가 요
구되는 정보 및 사건 수사, 기타 이에 준하는 외교·안보, 경호 등
국정 수행 활동에 직접 소요되는 경비"를 말한다. 법무부(검찰)
와 공수처, 경찰청, 감사원, 국세청을 비롯해 대통령실, 국무총리
실, 외교부, 통일부 등 모두 13개 기관에 2024년 기준 1220억 원

의 특활비가 배정돼 있다.

《뉴스타파》와 함께 권력·예산에 대한 감시 활동을 하는 '세금도둑잡아라'의 변호사 하승수가 2019년 10월, 검찰에 "특활비의 지출 증빙 자료를 공개해달라"며 정보공개 청구서를 냈다. 검찰의 답변은 간단했다. "수사 기밀이라 안 된다." 우리는 곧장 법원에 소장을 냈다. 그렇게 검찰 특활비의 공개를 요구하는 최초의 정보공개 행정소송이 시작됐다. 3년 5개월에 걸친 지난한 재판 과정을 세세하게 이야기할 필요는 없을 것 같다. 다만 매우 놀라웠던 사실 한 가지는 공유하고자 한다.

우리나라에서 법원을 상대로도 궤변을 펼 수 있는 곳은 바로 검찰이라는 사실이다. 1심 과정에서 검찰은 "특활비를 사용한 것은 맞지만, 특활비의 집행과 관련한 자료가 자신들에게는 없다"고 주장하며, 특활비 자료를 끝내 법원에 제출하지 않았다. 그러나 1심 재판부는 "국민 세금을 써놓고 지출 증빙이 없다는 건 말이 안된다"며 특활비 자료를 공개하라고 판결했다.

항소한 검찰은 돌연 특활비 자료가 없다는 주장을 스스로 철회해버리고는, 특활비 지출 증빙 자료를 가져왔다. 보통의 행정기관이라면 감히 엄두도 내지 못할 짓, 법원을 농락하는 행태였다. 이것만으로도 검찰이 지닌 기형적인 위상을 느낄 수 있었다. 2심은 비공개로 자료를 살펴보고 판결했다. "공개해라." 이어진 검찰의 상고를 대법원은 받아들이지 않았다.

2023년 4월, 특활비 예산의 공개 판례가 세워졌다. 물론 검찰은 그 이후에도 상식을 뛰어넘는 행보를 보였다. AI가 활개 치는 세상에서 특활비 자료 수만 장을 한 장 한 장 복사해서 주겠다는 거였다. 검찰은 2개월 만에 특활비 1차 자료를 내놓았다.

대법원 판결에 따르면 검찰은 집행 내용(집행 명목)과 수령인 성명을 제외한 모든 내용을 공개해야 한다. 하지만 검찰은 특활비가 지급된 검찰청의 명칭과 부서명, 첨부된 카드 영수증에서의 상호와 결제 시각 등까지 모조리 먹칠해버렸다. 남겨진 정보라고는 금액과 날짜뿐이었다. 명백한 판결 불이행이다. 거세게 항의했지만, 검찰은 "판결 취지에 따라 자료를 준비했다"는 말만 되풀이했다.

다행히도 6만 장의 먹지 가운데 0.5퍼센트 정도인 300장은, 검찰이 중요 내용을 완전히 가리지 못했다. 특활비를 쓴 장소 등 정보가 일부 남아 있었던 것이다. 그 자료를 토대로 《뉴스타파》는 검찰 특활비의 부정 사용과 오남용 사례는 물론, 이 같은 예산 비리·비위를 떠받치는 검찰 조직의 시스템을 드러내는 기사를 100건 이상 보도했다.

100여 건의 기사는 하나의 사실로 수렴한다. 검찰은 국민 세금인 특활비를 '꽁돈'처럼 쓰고 있다는 것이다. 지금까지 드러난 여타 공공기관의 꽁돈과도 차원이 다르게 말이다.

내가 공무원이라고 가정해보겠다. 빵집 앞을 지나는데 핼러윈 데이 한정판 케이크를 팔고 있다. 내가 쓸 수 있는 예산으로 이 케이크를 사는 일이 가능한지 생각해본다. 아, 쉽지 않다. 나랏돈으로 케이크를 사려면, 관련 법과 규정에 따라 업무 연관성을 입증해야 한다. 어찌어찌 업무 연관성을 꾸며내더라도 나중에 내부

감사에서 적발되고 말 것이다. 그러면 내 공직 생활은… 안 되겠다, 포기. 세금·예산의 부정 사용과 오남용을 방지하는 체계와 시스템이란 대개 이런 원리로 작동한다.

내가 검사라면 어떨까? 더군다나 내 손에 든 예산이 특활비라면. 2019년 10월 창원지검 진주지청의 검사(또는 수사관)는 특활비로 파리바게트에서 핼러윈 데이 한정판 케이크를 샀다. 한정판 케이크가 필요한 특수활동이 대체 무엇인지 묻자 검찰은 "목적과 용도에 맞게 사용했다"고 주장했다.

추론해볼 수 있는 상황은 두 가지다. ❶ (도무지 가능해 보이지 않지만) 케이크로 정말 특수활동을 했거나 ❷ 특활비를 멋대로 써도 검찰에서는 누구도 문제를 삼지 않거나. 현재로서는 ❷일 가능성이 높다. 검찰이 어떤 증거도 제시하지 못하기 때문이다. 게다가 '검찰 특활비 자체 지침'을 확보해봤더니 "부적절한 집행이 발생하지 않도록 유의하라"는 권고 수준이었다. 꽁돈처럼 써도 문제를 삼지 않아왔다는 이야기다.

몇 가지 사례를 더 살펴보자. 검찰은 특활비로 사진사를 불러 전출 직원의 기념사진을 촬영하거나, 공기청정기를 대여했다. 검찰도 인정한 세금 부정 사용, 오남용이다. 마트나 주유소, 패밀리 레스토랑에서 현금처럼 쓸 수 있는 상품권을 구매하기도 했다. 상품권으로 대체 어떤 특수활동을 했는지에 대해 검찰은 역시나 어떤 설명도, 증거도 제시하지 않았다.

더 놀라운 사실도 있다. 검찰은 파스타, 샐러드로 유명한 지역 맛집을 순회하거나 한우나 염소 같은 값비싼 보양식을 먹고,

최고급 커피를 마시는 등 '미식 활동'에 특활비의 대부분을 썼다. 문제의 현장들을 찾아가 확인해보니, 대부분 옆 테이블의 대화가 고스란히 들리는, 손님이 붐비는 맛집이었다. 이런 공간에서 마약 유통 경로 같은 기밀 유지가 필요한 범죄 정보를 수집하는 등 특수활동을 수행했다는 검찰의 주장을 믿는 건, 쉽지 않다.

숱한 특활비 부정 사용과 오남용 가운데 가장 심각한 사례는 검찰총장이 전국 검찰청에 '격려금' 성격으로 뿌리는 특활비다. 검찰총장 특별비 부정 사용에는 좀 더 근본적인 문제가 있기 때문이다. 하나하나 살펴보자.

《뉴스타파》는 2024년 2월 22일 "최초 증언 '검찰총장님이 내리신 특활비를 받았습니다'"라는 기사를 통해 검찰총장의 특활비 부정 사용 사실을 폭로했다. 제보자는 대전지검 천안지청에 재직 중이던 2023년 6월, 검찰총장 이원석에게 100만 원의 특활비를 받았다.

당시 제보자의 직책은 '민원실장'. 시민들로 항상 붐비는 검찰청 1층 민원실에서 특수활동을 한다고? 상식적으로 생각해봐도 말이 되지 않는다. 제보자도 특활비를 받고 나서 난감했다고 한다. 특수활동을 안 하는데 어떻게 처분할지 고민하다가 이웃 부서에 돈을 나눠주고 민원실 직원들과 회식을 했다고 한다.

검찰총장은 특활비를 검찰이라는 조직을 '굴리는 데' 필요한 수단으로 활용해왔다. 한마디로, 검찰총장의 '검찰 통치 자금'이다. 다수의 전·현직 검찰 고위 관계자들은 검찰총장의 특활비가 검찰의 상명하복 조직 문화, 이른바 '검사동일체의 원칙'을 지탱하는 뿌리라고 말한다. 예컨대 검찰총장이 A라는 사건에 힘을 실어주고 싶다면, 이를 수사하는 팀에 특활비를 하사한다. 내려온 돈을 통해 수사팀은 검찰총장의 의중을 가늠한다.

그러니 검찰 통치 자금을 샅샅이 파헤쳐야 한다. 2024년 기준, 우리나라 검찰의 전체 특활비 예산은 80억 원. 윤석열 대통령의 경우 검찰총장으로 재직한 20개월 동안 검찰의 전체 특활비 가운데 59퍼센트를 자신에게 배정했다. 검찰총장 문무일도 재임 기간 중 검찰 전체 특활비 중 41퍼센트를 스스로 할당받았다. 검찰총장이라는 공직자 한 명이 수십 억 원에 이르는 세금을 혼자서 처분해온 셈이다.

검찰총장은 막대한 특활비를 어떻게, 또 어디에 쓴 걸까. 먼저, '어떻게'를 먼저 살펴보자. 대검찰청 내 어딘가에, 검찰총장의 특활비를 현금으로 찾아 쌓아두는 현금 저수지가 있다. 이는 대한민국 예산·재정 관련 법률의 적용을 완전히 벗어나는 것은 물론, 국회의 결산 심사 등 입법부의 통제 또한 전혀 닿지 않는, 법을 초월한 '초법적인' 세금 사용 행태다.

다음으로는 '어디에'에 대한 답변이다. 특활비 자료 먼지 속에서 어렵게 확인한 한 사례가 있다. 검찰총장 윤석열은 임기 마지막 3개월간 자신이 관리하던 특활비 현금 저수지에서 억대의 현금을 꺼내 한날한시에 전국의 검찰청에 나눠주는 전례 없는 특활비 사용 행태를 보였다. 지출 시점은 이른바 '추(미애)-윤(석열) 갈등' 국면에서 위기에 놓였던 검찰총장 윤석열에게, 검찰 내부의 지지와 결속이 필요했던 때와 정확하게 겹친다. 특활비를 특수활동과 무관하게, 통치 자금으로 썼다는 의혹이 들지 않을 수 없다.

그럼 어떻게 해야 할까? 할 일은 정해져 있다. 검찰총장이 막대한 금액을 배정받는 검찰 특활비 체제를 뜯어고쳐야 한다. 검찰총장의 초법적인 현금 저수지의 실체를 밝혀, 법과 국회의 통제를 뛰어넘어서 존재하는 돈줄이 발붙일 수 없게 해야 한다. 특활비의 지출 증빙 자료를 보관하는 캐비닛을 열어서, 조직 통치용으로 부정 사용되고 오남용된 특활비를 찾아내야 한다. 국민 세금을 꽁돈으로 여겨온 모든 검사를 찾아내 책임을 물어야 한다. 징계는 물론이고 부정 사용한 예산을 뱉어내도록 해야 한다. 그리고 국민 세금을 이토록 마음대로 쓸 수 없도록 법률에 근거한 검찰 특활비 통제 시스템을 새롭게 짜야 한다.

3장

검사가
누리는
특권들

intro
김학의 사건으로 보는
검찰의 '공정'

2013년, 건설업자 윤중천이 별장에서 사회 유력 인사들에게 성 접대를 한 사실이 알려졌습니다. 그중에는 검사 출신의 전 법무부 차관 김학의도 있었습니다. 성 접대 동영상까지 입수한 경찰은 김학의를 특수강간으로 검찰에 넘겼습니다. 그러나 검찰은 혐의 없음으로 경찰의 결론을 뒤집었습니다. 동영상의 실체가 불분명하다는 이유였습니다. 1차 수사에서 성범죄가 인정되지 않자 2014년 7월 동영상에 나오는 여성이 직접 나서 김학의와 윤중천을 특수강간 혐의로 검찰에 고소했습니다. 검찰은 여성이 동영상 속 여성인지 불분명하다며 또다시 무혐의 처분했습니다.

문재인 정부가 들어서 과거사 진상 조사단이 출범해 '김학의

성 뇌물 사건'을 조사했습니다. 김학의는 2019년 3월, 한밤중에 몰래 출국하려다 공항에서 붙잡혔습니다.

대검찰청은 뒤늦게 수사단을 꾸려 3차 수사에 나섰습니다. 김학의는 윤중천을 비롯해 여러 사람에게 뇌물을 받은 혐의로 재판에 넘겨졌습니다. 성 접대를 뇌물로 보게 된 것인데요. 성 접대 동영상이 공개되고 향응 접대의 숱한 정황이 드러난 지 6년 만에 이뤄진 검찰의 늑장 기소였습니다.

<u>검사윤리강령</u>
제1조 검사는 공익의 대표자로서 국법질서를 확립하고 국민의 인권을 보호하며 정의를 실현함을 그 사명으로 한다.
제3조 제1항 검사는 정치 운동에 관여하지 아니하며, 직무 수행을 할 때 정치적 중립을 지킨다.
제3조 제2항 검사는 피의자나 피해자, 기타 사건 관계인에 대하여 정당한 이유 없이 차별 대우를 하지 아니하며 어떠한 압력이나 유혹, 정실에도 영향을 받지 아니하고 오로지 법과 양심에 따라 엄정하고 공평하게 직무를 수행한다.
제4조 검사는 공·사생활에서 높은 도덕성과 청렴성을 유지하고, 명예롭고 품위 있게 행동한다.

검사윤리강령을 보면, 검사는 정치적 중립을 지키고 공평하게 직무를 수행할 의무가 있습니다. 검찰총장 출신인 윤석열은 '정의', '공정', '유능' 같은 검사 이미지를 앞세워 대통령으로 당선되었습니다. 검찰은 정치적 중립을 유지하면서 엄정하게 수사해왔을 까요? 검사가 다스리는 나라에서 공정과 상식이 회복될 수 있을까요? 그 답을 찾아보겠습니다.

⊕ 검사는 뭐길래?
↳ 기본적으로 '공무원', 그런데 권력이 조금 남다른…

검사는 어떤 사람이길래 죄를 지어도 벌을 받지 않고, 법을 넘어서는 권한을 휘두를 수 있는 걸까요? 먼저 검사에 대해 살펴보겠습니다.

검사는 범죄의 수사와 기소를 담당하는 공무원입니다. 변호사 자격을 갖춘 사람 중 대통령이 임명하는데, 과거에는 사법시험에 합격하고 사법연수원에서 2년 동안 교육을 받은 뒤 검사가 되었습니다. 법학전문대학원(로스쿨)이 생긴 뒤에는 검사 임용 방식도 달라졌습니다. 로스쿨 재학 중에 역량 평가를 받고 검찰 임용 후보자가 되면 로스쿨 졸업과 동시에 변호사 시험에 합격해야 합니다. 그 후 법무연수원에서 1년간 실무 수습을 밟은 뒤 초임 검사로 발령을 받습니다. 2024년 현재 검사는 총 2292명으로, 법조인 4만 명 가운데 5.7퍼센트 정도입니다(판사는 3214명).

검사는 행정부 소속 공무원이지만 다른 행정공무원이 누리지 못하는 권한을 누립니다. 행정고시를 통과한 행정공무원은 5급부터 시작하지만 검사는 3급으로 출발합니다. 똑같이 로스쿨을 졸업하고 변호사 시험에 합격한 뒤 경찰관이 되면 6급인 것과도 큰 차이입니다. 5급 사무관은 첫 월급(기본급)이 270만 원이지만, 초임 검사는 340만 원을 받습니다.* 행정공무원의 보수는 국가공무원법에 따르지만, 검사는 검사보수법으로 따로 규정됩니다. 특수활동비 문제에서 드러난 것처럼 검사는 별다른 증빙 없이 쓸 수 있는 돈도 꽤 많습니다.

신분보장도 평범한 공무원과는 다릅니다. 일단 검사는 아무리 큰 잘못을 저질러도 파면되지 않습니다. 국회에서 탄핵을 소추할 수 있을 뿐입니다. 국회의 탄핵 소추가 있더라도 파면은 헌법재판소가 최종 결정합니다. 경찰청, 국세청 등 다른 외청 수장은 차관급인 것과 달리, 검찰청 수장인 검찰총장은 장관급 대우를 받습니다. 차관급 대우를 받는 검사장도 40~50명에 이릅니다. 검찰총장이 검사 인사에 관한 의견을 법무부 장관에게 제시할 권한도 법률(검찰청법 제34조)에 규정돼 있습니다. 막강한 권한을 지닌 검찰총장은 지휘를 받아야 할 법무부 장관에게 거세게 맞서는 행태도 곧잘 보입니다. 법무부 장관 강금실의 대검 중수부(대검찰청 중앙수사부) 폐지에 반대한 검찰총장 송광수와 법무부 장관 추미애의 검찰 인사에 반발한 검찰총장 윤석열이 대표적 사례입니다.

---

* 2024년 일반직 공무원 1호봉 기준 3급 3,547,400원, 4급 3,040,400원, 5급 2,717,000원이고 검사 1호봉은 3,433,500원이다. 검사가 3급 일반직 공무원에 가까운 봉급을 받는 것이다. 반면 국립대 교원 1호봉은 2,232,000원에 불과하다.

전국의 검사는 검찰총장을 정점으로 한 몸처럼 움직입니다 (검사동일체 원칙). 국민들은 영화나 드라마에 나오는 것처럼 일사불란하게 거대 악을 수사하는 멋진 검찰을 기대하지만, 실제로는 피라미드의 정점에 있는 검찰 수뇌부의 뜻에 따라 수사와 기소 권한을 휘두르는 이익집단에 가깝습니다.

검사와 판사의 차이

프랑스나 독일과 같은 대륙법계 국가에서 검찰은 법원 소속이다. 우리나라의 군사법원-군검찰 관계와 비슷하다. 군법무관은 군판사를 하다가 보직을 바꾸어 군검사가 되고, 그 반대도 가능하기 때문이다.

한국 검사는 자신이 판사와 동급이라고 인식한다. 또 검찰은 준準사법기관으로서 법원과 동등한 지위에서 사법부의 양대 축을 이룬다고 여긴다. 지방법원은 지방검찰청과, 고등법원은 고등검찰청과, 대법원은 대검찰청과 대응한다고 본다.

우리나라는 검찰청사가 법원과 나란히 있는 경우가 많은데, 검찰과 법원의 기묘한 경쟁 심리 때문에 웃지 못할 일이 생기기도 했다. 2020년 춘천지법과 춘천지검이 옛 군부대 터에서 새로 지어지는 법조타운으로 이전하기로 했다. 지형 특성상 오른쪽 부지가 왼쪽보다 8미터가량 높았다. 춘천지법이 법원은 오른쪽, 검찰은 왼쪽이라는 관행을 들어 오른쪽 부지를 점찍자 춘천지검이 반발하며 신경전을 벌였다. 춘천지법은 단독 이전 계획을 발표하기까지 했다.

3년간의 기싸움 끝에 결국 강원도와 춘천시가 새로운 행정복합타운을 제안하면서 이 사건은 일단락되었다.[1]

유치한 싸움으로 보일 수 있지만, 검찰의 자기 인식을 잘 보여주는 사례이기도 하다. 검찰은 행정부 내 법 집행기관에 불과하고, 법원은 헌법상 독립 기관이다. 그런데도 검찰은 같은 과정(사법시험, 로스쿨)을 거쳐 공무원이 됐으니 검사가 판사와 동등한 대우, 지위를 보장받아야 한다고 주장한다.

또한 검사에게 판사의 역할과 비슷한 부분이 있다고 말한다. 예를 들면 검사는 불기소처분 결정이나 기소유예 결정을 내려 형사사건을 마무리할 수 있다는 것이다. 수많은 형사사건이 판사의 재판을 받지 않고 검사의 판단으로 종결된다.[2]

그러나 수사권과 기소권을 동시에 가진 검찰을 준사법기관으로 인정해, 검사를 판사와 동일하게 대우하고, 동일한 지위를 보장하는 게 타당할까? 그렇지 않다. 판사는 헌법과 법률에 의해 양심에 따라 독립적으로 심판해야 하는데 검사는 행정부의 일원으로 수사하고 기소할 뿐 아니라 직접 수사한 사건에서는 객관성과 공정성을 잃고 무리하게 기소할 수도 있다. 판사와 검사는 엄연히 다르다.[3]

⊕ 검사는 다 똑같을까?
↘ 의외로 그렇지 않음

검찰에는 세 부류의 검사가 있다고 합니다. ❶ 자

기 인사를 자기가 하는 검사, ❷ 인사 발표가 나기 전에 자기 인사를 아는 검사, ❸ 인사 발표가 나서야 자기 인사를 아는 검사입니다. 검사는 인사를 앞두고 희망하는 곳을 1지망부터 4지망까지 써내는데 ❶에 속하는 검사는 1지망에 쓴 대로 인사가 난다고 합니다. 반면 ❸에 속하는 검사는 발령을 앞두고 어디로 갈지 알 수 없어 피가 마르고 정신이 없는, 긴장한 나날을 보냅니다.[4]

사법시험에 합격해 사법연수원을 수료했든, 로스쿨에서 공부하고 변호사 시험에 합격했든 검찰에 들어와 똑같은 출발선에 섰던 검사들이 어떻게 다른 길을 걷게 되는 걸까요?

검사는 제한된 '좋은 자리'를 차지하기 위한 무한 경쟁 속에서 살아갑니다. 평검사에서 출발해 부부장검사, 부장검사, 지청장을 거쳐 검사장으로 승진하는데, 위로 올라갈수록 자리가 급격하게 줄어드는 피라미드 구조입니다. 서울과 지방을 오가는 '경향 교류 원칙'에 따라 안정적으로 인사가 이뤄지는 판사와는 달리 검사는 지연, 학연, 근무연, 혈연 등에 기초한 평판과 추천으로 발탁 인사가 이뤄집니다.

초임지 발령은 서울과의 거리에 따라 성적순으로 납니다. 가장 성적이 좋은 이들이 서울중앙지검에 배치되고, 그다음부터 서울 시내 지검과 수도권을 거쳐 충청도, 강원도, 영남, 호남으로 내려갑니다. 지방에서 어느 정도 근무하면 서울로 옮겨지고, 수도권 근무는 3회 연속으로 할 수 없도록 규정되어 있지만 현실은 그렇게 작동되지 않습니다.

검사가 가장 가고 싶어 하는 법무부나 대검찰청 등은 심의를 거치면 3회 연속도 가능해서 '잘나가는 검사'는 10년 가까이 수도권에 머물기도 합니다. 그렇게 잘나가는 검사, 자기 인사를 자기가 하는 ❶ 부류 검사가 20퍼센트 정도입니다. 이들은 서울에서 주로 근무하며 일선 검찰청의 특수부·금융조세조사부나 법무부·대검찰청 등 기획부서를 두루 거칩니다. 일명 특수통, 기획통이라 불리는 검사들입니다.

반면 나머지 80퍼센트의 검사는 가족과 떨어져서 지방 검찰청 형사부나 공판부를 떠돕니다. 이들은 야근을 밥 먹듯이 하고 주말도 반납하며 한 달에 150건 이상의 사건을 처리합니다. 짊어지고 있는 사건이 많아서 스스로 '지게꾼', '지게검사'라고 부르는 형사통입니다. 형사통 검사는 특수통 검사와는 다른 견해를 갖고 있습니다. 경찰의 수사 결과를 받아서 처리하는 형사통 검사 입장에서는, 수사-기소 분리를 통해 공소 기능에 집중하는 게 낫다는 거죠.

검찰총장을 정점으로 한 위계질서 탓에 검찰은 고위직으로 올라갈수록 인사 경쟁이 치열해집니다. 특히 검사장급의 승진에는 능력이나 자질보다 정치적 상황과 지연, 학연 등이 중요한 영향을 끼칩니다. 승진 기회를 잘 잡는 건 검사 생활하는 동안 여러모로 정치력을 발휘해온 특수통, 기획통 검사들이죠.[5]

한편, 인사권자는 '승진'과 '좋은 보직'이라는 당근을 손에 쥐고 검찰 조직을 손쉽게 통제합니다. 권력에 충성하는 검사를 발탁함으로써, 다른 검사들에게도 충성하면 승진할 수 있다는 신호를 보냅니다. 검찰 수뇌부의 명령에 따라 헌신하면 인사로 보답한다는 걸 각인시킵니다. 검사들의 충성 경쟁은 갈수록 치열해져 인사권자의 바람대로 수사와 기소 결과가 나오는 일이 발생합니다.[6]

반대로 인사권자는 인사 보복이라는 채찍도 휘두릅니다. 검찰 교재인 『수사감각』을 보면, "인사권자는 자신을 거스른 사람을 결코 용납하지 않는다. 인사권자는 반드시 보복을 한다. 인사로 보복을 한다. 인사권자는 사정이 허락하면 즉시, 그렇지 않으면 나중에라도 반드시 보복을 한다"고 밝힙니다. 지난 2012년 12월 진보당 간사 윤길중의 반공법 위반 재심 사건에서 검찰 수뇌부의 '백지 구형' 지침을 무시하고 '무죄 구형'을 했던 검사 임은정이 서울중앙지검 3년 근무 원칙에도 1년 만에 지방으로 쫓겨나고 2년간 부부장 승진에도 배제됐던 것이 그 대표적 사례입니다.[7]

⊕ 검사는 왜 무리한 기소를 계속하는 걸까?
↘ 그래도 손해 볼 게 없으니까

검찰 수뇌부의 명령에 따라 무리하게 수사와 기소해 무죄 판결이 나더라도 검사는 손해 보지 않습니다. 법원에서 판결이 나려면 3년 이상 걸리는데 그사이에 승진해버리면 그만이니까요.

검찰총장 윤석열 때 검찰의 고발 사주 사건으로 기소된 검사 손준성은 "검사가 지켜야 할 핵심 가치인 정치적 중립을 정면으로 위반했다"는 이유로 1심에서 징역 1년을 선고받았습니다. 하지만 재판을 받던 중인 2023년 9월 검사장으로 승진했습니다. 충성과 그에 따른 보답 인사가 '선불'이었던 셈입니다.

당시 검찰의 흑역사를 썼다는 평가를 받는 다른 검사들도 손준성과 같이 영전했습니다. 2013년 '김학의 성 뇌물 사건'을 맡아 면죄부를 줬던 순천지청 형사1부장 김수민은 서울중앙지검 형사3부장으로 발령 났습니다. '서울시 공무원 간첩 조작 사건' 피해자 유우성에 대한 보복 기소로 공수처가 수사 중인 서울동부지검 형사1부장 안동완은 법무부와 공수처를 관할에 둔 수원지검 안양지청 차장검사로 옮겼습니다.

정반대의 예도 있습니다. 2024년 5월 법조계는 물론 정치권까지 뒤흔드는 검찰 인사가 났습니다. 법무부가 서울중앙지검을 비롯해 검찰 고위직 39명을 승진 전보하는 인사를 발표하면서, 윤석열 대통령의 부인 김건희를 둘러싼 '도이치모터스 주가조작 사건' 의혹과 '디올 백 수수 의혹' 수사를 지휘하는 서울중앙지검 수뇌부를 모두 교체해버렸기 때문입니다.

지난 2년간 김건희 사건을 총괄한 서울중앙지검장 송경호는 부산고검장으로, 디올백 사건을 지휘하는 1차장검사 김창진과 도이치모터스 사건을 맡고 있는 4차장검사 고형곤은 각각 법무부 연수원 기획부장과 수원고검 차장검사로 이동시켰습니다. 외견상으로는 승진이지만 주요 수사를 지휘하는 자리에는 가지 못하는 '좌천성 승진'입니다.

⊕ 검찰의 수사에는 어떤 문제가 있을까?
↳ 첫 번째, '보복'

수사를 잘한다는 것은 신속하게 범죄자를 잡아들인다는 뜻만이 아닙니다. 공정하게 수사를 하고, 정치적 중립을 지키며, 국민의 인권을 보호하며 수사했을 때 수사를 잘했다고 할 수 있습니다. 그렇다면 과연 우리나라 검사들은 어떨까요? 우선 검찰 수사가 공정한지 살펴보도록 하겠습니다.

2022년 5월 법무부 장관 후보자였던 검사 한동훈의 딸은 '스펙' 의혹을 받았습니다. 한동훈의 딸은 고등학교 시절, 돈만 내면 게재할 수 있는 약탈적 학술지에 여러 논문을 게재했는데, 단어와 문장 구조만 바꾼 '교활한 표절' 또는 대필 의혹이 잇따라 터졌습니다. 케냐인 대필자가 언론 인터뷰에서 본인이 논문을 썼다고 밝히기까지 했지만, 검찰은 수사에 나서지 않았습니다. 한동훈의 딸은 논문 8편 중 7편을 학술지에서 철회했지만 검찰은 딸이 다닌 학교를 압수수색하거나 논문을 발표한 학회가 규정을 위반했는지 검토하지도 않았습니다. 전형적인 '제 식구 감싸기'입니다. 한동훈의 딸은 2023년 MIT에 합격했습니다.

반면, 2022년 9월 청와대 민정수석 조국이 법무부 장관 후보자로 지명되자 검찰은 조국의 딸이 스펙을 부풀려 부정 입학했다며 온갖 의혹을 샅샅이 조사했습니다. 각종 인턴 활동을 확인하고, 봉사 시간이 정확한지 조사한다며 딸의 일기장과 고등학교 생활기록부, 신용카드 명세서 등을 뒤졌습니다. 조국은 검찰이 정말 공정하다면, 자기 딸만큼 한동훈의 딸도 수사해야 하는 것이 아니냐고 했습니다. 정적이나 비판자의 잘못은 현미경을 들이대듯 세세히 들여다보고, 권력자와 검찰 식구의 잘못에는 철저히 눈을 감는 이중 잣대를 지적한 거죠.

다른 사건도 살펴보겠습니다. '서울시 공무원 간첩 조작 사건'에서 가짜 증거자료를 제출했다가 망신을 당한 검찰은 보복에 나섭니다. 북한 이탈 주민으로 서울시 공무원으로 일하던 유우성은 탈북자 정보를 북한에 넘겨줬다는 혐의로 2013년 재판에 넘겨졌습니다. 그러나 유우성의 간첩 혐의는 1, 2, 3심 모두 무죄 판결이 나왔습니다.

검찰이 제출한 증거자료가 위조되었기 때문입니다.[8] 검찰은 가짜 증거자료를 법원에 제출한 것을 반성하기는커녕 4년 전 기소 유예 처분을 내렸던 대북 송금 혐의로 유우성을 다시 기소했습니다. 법원은 "기소에 (보복) 의도가 있다. 공소권을 자의적으로 행사해 위법하다"며 공소 기각 판결했습니다. 검사의 공소권 남용을 인정해 법원이 공소기각을 확정한 첫 사례입니다.

하지만 검찰은 이 사건을 수사한 검사 안동완에게는 어떠한 징계도 내리지 않았습니다. 오히려 안동완은 승진했고, 조직에 충성하면 살아남는다는 속설이 다시금 증명됐습니다.

수사로 보복하는 걸 두고 수사를 잘한다고 말할 수 없습니다. 무소불위 권력을 누리는 검찰과 이를 활용하고픈 권력은 욕망에 매몰되고 부패하기 마련입니다.

김학의 불법 출국금지 의혹 사건

2021년 문재인 정부와 '윤석열 검찰'의 충돌 과정에서 발생한 '김학의 불법 출국금지 의혹 사건'은 역대 검찰권 남용 사례 가운데 단연 압권이라 할 만하다. 사건 내용은 이렇다. 박근혜 정부 초기에 건설업자에게 검찰 고위 간부(전 법무부 차관 김학의)를 위한 성 접대를 수없이 강요받은 여성들이 수사기관에 이들의 처벌을 강력하게 요구했다. 하지만 검찰은 봐주기 수사라는 비난을 무릅쓰고 검찰 고위 간부와 건설업자에 대해 두 차례나 무혐의 처분을 내렸다. 김학의가 박근혜 대통령이 총애하는 검사였기 때문이다. 여성 인권을 짓밟은 범죄에다 검찰의 제 식구 감싸기까지 더해져 이 사건에 대한 공분은 매우 컸다. 검찰개혁을 캐치프레이즈로 내건 문재인 정부는 김학의 사건을 '검찰 과거사 사건'으로 규정하고 재수사를 추진했다.

하지만 김학의의 기습적인 한밤 해외 출국을 막는 과정에서 절차적 흠결이 생겼다. 김학의가 당시 정식으로 입건된 피의자가 아니었는데도 출국을 저지당한 것은 적법하지 않다는 주장이었다. 당시 '윤석열 사단'이 장악한 검찰은 이 '기회'를 놓치지 않고 김학의에 대한 출국금지를 불법으로 몰아 관련자들을 수사한 뒤 재판에 넘겼다. 해외 도피를 막기 위한 것이었더라도 적법절차를 지켰어야 했다는 주장이다. 얼핏 보면 검찰의 말이 그럴듯하게 들린다.

그러나 악마는 디테일에 있었다. 검찰은 2012년 긴급출국금지 제도를 도입한 이래 김학의 사례 못지않은 긴급출국금지를 많이 해왔다. 정식으로 입건되지 않은, 내사 단계에 있는 피내사자는 물론 공소시효가 이미 끝난 사건 관계자도 긴급출국금지를 했다. 경찰 수사를 지휘할 때도 마찬가지였다. 경찰이 요청한 긴급출국금지도 정식 입건 여부를 따지지 않고 승인한 사례가 부지기수다.

그런데도 검찰은 김학의 사례에서 마치 새로운 범죄라도 발견한 듯 호들갑을 떨며 긴급출국금지에 관여한 이들을 기소했다. 그뿐만 아니다. 김학의 긴급출국금지에 관련된 이들 가운데는 검찰 고위 간부도 있었는데 이들은 기소 대상에서 쏙 빠졌다. 그들 중에는 김학의의 해외 도피를 막아낸 것을 오롯이 자신의 공로인 양 자랑했던 검사가 있었는데도 검찰은 제대로 수사하지 않았다. 왜 그랬을까?

이 수사의 목적이 '검찰개혁에 대한 보복'이었기 때문이다. 기소된 사람들을 보면 검찰의 속내를 알 수 있다. 당시 법무부 출입국관리본부장 차규근(현 조국혁신당 의원)과 검사 이규원의 공범으로 기소된 청와대 민정비서관 이광철이다. 이광철은 문재인 정부 출범과 동시에 청와대에 들어가 민정수석 조국과 함께 검찰개혁을 추진했다.

사실 이광철은 김학의 긴급출국금지 과정에서 별로 한 일이 없었다. 김학의의 해외 도피를 막으려고 동분서주한 차규근과 이규원, 그리고 조국 사이에서 연락병 역할만 했을 뿐이다. 그런 그를 검찰이 공범으로 엮은 것은 결국 조국을 손보려는 의도였다. 이 사건 공소장에는 조국을 피고인들과 엮으려고 애쓴 흔적이 곳곳에 드러나 있다. 조국을 겨냥하면 결국 문재인 대통령까지 엮을 수 있게 된다. 검찰개혁을 추진한 문재인 정부에 본때를 보여주겠다는 거였다.

하지만 1심 재판 결과는 무죄였다. 2023년 2월 1심은 이광철과 차규근에게 무죄를 선고했다. 이규원은 자격모용작성공문서행사 혐의만 유죄를 인정했으나 그마저도 선고유예(4개월)로 판결됐다. 이마저도 2024년 11월 항소심에서는 모두 무죄로 바뀌었고, 대법원의 확정 판결로 최종 승부가 결정 날 것이다.

⊕ 검찰의 수사에는 또 어떤 문제가 있을까?
↘ 두 번째, '뭉개기'

검찰은 정권이 바뀌면 전 정권 인사들을 향해 사정의 칼을 휘두르며 국민의 지지를 얻곤 합니다. 노무현 정부 때 대선 자금 수사, 문재인 정부 때 적폐 청산 수사가 대표적입니다. 특수부의 존재감을 알리고 수명을 연장하는 방법이기도 하지요.

반면 제 식구에게는 봐주기와 늑장 수사로 솜방망이 대응을 하곤 합니다. 수사와 기소를 최대한 미루며 유야무야되기를 기다리는 거죠. 윤석열 정부에서 영부인 김건희가 관련된 도이치모터스 주가조작 수사가 대표적인 사례입니다.

도이치모터스 주가조작 사건은 2009년 12월부터 2012년 12월까지 약 3년간 91명 명의의 계좌 157개를 동원하여 2000원 후반이었던 주가를 8000원까지 끌어올린 경제 범죄입니다. 김건희는 당시 도이치모터스 이사로 재직하며 주가조작 범죄에 가담한 의혹이 있습니다. 실제로 김건희가 작전 세력으로 관여했다는 정황은 여러 곳에서 드러났습니다. 김건희와 증권사 직원과의 통화 녹취록, 시세 조정을 총괄한 투자자문사에 발견된 김건희 계좌 관리 파일 등 증거가 공범들의 재판에서 나왔습니다. 김건희의 계좌는 주가조작에 가장 빈번히 등장한 계좌였습니다. 1심에서 유죄라고 인정된 거래는 총 102건인데, 이 중 절반에 가까운 48건이 김건희 명의로 이루어진 거래였습니다.

2023년 2월 김건희를 제외한 도이치모터스 주가조작 사건 피고인은 징역형과 벌금형을 선고받았습니다. 김건희를 수사할 필요가 있다는 주장이 검찰 내부에서도 나와[9] 수사가 진행됐지만, 항소심 선고가 나올 때까지 결론을 미루었습니다. 항소심에서는 김건희와 비슷한 역할을 한 전주 손 아무개의 주가조작 방조 혐의가 인정됐습니다. 방조 혐의로라도 김건희를 기소해야 하다는 주장이 거세졌지만 검찰은 2024년 10월 김건희의 도이치모터스 주가조작 의혹 사건을 불기소(무혐의) 처분했습니다. 고발된 지 4년 6개월 만입니다.

김건희와 관련해서는 재미 동포 목사 최재영에게 명품백을 받았다는 '디올 백 수수 의혹'도 있지만 검찰은 무혐의 처분했습니다. 검찰은 김건희가 명품백을 받은 걸 "개인적 소통"이라고 해석하며, 검찰 수사심의위원회가 직무 관련성이 있다고 기소를 권고했던 최재영에 대해서도 불기소했습니다. 수사심의위원회의 기소 권고를 따르지 않은 첫 사례입니다.

'대장동 50억 클럽' 의혹은 2021년 10월에 터졌습니다. 대장동 개발 사업에 도움을 준 대가로 대장동 민간 사업자들에게 50억 원을 받았거나 받기로 약속받았다는 이름들이 나왔습니다. 전 검사장 최재경, 전 특검 박영수, 전 검찰총장 김수남, 전 대법관 권순일, 전 국민의힘 의원 곽상도 등의 이름이 알려졌습니다.

 검찰 수사가 시작된 뒤 3년 가까이 지났지만, 대장동 50억 클럽 수사는 뚜렷한 진척이 없습니다. 문재인 정부 때 전 국회의원 곽상도가 기소됐지만 윤석열 정부에서는 검찰 수사팀이 바뀌었고, 더불어민주당 대표 이재명에 대한 의혹에만 수사가 집중됐습니다.

 국민의 의심이 커지자 국회는 50억 클럽 수사 특검법과 도이치모터스 수사 특검법을 통과시켰습니다. 그러나 윤석열 대통령의 거부권 행사로 특검은 이뤄지지 않았습니다. 2024년 8월, 뒤늦게 검찰은 전 대법관 권순일만 변호사로 등록하지 않은 채 대장동 개발업체 화천대유자산관리 고문으로 활동한 혐의로 재판에 넘겼습니다.

 늑장 수사와 기소는 대표적인 검찰의 선택적 수사 수법입니다. '김학의 성 뇌물 사건'도 검찰의 늑장 수사와 기소로 면죄부 판결을 받았습니다. 검찰의 수사 끝에 김학의는 재판에 넘겨졌지만, 성접대 혐의는 공소시효가 지났다는 이유로 면소(소송 조건이 결여돼 소송을 종결) 판결이 내려졌습니다. 다만 판결문에서 동영상 속 남성은 김학의가 맞고 성 접대 사실이 인정된다고 밝혔습니다. 별장 성 접대는 2007~2008년에 발생했고, 첫 언론 보도는 2013년에 나왔지만 검찰이 6년간 기소를 미루는 바람에 공소시효 10년을 넘겨버린 것입니다. 검찰이 제때 기소를 했다면 유죄로 인정될 수 있었다는 얘기입니다.

세월호 참사 당시 해경 수뇌부가 2023년 대법원에서 무죄 확정 판결을 받은 것도 검찰의 늑장 기소 탓입니다. 참사 당시 검찰은 해경 수뇌부를 수사해놓고도 사고 현장에 처음 도착한 김경일 123정장만 업무상과실치사 혐의로 기소하며 수사를 마무리했습니다.* 박근혜 정부가 구조 실패 수사에 소극적이었던 영향으로 보입니다. 정권이 바뀐 뒤, 2019년 검찰 세월호 참사 특별수사단이 꾸려서 재수사를 진행했고 해경 지휘부가 뒤늦게 재판에 넘겨졌습니다.

7년 만에 법정에서 선 해경 수뇌부는 이전과 다른 진술을 내놓았습니다. 참사 초기에 해경청장 김석균은 2014년 4월 16일 오전 9시 5분에 보고를 받은 뒤 오전 9시 10분에 본청 상황실로 들어왔다고 주장했습니다. 그러나 법정에서는 오전 9시 28분에 본청 상황실로 들어왔다고 말을 바꿨습니다. 최초 보고 시각도 오전 9시 24분이라고 했습니다. 세월호 사고가 해경에 처음 신고(오전 8시 54분)된 지 30분이 지나도록 김석균은 상황실에 없었다는 게 뒤늦게 밝혀진 겁니다.[10]

---

* 김경일 123정장은 2015년 11월 징역 3년을 확정받았다. 2심 법원은 김경일에게 징역 4년을 선고한 1심 판결을 깨고 징역 3년으로 감형하면서 "해경 지휘부에도 승객 구조 소홀에 대한 공동책임이 있으므로 김 전 정장에게만 모든 책임을 추궁하는 것은 가혹하다"고 밝혔다.

이유는 간명합니다. 세월호 사고를 늦게 보고받은 탓에 세월호와 교신해 상황을 파악하거나 구조 계획을 세울 수 없었다고 주장하기 위해서입니다. 실제 구조 지휘한 일이 없는 것으로 검찰 수사에서 드러나자 형사처벌을 피할 새로운 전략을 짠 것입니다.[11] 법원은 김석균의 주장을 받아들여 무죄를 선고했습니다. 검찰의 늑장 기소가 해경 수뇌부가 말을 바꿀 기회를 제공했고, 결국 면죄부를 받을 길을 터준 셈입니다.

서울경찰청장 김광호는 이태원 참사 발생 1년 2개월 만에 재판에 넘겨졌습니다. 그는 이태원 참사가 발생하기 전에 핼러윈 데이에 인파가 몰릴 수 있으니 사고에 대비해야 한다는 보고를 받았습니다. 그런데도 적절한 조치를 취하지 않았습니다. 이태원 참사 직후 경찰청 특별수사본부는 2023년 1월 김광호에게 업무상 과실 책임이 있다고 보고 기소 의견으로 검찰에 송치했습니다.[12] 하지만 검찰은 1년이 넘도록 결론을 내지 않았습니다. 수사심의위원회에서 자문을 받아 결국 기소를 결정했지만 늦은 대응 탓에 김광호는 20개월 가까이 자리를 지킨 최장수 서울청장이 됐습니다.[13]

⊕ 나쁼 검사 이야기 ❶ 스폰서
↘ '떡검'과 스폰서의 관계

검사는 임관할 때 '스스로에게 더 엄격한 바른 검사'로서 국민을 섬기고 국가에 봉사할 것을 다짐합니다. 그러나 실제로는 전혀 엄격하지 않습니다. '떡값 검사', '성 집대 검사', '공짜 주식 검사' 등이 보도되면 공분을 사지만 그 순간뿐입니다. 검찰은 범죄 혐의가 있더라도 검사 재량에 따라 재판에 넘기지 않을 수 있다는 형사법상의 원칙(기소편의주의)을 활용해 그들을 감싸왔고, 덕분에 대부분 형사처벌을 면했습니다.

1997년 9월 삼성그룹이 검사들에게 뇌물(이른바 '떡값')을 제공한 내역을 당시 국가안전기획부(현 국가정보원)가 불법 도청한 사실이 국회의원 노회찬의 '삼성 X파일' 폭로로 2005년 드러났습니다. '삼성 X파일'에는 떡값을 받은 전·현직 검사 7명의 이름이 등장했습니다.

그러나 검찰은 "삼성 X파일이 불법 도청으로 얻어진 증거여서 수사 단서로 삼을 수 없다"며 '떡값 검사'들을 수사하지 않았습니다. 반면 노회찬은 통신비밀보호법 위반으로 재판에 넘겨 징역 4개월, 집행유예 1년, 자격정지 1년을 선고받았고 국회의원직을 잃었습니다. 거론된 검사들은 억울하다고 주장하고 있습니다. 이 사건의 담당 검사는 박근혜 정부 때 국무총리를 지낸 황교안이었습니다.

노회찬의 지적대로 "'도둑이야'라고 소리치니까 도둑인지 아닌지는 조사하지 않고 '왜 한밤중에 주택에서 소리를 지르느냐'며 소리치는 사람을 처벌하는 꼴"로 끝나버렸습니다.

우리나라 검찰의 서열 중심, 남성 중심 조직 문화는 스폰서 검사를 양산하는 원인으로 꼽힙니다. 검찰 내 피라미드 구조 속에서 살아남으려면 자기 세력을 키우고 관리할 필요가 있는데, 그

비용을 충당하려면 스폰서의 돈이 필요한 겁니다. 스폰서는 주로 검사와 지연·학연으로 얽힌 '형', '동생' 사이기에, 검사는 가까운 사이니 괜찮다고, 사건 수사에 영향을 주지 않으면 괜찮다고 자기 최면을 겁니다. 밥 먹고, 술 마시고, 골프를 치고 신용카드까지 빌려줘도 검사를 그만둔 다음 변호사로 개업하면 수십억 원도 금세 벌 수 있기에 '잠시 빌리고 나중에 갚는다'고 생각하며 돈을 받습니다.

2009년 스폰서와의 관계가 드러나 검찰총장에서 낙마한 검사 천성관이 사업가인 지인에게 수억 원을 저렴한 이자로 빌리고, 승용차를 지원받고도 당당했던 이유입니다. 돈을 낸 쪽은 검찰의 힘을 나중에 활용할 '보험'이라고 생각하지만, 얻어먹는 쪽은 순수한 '선물'이라고 받아들입니다. 짜고 치는 고스톱처럼 검사와 스폰서의 관계가 죄책감 없이 형성됩니다.[14]

그러나 검사와 스폰서의 공생 관계가 두터워지면 스폰서는 상상 이상의 역할도 하게 됩니다. 예를 들어 스폰서와 돈독하게 관계를 맺어왔던 A 검사가 검사장으로 승진했다고 가정해봅시다. 그러면 스폰서는 자기가 키우는 젊은 B 검사가 좋은 자리에 가도록 A 검사에게 인사 청탁을 해 뒤를 봐줍니다. B 검사 입장에서는 돈도 받았는데, 인사까지도 도움을 받았으니 스폰서와 더욱 각별해집니다. A 검사가 퇴직해 변호사가 되어 B 검사에게 도움받을 사건이 생기면 스폰서를 만나 청탁하게 됩니다. 스폰서가 돈만 제공할 뿐만 아니라 검사를 좋은 보직에 밀어주기도 하고, 사건을 청탁하기도 하는 브로커로도 활동하기에 이릅니다.[15]

⊕ 나쁜 검사 이야기 ❷ 뇌물과 선물
↘ 주는 사람 입장에선 뇌물,
받는 검사 입장에선 선물

뇌물죄는 금품과 직무 사이에 '대가성'이 있는지, '직무 관련성'이 있는지가 중요합니다. 2010년 4월 건설업자였던 정용재가 검찰 회식 때 돈을 대신 내주는 방식으로 "검사 40여 명을 접대했다"고 폭로했습니다.[16] 검사와 스폰서 관계가 세상에 드러난 사건입니다.

접대를 받은 검사들은 "정 씨의 초대를 받아 중·고교 동문인 후배 검사들과 저녁을 먹은 것에 불과하다"고 해명했습니다. 법원은 검사 모두에게 무죄를 선고했습니다. 향응을 받았지만 구체적인 청탁이 없었으니 뇌물이 아니라는 겁니다.

2016년 NXC 대표 김정주에게 제공받은 넥슨 주식 129억 원 시세 차익으로 세상을 떠들썩하게 했던 검사 진경준도 뇌물죄로 처벌받지 않았습니다. 진경준은 넥슨 주식을 공짜로 받은 것에 대해 "당대 거부가 된 친구(김정주)가 돈(주식 대금)을 준다는데 옹졸하게 보일 수 없어 받았다"고 진술했습니다. 자동차와 여행 경비를 제공받은 것에 대해서도 "(김)정주가 월급쟁이인 나를 안쓰러워해서 준 것"이라고 했습니다.

반면 김정주는 주식과 자동차, 여행 경비를 건넨 이유를 이렇게 설명했습니다. "우리 사회에서 검사는 힘이 있다. 검사여서 도움을 받을 수도 있고, 사건이 있을 때 알아봐줄 수도 있기 때문에 진경준과 좋은 관계를 유지하고 싶었다." 법원은 공짜 주식과 자동차, 여행 경비를 '우정의 선물'로 판단했습니다. 돈이 오갈 때 진경준이 넥슨과 관련된 사건을 맡지 않았고, 그럴 개연성도 없다는 이유에서입니다. 진경준은 검사라는 이유로 시세 차익 129억 원을 얻은 셈입니다.

현재 판례로는 수사나 재판을 대비해 검사에게 건네는 '보험용 금품'은 뇌물죄로 처벌하기 어렵습니다. 100만 원 이상을 받은 공무원에게는 부정청탁금지법(김영란법)을 적용할 수 있지만, 법정형 상한이 징역 3년이라 최대 무기징역(수뢰액 1억 원 이상)까지 처해지는 뇌물죄보다 형량이 현저히 낮습니다.

부정청탁금지법을 위반해도 검사에게는 묘수를 발휘해 솜방망이 처벌하고 있습니다. '96만 원 불기소 세트' 사건이 대표적입니다. 스타모빌리티 전 회장 김봉현은 옥중 편지로 현직 검사 3명이 룸살롱 접대를 받았다고 폭로했습니다.

당시 수사를 담당한 서울남부지검은 검사 1명만 청탁금지법으로 기소하고 나머지 2명에 대해서는 불기소처분했습니다. 불기소처분을 받은 검사 2명에 대해서 "술자리 도중 귀가했고 종업원 수를 감안하면 접대 금액이 위법 기준이 100만 원보다 적은 96만 원"이라고 했습니다. 청탁금지법을 보면, 접대 금액이 1인당 100만 원을 넘지 않으면 형사처벌이 아닌 과태료 처분 대상이 됩니다.

법조 비리 사건이 수차례 터지고 검찰총장 내정자가 스폰서 문제로 낙마하는 등 검사의 금품 수수·향응 사건이 끊이지 않습니다. 하지만 검찰과 법원의 제 식구 감싸기, 솜방망이 처벌이 계속되는 한 이 고질적 악습은 사라지지 않을 것으로 보입니다.

⊕ 나쁜 검사 이야기 ❸ 성폭력
↘ 검찰 '미투'의 고질적 이유

창원지검 통영지청에서 일하던 검사 서지현이 2018년 1월 29일 검찰 내부 통신망인 이프로스에 "나는 소망합니다"라는 제목의 글을 올렸습니다. 서지현은 이 글을 통해 법무부 정책기획단장 안태근에게 당한 성추행 피해 사실과 인사 불이익 과정을 밝혔습니다.

서지현의 용기로 한국판 미투 운동이 불붙었습니다. 대검찰청에서는 '성추행 사건 진상규명 및 피해 회복 조사단'을 꾸려 피해 사례를 신고받았습니다. 검찰 내 성범죄 사건이 하나둘 모습을 드러냈습니다. 검사 진동균은 2015년 회식 자리에서 후배 여성 검사 2명을 성추행했지만 징계를 받지 않고 사직했습니다. 진동균의 매형은 법무부 장관을 지낸 한동훈이고, 아버지는 조폐공사 파업 유도 사건으로 유명한 대검찰청 공안부장 출신 검사 진형구입니다. 당시 대검찰청 감찰본부는 진동균에게 성추행 당한 피해자를 불러 조사하고 자료도 넘겨받았습니다. 하지만 별다른 징계나 수사 없이 진동균의 사직서를 수리해버렸습니다. 그 덕분에 진동균은 CJ 법무 담당 상무로 재취업했습니다. 서지현의 미투 이후에야 진동균은 재판에 넘겨져 징역 10개월을 선고받았습니다.

검찰 내 성폭력 사건은 상명하복을 법으로 규정할 정도로 경직된 검찰의 서열 문화와 연관이 깊습니다. 견제받지 않는 상급자는 하급자에게 폭언과 성폭력 등을 남발하고, 그렇게 해도 아무런 제재를 받지 않습니다.

검찰 내 괴롭힘으로 검사가 자살하는 사건도 있었습니다. 33세의 검사 김홍영은 2016년 5월 19일 스스로 목숨을 끊었습니다. 그는 직속상관인 서울남부지검 부장검사 김대현의 폭언·폭행 때문에 괴로워했습니다. 다음은 김홍영이 생전에 친구들에게 털어놓은 하소연입니다. "술에 취해 밤 11시에 데리러 오라고 했다", "보고할 때 결재판으로 수시로 찌르고 폭언을 했다", "결혼식장에서 술 먹을 방을 구해오라고 해서 '안 될 것 같다'고 했더니 피로연 끝나고 나서도 계속 욕을 했다."[17]

그러나 상급자의 폭언, 성폭력 등 검찰 내 괴롭힘은 잘 알려지지 않습니다. 괴롭힘을 목격한 검사들은 방관하거나 침묵하고, 피해자를 꽃뱀이나 낙오자라고 부르는 등 가해자의 편에서 2차 가해를 하기 때문입니다. 범죄자에게 책임을 따져 물어야 하는 검찰이 가해자가 제 식구일 때는 감싸기에 급급합니다.

서지현은 "엉덩이 좀 만진 것 갖고 유난 떤다"는 뒷담화에 14년간 시달렸고, 그가 제기했던 민·형사 소송도 모두 패소로 끝났습니다. 법원은 안태근의 강제추행과 인사 불이익 등 서지현의 폭로 내용은 인정했지만, 강제추행은 공소시효가 지났고, 인사 불이익 등 직권남용은 "검사 인사에 상당한 재량이 인정된다"며 무죄로 판결

3장
검사가 누리는 특권들

했습니다. 손해배상 소송도 민사상 손해배상 청구권 소멸시효 3년이 지났다고 패소했습니다.[18]

김홍영이 사망한 원인을 밝히는 데도 검찰은 소극적이었습니다. 사법연수원 동기들이 성명서를 발표하고 대한변호사협회가 고발에 나서자 마지못해 부장검사 김대현을 재판에 넘겼고 그는 징역 8개월을 선고받았습니다.

검찰 내부에서 발생한 괴롭힘과 성폭력 사건이 처리되는 과정을 보면, 검사 개인의 일탈을 넘어 검찰 조직의 일탈이라는 게 설득력이 있습니다.

4장

언론은
검찰을
감시할 수
있을까

intro
검찰청의 편집자

2018년 전 대법원장 양승태의 사법농단을 수사하던 서울중앙지검 3차장 한동훈은 화려한 언변으로 기자들 사이에서 '언론 플레이의 달인'이라 불렸습니다.

예전부터 서울중앙지검 3차장의 주된 업무는 언론 브리핑이었습니다. 하지만 한동훈의 선배들은 피의 사실 공표 논란에 휘말리지 않도록 조심했습니다. 기자들의 질문에 선문답을 하거나, 수사 내용을 은근히 암시하는 정도로 그쳤죠.

그러나 한동훈은 거침이 없었습니다. 그의 집무실(서울중앙지검 3차장실)은 기자들로 북새통을 이뤘다고 합니다. 기자들이 취재 내용을 확인하기 위해 모여든 것이죠. 한동훈은 단순히 기자들의 취재 내용을 확인해주는 데 그치지 않았습니다. 당시 상황을 한 방송사 기자는 MBC <PD수첩>에 출연해 이렇게 묘사했습니다.

"(매일 오후에) 기자들이 줄을 서서 (취재 내용을) 확인을 하러 (3차장 방에) 들어갔다. 한 명씩, 은행에서 번호표 하나씩 뽑듯이…. 포털 메인에 저녁 6시 정도가 되면 똑같은 내용의 기사가 떴다. 제목은 똑같고, 앞에는 '단독'이 붙어 있다. 그러나 (기사를) 들여다보면 정말 근소한 차이로 A 판사의 어떤 혐의에 대해 조금 더 추가로 나온 거다."

그런 한동훈에게 붙은 별명은 '검찰청의 편집자'였습니다. 마치 언론사에서 기사 제목을 뽑아주는 편집자처럼 기자들에게 기사의 '야마(기사의 주제)'를 가르쳐주는 행태를 꼬집은 것입니다.

⊕ 검찰은 언론을 어떻게 이용할까?
↳ '흘리고 받아쓰기'의 공생관계

검찰과 검찰 출입 기자의 관계는 악어와 악어새에 비유됩니다. 서로 도우면서 살아가는 공생 관계라는 의미죠. 영화나 드라마에서도 종종 검사와 기자가 악덕 재벌이나 비리 정치인을 응징하기 위해 긴밀하게 협조하는 장면이 나옵니다. 검사가 수사 정보를 기자에게 슬쩍 흘리면 다음 날 신문에 대서특필돼 여론이 들끓고, 검사가 악당을 일망타진하는 통쾌한 장면 말입니다. 하지만 현실의 공생 관계는 영화와는 많은 면에서 다릅니다.

검사의 일은 범죄를 지은 것으로 의심되는 사람을 수사해 재판에 넘기는 것(기소)입니다. 피고인의 죄는 법정에서 재판을 통해 결정됩니다. 판사가 검찰의 수사 결과(공소사실)를 객관적인 증거와 증인의 증언 등과 비교, 검증한 뒤 유죄 또는 무죄를 판결합니다.

그런데 만약 검사가 피의자에 대한 정보를 기자에게 흘리면 어떻게 될까요? 기자는 특종을 잡게 되겠지만, 피의자는 재판도 받기 전에 범죄자로 낙인 찍히게 됩니다. 판사가 기사를 보게 되면 재판을 하기도 전에 유죄라는 선입견을 갖게 될 수 있습니다.

헌법에는 '무죄 추정의 원칙'이 있습니다. 모든 피의자(피고인)는 유죄판결이 확정되기 전에는 무죄로 여겨져야 한다는 원칙입니다. 그래야 피의자가 공정한 수사와 재판을 받을 수 있기 때문입니다. 검사와 기자의 공생 관계는 '무죄 추정'이 아니라 '유죄 추정'을 조장해 이 원칙을 깨뜨립니다.

과거에는 검사와 기자의 공조가 좋은 결과를 낳기도 했습니다. 군사독재 시절 검찰이 정권의 눈치를 보느라 정치인의 비리나 민간인 고문 같은 불법 행위를 제대로 수사하지 못할 때 용기 있는 검사들은 평소 알고 지내는 기자에게 수사 내용을 흘려 이를 기사화하는 방법으로 수사를 밀고 나갔습니다. 아무리 정권의 눈치를 보는 검찰 수뇌부라도 언론에 이미 보도된 것을 마음대로 뒤집거나 방해할 수는 없으니까요.

하지만 민주화가 진전되면서 검찰이 정권의 눈치를 볼 필요가 없게 되자, 이제는 검찰 자신의 목적을 위해 언론을 이용하기 시작합니다. 피의자의 범죄 혐의를 언론에 흘리는 것은 다반사고, 심

지어 법원에서 피의자의 구속영장을 발부하기 전에 유출되는 일도 벌어졌습니다.[*]

피의 사실이 언론에 공개되면 피의자에 대한 여론은 나빠질 수밖에 없습니다. 피의자는 자신에 대한 검찰 수사가 어떻게 진행되고 있는지 잘 모르기 때문에 언론 보도에 반박도 제대로 못하는 게 현실입니다. 가뜩이나 수사와 기소를 독점해 막강한 권력을 가진 검찰이 언론의 지원까지 받아 무소불위의 권력기관이 된 셈입니다.

⊕ 검언유착은 어떻게 시작되었을까?
↘ 정확한 시작은 알 수 없지만…

검언유착으로 악명을 떨친 사건 가운데 가장 오래된 사건은 노태우 정부 때 발생한 '강기훈 유서 대필 조작 사건'입니다.

이 사건의 시작은 1991년 5월 9일 《조선일보》에 실린 기사입니다. "분신 현장 2~3명 있었다. 검찰 자살방조 여부 조사"라는 제목의 이 기사는 당시 한 재야 운동가의 죽음을 둘러싼 '음모론'을 검찰이 기정사실화하려는 황당한 시도를 적극 도운 기사였습니다.

---

[*] 2006년 3월 '정몽구 현대차 회장 비자금 사건' 수사 당시 정몽구 회장의 구속영장 내용이 영장 실질 심사 당일 아침 《조선일보》에 통째로 보도됐다. 피의자의 영장이 영장 실질 심사를 받기도 전에 외부로 유출된 것은 전례가 없는 일이었다. 검찰은 "수사가 중단되는 한이 있더라도 우출 경위를 확인해 엄중 문책할 것"이라고 했지만, 나중에는 "영장 유출 경위를 모르겠다"며 은근슬쩍 넘어갔다.

1991년 4월, 시위에 참가한 한 대학생이 경찰이 휘두른 쇠파이프에 맞아 숨지는 일이 발생했습니다. 이 사건을 계기로 전국에서 시위가 들불처럼 번졌고, 극단적 선택으로 공안 정국에 항의하는 사건이 잇따랐습니다.

이런 상황에서 앞서 언급한 《조선일보》 보도가 나왔습니다. 정치 검사의 '원조'인 법무부 장관 김기춘은 분신 배후 세력을 만들어냅니다. 《조선일보》는 당시 서울지검 강력부장 강신욱이 흘려준 목격자의 진술을 받아썼습니다. "검찰은 옥상에서 목격된 청년들이 김 씨의 분신을 도왔거나 방조했을 가능성이 있는 것으로 보고 이들을 찾는 데 주력하고 있다."

하지만 검찰이 흘린 목격자 진술은 날조된 것이었습니다. 《동아일보》는 목격자와 인터뷰한 뒤 "검찰에 '분신 현장에 2~3명이 있다'고 진술한 적 없다"는 기사를 내보냅니다. 《한겨레》는 이 목격자를 직접 만난 뒤 "분신 장면을 직접 보지 못했고, 출근길에 건물 옥상에 흰색 점퍼를 입은 사람 1명이 있는 걸 보았을 뿐"이라고 보도했습니다. 이 '흰색 점퍼를 입은 사람'이 분신 사고를 수습하러 옥상에 올라간 학생이라는 사실도 확인했습니다.

기자라면 검찰이 흘린 정보가 아무리 그럴듯해도 사실인지 확인부터 해야 합니다. 하지만 《조선일보》는 검찰이 흘린 수사 내용을 그대로 받아썼습니다. 검찰은 분신 현장에서 발견된 김 씨의 유서가 강 씨의 필적과 유사하다는 허위 감정 결과만 갖고 강 씨를 재판에 넘겼습니다. 분신 배후를 입증할 직접적 증거가 없었지만, 당시 공안검사 못지않게 보수적이었던 판사들이 장악한 법원은 강

씨에게 유죄를 선고했습니다. '한국판 드레퓌스 사건'이라 불리는 '강기훈 유서 대필 조작 사건'은 이렇게 만들어졌습니다.

강기훈은 징역 3년을 다 마치고 출소했습니다. 그러나 유서를 대필했다는 국립과학수사연구원의 감정 결과가 거짓으로 드러나 2012년 재심을 받게 됐고 결국 대법원에서 무죄가 확정됩니다. 검찰과 언론의 끈끈한 유착 관계가 없는 범죄도 만들어낸 것입니다.

검찰 받아쓰기 기사를 알아보는 팁

기사 제목에 '단독'이 붙은 검찰발 기사는 일단 검찰 받아쓰기인지 의심해봐야 한다. 이런 기사들은 대체로 수사 초기에 수사 대상자에게 불리한 여론을 조성하려고 검찰이 제공한 정보를 기자가 받아쓴 경우가 많다. 기사에 익명의 '검찰 관계자'나 '사정당국 관계자'가 등장하거나 '알려졌다'나 '전해졌다' 등 피동형 서술어로 끝나는 문장이 많은 것도 특징이다. 주어가 없는 문장이라서 누구의 말인지 '행위의 주체'를 알 수 없다. '검찰 관계자'는 직접 수사에 참여한 검사부터 수사를 지휘하는 간부급 검사까지 다양하다. '사정당국 관계자'는 기사의 출처가 검찰이라는 사실을 감추려고 할 때 쓰는 표현으로, 주로 정치인을 수사할 때 많이 등장한다.

압수수색 단계에서 나오는 기사도 받아쓰기인 경우가 많은데, 압수물 내용과 수사 진행 상황이 담긴 기사는 대부분 검찰의 '작품'이다. 기자가 압수수색 현장에 동행하지 않는 한 알 수 없는 내용이 기사에 등장하면 의심해봐야 한다. 또 수사 대상자가 증거를 숨기

려고 했다든지, 변호사가 올 때까지 기다리라며 버텼다는 등 검찰 수사를 방해하는 듯한 표현이 들어간 기사도 의심해봐야 한다. '뭔가 켕기는 게 있어서 압수수색을 방해한 게 아닐까'라는 선입견을 유도하기 때문이다. 하지만 압수수색이 영장에 기재된 대로 집행되는지 따지는 것은 정당한 방어권에 해당한다.

검찰발 '단독' 기사는 검찰이 자기 입맛에 맞는 언론사를 선택해 정보를 제공하는 경우가 대부분이다. 당연히 검찰에 비판적인 언론사는 소외되기 쉽다. 그러나 검찰 받아쓰기만 하는 언론은 한계가 뚜렷하다. 검찰의 권한 남용, 피해자 인권침해, 검찰의 제 식구 감싸기 등을 제대로 감시하지 못하기 때문이다. 그런데도 '단독'의 유혹을 못 이기는 언론이 많은 것이 현실이다. 검찰 받아쓰기 기사를 골라낼 수 있는 독자의 혜안이 필요하다.

⊕ 검언유착, 얼마나 위험하길래?
↳ 노무현 전 대통령의 '논두렁 시계' 사건이 보여주는 검언유착의 결과

검언유착의 폐해는 한둘이 아니지만 노무현 전 대통령을 죽음은 검찰과 언론의 '야합'이 어떤 비극까지 초래할 수 있는지를 잘 보여주는 사건이라고 할 수 있습니다.

2009년 이명박 정부는 '광우병 쇠고기 사태'로 곤경에 처하자, 검찰에 노무현 전 대통령에 대한 수사를 지시합니다. 검찰은 노무현 전 대통령의 후원자였던 태광실업 회장 박연차의 비자금 수사를 핑계로 댔지만, 진짜 타깃은 노무현 전 대통령이었죠.

노무현 전 대통령에 대한 수사가 성공하려면 언론의 지원이 필요했기에, 검찰은 필사적으로 언론 플레이에 나섰습니다. 검찰은 무죄 추정의 원칙이나 피의 사실 공표 논란은 관심 없다는 듯 박연차를 비롯한 사건 관계자들에 관한 정보를 언론에 마구 흘렸습니다. 노무현 전 대통령 쪽의 반론권은 전혀 보장되지 않았습니다.

가장 악명 높은 언론 플레이는 시계에 관한 보도였습니다. 노무현 전 대통령의 소환을 일주일여 앞둔 2009년 4월 22일, 검찰은 박연차가 노무현 전 대통령에게 시계 두 개를 선물했다는 진술을 언론에 흘렸습니다. 1억 원짜리 시계라는 설명도 곁들여졌습니다. 검찰 소환 조사를 앞두고 노무현 전 대통령에게 망신을 줘서 기를 팍 죽이려는 의도였습니다. 이 기사로 온 나라가 들썩였습니다. 노무현 전 대통령을 지지하던 국민들도 엄청난 충격을 받았죠.

검찰은 '치고 빠지기' 전략을 구사합니다. 당시 대검찰청 수사기획관 홍만표는 언론 브리핑에서 "오늘 아침 신문을 통해서 문재인 변호사가 '검찰이 노 전 대통령 망신 주기 위해 흘렸다면 나쁜 행위, 나쁜 검찰'이라고 한 거 이해가 가고 기분이 엄청 나빴을 거라 생각한다"고 밝혔습니다. 그는 기사에 인용된 검찰 관계자를 '나쁜 빨대(언론에 수사 내용을 비공식적으로 흘리는 소식통)'라고 부르며, 자신은 절대 '빨대'가 아니라는 것을 강조한 것입니다.

검찰은 '빨대'를 색출하겠다고 공언했지만 그걸 누가 믿겠습니까. 언론 플레이의 강도는 오히려 더 세졌습니다. 노무현 전 대통령을 소환 조사한 뒤 검찰 수뇌부가 구속영장 청구 여부를 결정하지 못하자, 5월 13일 '더 나쁜 빨대'가 등장합니다. 그날 SBS는 "권양숙 여사가 노무현 전 대통령의 회갑 선물로 받은 1억 원짜리 명품 시계 두 개를 논두렁에 버렸다"[1]고 보도합니다. 선물로 받은 시계가 문제가 될 것 같으니 증거인멸을 했다는 매우 악의적인 기사였습니다.

이 보도로 노무현 전 대통령은 큰 타격을 받았습니다. 여전히 사실로 확인되지 않은 일방적인 보도였지만, 세상은 노무현 전 대통령을 몰염치한 인물로 보기 시작합니다. 인터넷에는 "시계 찾으러 봉하 마을로 떠나자"는 등 각종 패러디와 조롱이 난무했습니다. 그로부터 10일 뒤인 5월 23일, 노무현 전 대통령은 세상을 떠납니다.

⊕ **언론은 왜 검찰 손에 놀아날까?**
  ↘ **그곳에 권력과 기삿거리가**
     있으니까

본래 정부 기관을 출입하는 기자의 임무는 출입처를 감시하고 견제하는 것입니다. 권력기관은 더욱 그렇습니다. 권력기관에 대한 감시와 견제가 제대로 이뤄지지 않으면 권력은 폭주하고 그만큼 국민의 권리는 보호받지 못하기 때문입니다.

그런데도 왜 검찰 출입 기자는 기자의 소명을 포기하면서까지

검찰과의 유착 고리를 끊지 못하는 것일까요? 그 이유는 첫째, 검찰발 기사가 '먹히기' 때문입니다. 검찰이 비리 정치인이나 기업인을 수사한다는 소식은 사회 정의를 갈망하는 시민들에게 카타르시스를 느끼게 합니다. 사회가 정의롭지 못하게 느껴질수록 그 강도는 더욱 셉니다.

게다가 우리나라 언론에서 검찰은 단순한 수사기관 이상의 대접을 받습니다. 다른 나라에서 검찰은 취재 수단이나 경로 정도로 여겨집니다. 하지만 우리나라는 검찰이 정치 영역까지 개입하는 막강한 권력기관이라, 언론도 검찰을 중요하게 여길 수밖에 없습니다.

여기엔 이른바 '정치의 사법화' 현상이 존재합니다. 정치의 영역에서 대화와 타협으로 풀어야 할 문제를 사법의 영역으로 떠넘겨 법적으로 해결하려는 태도가 검찰의 힘을 불려줬기 때문입니다. 대형 참사의 책임 소재, 탈원전 등 정부 정책을 둘러싼 갈등, 국정농단과 사법농단 등 첨예한 사회 현안의 최종 결론은 언제나 국회가 아닌 검찰이나 법원에서 내려집니다.

그래서 검찰과 법원을 '하수 종말 처리장'이라 부르기도 합니다. 모든 문제의 종착점이 결국 서초동으로 수렴되기 때문입니다. 이처럼 정치가 사법화되면 사법도 정치화됩니다. 과도한 권한을 손에 넣은 검찰은 그 권력을 휘두르고 싶기 마련입니다. 우리나라 검찰이 세계적으로 유례없는 비대한 권력기관이 된 이유입니다.

둘째, 언론의 취재에서 검찰 의존도가 지나치게 높습니다. 기자가 원하는 정보를 검사가 독점하고 있기 때문입니다. 범죄 수사는 '밀행성'이 특징입니다. 수사 대상자 모르게 수사를 해야 성공할 확률이 커집니다. 따라서 검사는 엄격한 보안 속에서 수사 관련 정보를 독점합니다.

상황이 이렇다 보니 검사와 기자는 반⁑종속적 유착 관계가 됩니다. 유착됐지만 수평적이지 않은 관계, 즉 기자가 검사의 하위 파트너인 관계입니다. 그래서 검찰 출입 기자는 검사가 제공한 프레임에 갇히기 쉽습니다. 여기에 길든 기자는 '기사 제공' 너머에 있는 검찰의 '의도'를 읽지 못하게 됩니다.

⊕ 다른 나라의 언론도 똑같을까?
↘ '표현의 자유'라는 것

미국은 시민의 권리 가운데서도 표현의 자유를 무척 중요하게 여깁니다. 수정헌법 제1조에 따라 표현의 자유, 언론 출판의 자유, 집회의 자유, 청원할 자유 등을 제한하는 법률을 제정할 수 없습니다. 만약 의회가 그런 법률을 제정하면 위헌 결정이 나올 가능성이 큽니다. 미국 의회가 한국의 피의 사실 공표죄와 같은 형사처벌 법안을 제정할 수 없는 이유입니다.

수정헌법 제1조의 표현의 자유는 민주주의에 필수 불가결한 권리로 특별한 취급을 받고, 엄격하게 적용되지만 그렇다고 아무런 제한 없이 무조건 보장되는 것은 아닙니다. 예컨대 국가 보안과 관련한 정보나 미국중앙정보국CIA의 수사 정보는 함부로 공개할 수 없습니다. 언론의 자유도 항상 보호되는 것은 아닙니다. 언론의 자유가 다른 권리와 충돌할 때는 제한될 수 있기 때문입니다. 예를 들면, 언론의 자유가 아동의 권리를 침해할 수 있는 아동 범죄의 경우 취재하지 못하도록 법원이 제재합니다.

그렇다면 미국 언론에 나오는 머그샷과 체포 기록은 어떻게 가능한 걸까요? 미국 내 대다수 주는 피의자를 체포하면 얼굴 사진(머그샷)을 찍고, 이를 피의자의 혐의 사실과 함께 수사기관 웹페이지에 공개합니다. 체포 기록은 시민에게 공개되어야 할 공적 기록에 해당하기 때문입니다. 애리조나주 연방지방법원은 2023년 10월, 머그샷 공개가 헌법상 권리 침해가 아니라고 판단했습니다.[2]

반면 머그샷과 체포 기록 이외의 피의 사실은 미국에서도 공개하지 않습니다. 특히 검사나 변호사는 재판에 영향을 미치는 발언을 할 수 없습니다. 피고인의 공정한 재판을 받을 권리와 충돌하기 때문입니다. 표현의 자유를 수정헌법 제1조로 내세우는 미국에서도 피의 사실 공표는 금지하는 행위입니다.

한편 미국에서 재판은 공개가 원칙입니다. 재판은 공적 사건이기에 공개되어야 한다고 보는 거죠. 비공개 재판을 하고 싶다면, 요청하는 쪽이 그로 인한 중대한 이익을 증명해야 합니다. 그러면 법원은 그런 전통이 있는지, 절차는 적정한지 등을 심사합니다. 공개했을 때와 비공개했을 때의 이익을 따져 공개 여부를 결정하는 것이 보통입니다.[3]

법원에 제출한 재판 기록도 미국에서는 일반에 공개됩니다.

미국 연방법원은 '사건관리 및 전자적 사건 관리CM/ECF'라는 전자 소송 시스템과 '법원 전자 기록에 공적 접근PACER'이라는 전자 기록 공개 시스템을 2011년부터 도입했습니다. 법원과 사건 관계자인 모두 이를 통해 재판 업무를 처리할뿐 아니라 재판 공개 측면에서도 한결 편리해졌습니다.

외국인을 포함해 누구라도 수수료를 지불하면 PACER에서 재판 기록을 볼 수 있습니다. 사건 일람표, 판결문 등 법원 문서만이 아닙니다. 소장, 신청서 등 당사자가 법원에 제출한 문서, 소송 과정의 기록, 증거물 등을 모두 포함합니다.

하지만 형사사건의 문서와 녹취록은 공개를 제한하기도 합니다. 비공개 문서로는 집행되지 않은 소환장 혹은 영장, 유죄판결에서 이유 진술, 소년비행 기록, 배심원 혹은 예비배심원에 관한 정보 등입니다. 이런 정보를 제한하는 것은 피고인이 공정하게 재판받을 권리를 보호하고, 수사상의 비밀을 지키며, 사건 관계인의 사생활과 명예를 보호하기 위해서입니다.[4]

⊕ **우리나라 언론의 문제는?**
　↳ **잊을 만하면 일어나는**
　　 수사 중 자살 사건의 공범

2024년 1월 영화감독 봉준호와 배우 김의성, 가수 윤종신이 검은 정장을 입고 기자들 앞에 섰습니다. 배우 고故 이선균에 대한 경찰과 언론의 마녀 사냥을 규탄하는 기자회견이었죠.

이선균은 마약 사범의 진술에 엮여 경찰의 수사 대상이 되었습니다. 경찰은 이선균이 마약을 투약했다는 여러 정황을 흘렸고, 언론은 이를 무차별적으로 보도했습니다. 결국 이선균은 2023년 12월 차 안에서 숨진 채 발견됐습니다. 그를 아끼던 팬들은 물론 나라 전체가 큰 충격에 빠졌죠.

수사 과정에서 피의자가 자살하는 일은 매년 반복되고 있습니다. 2014년 한국형사정책연구원에서 발간한 「검찰 수사 중 피조사자의 자살 발생원인 및 대책 연구」를 보면, 2004년부터 2014년까지 10년 동안 검찰 수사 중 자살한 피의자는 83명이었습니다.[5] 2024년 인권연대는 지난 20년간 검찰과 경찰 조사 과정에서 스스로 목숨을 끊은 사람은 241명이라고 밝혔습니다.[6]

왜 이렇게 많은 사람이 수사 도중 목숨을 끊는 걸까요? 피의자가 자살하는 원인을 하나로 특정하기는 어렵습니다. 결정적 요인은 각 사례마다 다르기 때문입니다. 하지만 수사기관의 수사권 남용이 주요 원인 가운데 하나라는 사실은 확실합니다. 검찰이나 경찰이 수사 성공을 위해 피의자의 인권침해를 서슴지 않으면 피의자는 극단적 상황에 내몰리게 됩니다. 수사권 남용의 행태로는 표적 수사, 타건 압박 수사, 심야 조사, 피의 사실 공표 등이 있이 꼽힙니다.[7]

표적 수사는 범인을 점찍은 뒤 그 사람을 기소하기 위한 혐의를 찾아내는 방식을 말합니다. 타건 압박 수사란 다른 사건을 이용하여 피의자나 사건 관계인을 심리적으로 압박하는 것입니다. 심야 조사는 말 그대로 늦은 밤이나 새벽까지 수사하는 것인데, 피조사자의 인권을 침해할 소지가 많아 민주 사회에서는 원칙적으로 금지된 수사 방식입니다.

피의 사실 공표는 수사기관이 언론을 이용해 수사 대상자를 간접적으로 압박하는 방법입니다. 경찰이나 검찰 관계자가 언론에 피의 사실을 흘려 기사화되도록 함으로써 유죄 여론을 만드는 게 목적입니다. 피의자의 방어권을 무력화해서 공정하게 재판받을 권리를 침해하기에 국가기관이 해서는 안 되는 행위입니다. 그래서 이를 처벌하는 법이 따로 있습니다. 바로 피의 사실 공표죄입니다. 하지만 이 죄로 처벌된 검사는 아직 한 명도 없습니다. 이선균 사건을 계기로 유명무실한 피의 사실 공표죄를 대체할 수 있는, 이른바 '이선균 방지법'을 만들자고 문화예술인들이 나섰습니다. 피의자가 법원에 피의 사실 공표 금지를 청구할 수 있게 하자는 제안도 나왔습니다. 이런 법과 제도가 마련되어야 수사기관의 나쁜 관행이 멈출 수 있을 것입니다.

피의 사실 공표죄란

피의 사실 공표죄

형법 제126조 검찰, 경찰 그 밖에 범죄수사에 관한 직무를 수행하는 자 또는 이를 감독하거나 보조하는 자가 그 직무를 수행하면서 알게 된 피의 사실을 공소제기 전에 공표公表한 경우에는 3년 이하의 징역 또는 5년 이하의 자격정지에 처한다.

피의자는 법원에서 판결이 날 때까지 무죄로 다뤄져야 하는 무죄 추정의 원칙이 있다. 그리고 한편에는 국민의 알 권리가 있다. 이 두 권리는 현실에서 종종 충돌하곤 한다. 그래서 국민의 알 권리를 보장하되, 언론사의 경쟁을 부추기거나 오보가 나가지 않도록 최소한의 범위에서 공개하는 것이 원칙이다. 2019년에는 '형사사건 공개금지 등에 관한 규정'이 만들어졌지만, 윤석열 정부는 이 규정의 조건을 완화했다.

수사 정보 유출은 여전하고, 이 규정은 사문화됐다는 평가를 받고 있는 게 현실이다. 더욱 큰 문제는 공개적인 정보공개가 아니라 검찰이 수사에 유리한 방식으로 언론에 정보를 '흘리는' 방식으로 이뤄지고 있다는 것이다.

하지만 검사가 피의 사실 공표죄로 처벌된 사례는 찾아볼 수 없다. 국민의 알 권리가 강조되는 언론 현실도 있지만 고소, 고발을 당해도 다시 수사기관이 수사를 맡는다는 점이 가장 큰 이유라고 할 수 있다.

⊕ 법조 출입 기자단은 왜 문제라는 걸까?
↘ '그들만의 리그'와 높은 진입 장벽

법조法曹는 법과 관련된 관직에 있는 사람, 즉 법무부나 검찰청, 법원 등에서 일하는 사람을 뜻합니다. 이런 기관에 출입하는 기자를 법조 기자라고 하죠. 법조 출입 기자단은 가입 조건이 매우 까다로운 편입니다. 소속 언론사가 3명 이상의 기자를 법원(서울중앙지법과 서울고등법원)과 검찰(서울중앙지검과 대검찰청)에 배치하고, 6개월 이상 법조 관련 기사를 보도해야 지원해 볼 수 있습니다.

지원한다고 해서 자동으로 가입되는 것도 아닙니다. 기자단 소속 언론사들이 투표를 해서 과반의 찬성을 받아야 하고, 각 언론사 법조팀장으로 구성된 대법원 기자단의 재가를 받아야 가입이 최종 결정됩니다.

이렇게 가입 조건이 까다로운 데는 나름의 이유가 있습니다. 2000년대 초 서울중앙지검에 출입하던 한 신생 언론사가 수사가 진행 중인 사건에 대한 검찰의 브리핑 내용을 '찌라시' 형태로 판매하는 사건이 있었습니다. 검찰은 기자들의 기사 작성에 도움을 주기 위해 수사 기밀을 알려주곤 했습니다. 예나 지금이나 '검찰 찌라시'는 탐나는 정보입니다. 특히 기업과 관련된 정보는 눈독들이는 사람이 많았죠. 하지만 이렇게 '날것'의 정보가 외부에 공개되자 검찰 수사에 큰 지장이 생겼습니다. 기자단은 검찰이 모든 언론을 의심하고 정보를 차단할까 봐 걱정되었을 것입니다. 그래서 문제적 언론사를 가려내려고 기자단 가입 조건을 까다롭게 만들게 됐습니다.

애초 목적과 달리 검찰 기자단은 마음에 안 드는 언론을 가려내는 '진입 장벽'으로 악용되고 있습니다. 《뉴스타파》와 《미디어오늘》이 대표적입니다. 《뉴스타파》는 검찰이 매우 싫어하는 언론사입니다. 검찰의 특수활동비 남용과 영부인 김건희의 도이치모터스 주가조작 혐의 봐주기 수사 등 검찰의 아킬레스건을 건드리는 기사를 써왔기 때문입니다. 《미디어오늘》은 언론 비평 매체답게 검찰 관련 기사의 문제점을 꾸준히 보도해왔습니다.

두 매체는 2020년 서울고법과 서울고검을 상대로 소송을 냅니다. 법조 출입기자단에 가입돼 있지 않다는 이유로 기자실 출입이 허용되지 않았기 때문입니다. 기자단에 꼭 가입하겠다는 목적보다는 법조 출입 기자단의 폐쇄성을 공론화하려는 목적이었다고 합니다.

이들은 놀랍게도 1심에서 승소했습니다. 국가인권위원회와 국회의원들까지 나서서 법조 기자단의 문제점을 지적하고 나선 것이 큰 도움이 됐습니다. 하지만 2심과 대법원은 "기자단이 자율적으로 해결할 문제"라며 서울고법과 서울고검의 손을 들어줬습니다. 결국 《뉴스타파》와 《미디어오늘》은 법조 출입 기자단에 가입하지 못했습니다.

⊕ 법조 기자는 정말 검찰 편일까?
↳ 모두 그렇다고는 할 수 없지만, 팔은 안으로 굽는 법…

"법조 기자와 검찰은 한편이다", "법조 기자는 검찰의 하수인" 같은 말이 있습니다. 법조 기자들은 부인하겠지만, 아니라고도 할 수 없는 게 현실입니다. 2019년 MBC <PD수첩>은 검찰의 피의 사실 공표 논란과 법조 출입 기자단의 검찰 받아쓰기 실태 등을 상세히 보도했습니다. 대검찰청 반부패강력부장 한동훈이 서울중앙지검 3차장 시절 사법농단 수사를 지휘하면서 출입 기자들에게 수사 내용을 알려주고, 기자들은 이를 받아썼다는 내용이었습니다.

"검찰 및 출입 기자단의 명예를 훼손하기 위한 악의적 보도", "진행 중인 중요 수사들에 부정적 영향을 주기 위한 의도가 명백"이라며 검찰은 강하게 반발했습니다. 당시 검찰이 문재인 정부를 겨냥한 수사 중이었는데, 이를 방해하려고 '친문 언론'인 MBC가 왜곡 보도를 했다고 주장했습니다. 그런데 여기서 검찰이 "출입 기자단의 명예"까지 걱정해주는 게 눈에 띕니다. 출입 기자단의 명예가 훼손되건 말건 검찰이 상관할 바는 아닌데 말이죠.

이 방송에 출입 기자들은 더욱 흥분했습니다. 법조팀장으로 구성된 대법원 기자단에서 규탄 성명까지 추진합니다. "검찰 출입 기자단이 검찰과 유착해 부적절한 보도를 일삼는 것처럼 보도한 건 명백한 허위 사실"이라며 MBC에 공개 사과와 정정 보도를 요구하겠다고 나섰습니다. 그러나 《한겨레》를 비롯한 몇몇 언론사가 제동을 걸어 '법조 출입 기자단 일동'으로는 발표할 수 없게 됩니다.

그러자 검찰에 우호적인 언론사만 참여한 성명을 발표합니다. 이들은 검찰 받아쓰기가 피의 사실 공표에 해당한다는 MBC의 주장에 "땀내 나는 외곽 취재의 결실도 최종 검찰 확인 단계를 거치고 나면, 검언檢言 간 음습한 피의 사실 거래로 둔갑시킨 확증 편향의 오류로 법조 출입 기자단의 취재 행위를 폄훼한 것"이라고 반박했습니다. 또 "(<PD수첩>이) 출처와 진위 여부도 의심스러운 일부 인터뷰 내용으로 전체 법조 출입 기자단을 브로커 등 범죄 집단처럼 묘사해 특정 직업군의 명예를 심대하게 훼손했다"라고 주장했습니다.

사실 <PD수첩>의 보도에는 큰 문제가 없었습니다. 만약 보도 내용에 사실과 다른 대목이 있다면, 개별 언론사가 반박 기사를 내면 될 일입니다. 언론이 다른 언론의 보도에 집단적으로 반박 성명을 발표하는 것은 전례가 없는 일입니다. "검찰개혁을 하려면 먼저 법조 출입 기자단을 해체해야 한다"는 말까지 나오는 것도 이런 법조 출입기자단을 중심으로 한 언론과 검찰의 유착 때문입니다.

법조 기자단에 가입하려는 이유

법조 기자단의 혜택은 단순히 기자실을 사용하는 것에 그치지 않는다. 우선 기자단에 가입돼 있지 않으면 검찰 브리핑을 들을 수 없다. 수사 책임자에게 궁금한 것을 물을 수 있는 기회가 사라지는 것이다. 기자단에 소속되어 있으면 브리핑 현장에 없더라도 나중에 브리핑 내용을 '풀pool'받을 수 있지만, 비가입 기자들에겐 그런 혜택이 없다.

재판 중인 법정에서는 노트북이나 휴대전화 같은 모바일 기기 사용이 금지되어 있지만 기자단만 예외적으로 허용된다. 증인신문 등 재판 과정 취재에 필요한 편의를 봐준 건데, 법조 기자단이 노트

북에 타이핑을 할 때, 비가입 기자들은 손으로 일일이 받아 적어야 한다.

　더욱 중요한 것은 법원 판결문을 신속하게 제공받지 못한다는 것이다. 우리나라 헌법은 재판의 심리와 판결을 공개하도록 규정하고 있고, 법원은 누구든 재판을 방청할 수 있는 공개 재판주의를 원칙으로 삼으면서도 판결문 공개에는 소극적이다. 프라이버시 침해라는 이유로 판결문을 선별적으로 공개한다. 미확정 판결문도 공개되지 않는다. 그러나 법조 기자단에 가입돼 있으면 판결 선고 직후 판결문을 받아볼 수 있다. 판결문을 보고 기사를 쓰는 것과 그렇지 않은 것 사이에는 큰 차이가 있다.[8]

⊕ 국민들이 궁금해하는 사건도 보도하면 안 되는 걸까?
↘ 수사 보도는 필요하지만 지금의 방식으로는 안 됨

　세월호나 이태원 참사, 해병대 채 상병 사건, 또는 국정농단으로 인한 탄핵, 삼성과 같은 재벌의 비자금이나 주가조작 사건같이 사회적 파장이 큰 중대 범죄는 국민에게 제때 알려질 필요가 있습니다. 피의자의 방어권도 중요하지만 국민의 알 권리 또한 중요하기 때문입니다. 수사가 착수되었는지, 어떤 혐의점이 있는지, 수사는 제대로 진행되고 있는지, 수사 결과는 어떻게 나왔는지 등 주요한 골격은 국민이 알 수 있어야 합니다.

문제는 이를 알리는 방식입니다. 지금처럼 검찰의 백브리핑이나 특정 언론에 흘리기 등 비밀스러운 사적 경로로 수사 정보가 흘러나와서는 안됩니다. 언론이 이를 검증할 방법도 없거니와 그로 인해 발생하는 여러 가지 문제(사생활 침해, 명예훼손, 무죄 추정의 원칙 침해 등)에 대한 책임을 물을 수도 없으니까요.

바람직한 것은 법령에 나와 있는 그대로 검찰청에 공보관을 두고 책임자의 결제를 받아 기자회견 방식으로 공개하는 것입니다. 기자들의 질문을 받아 답하고, 피의자의 반론까지 더해지면 무죄추정 원칙을 훼손하지 않으면서도 국민의 알 권리를 충족할 수 있습니다. 검찰 수뇌부가 직접 기자회견에 나와 발표와 답변을 한다면 더 바람직하겠죠.

⊕ 검언유착을 없앨 수 있을까?
↳ 손해배상을 활용한다면 어떨까?

검언유착은 검찰을 위해서도, 뉴스를 통해 세상을 파악하는 보통의 시민을 위해서도 꼭 끊어내야 하는 고리입니다. 먼저 검언 '유착'이 아닌 정상적인 언론 보도는 어떤 것인지 살펴보겠습니다. 대표적으로 검찰의 공식 발표를 들 수 있습니다.

검찰은 피의자에 대한 수사를 끝내고 재판에 넘기면서(기소) 수사 결과를 발표합니다. 이 발표는 검찰이 증거를 확보하고 법률

검토를 끝낸 수사 결론입니다. '이 정도면 재판에서 유죄를 받아낼 수 있겠구나'라고 판단한 것이죠. 따라서 기소 전에 여론을 조성하기 위해 언론에 흘리는 것과는 큰 차이가 있습니다. 물론 수사 결과도 검찰 측의 주장이긴 합니다. 하지만 검찰의 공식적인 수사 결과라는 점이 중요합니다. 거기에 더해, 피의자 측의 반론도 충분히 알려야 하지요.

언론은 이후 재판에서 벌어지는 검찰과 피고인의 공방과 재판 결과도 충실히 보도해야 합니다. 특히 무죄 판결이 난 경우에는 검찰의 기소 내용과 어떤 차이가 있는지, 검찰 수사에 무리한 부분은 없었는지 상세히 보도하는 게 필요합니다.

검찰 받아쓰기를 없애는 것도 필요합니다. 검찰 받아쓰기를 했는데, 나중에 무죄 판결이 확정되면 언론사가 거액의 손해배상을 물도록 하면 어떨까요? 너무 가혹하다고요? 그렇게라도 하지 않으면 고질적인 검찰 받아쓰기는 없어지지 않을 겁니다.

5장

법원은
검찰을
통제할 수
있을까

_____

_____

_____

_____

intro
법원과 검찰의 갈등

     2003년, 민주화운동기념사업회의 초청으로 귀국
한 재독 철학자 송두율이 국가보안법 위반으로 구속되었습니다.
당시 국정원과 검찰은 변호인도 만나지 못하게 송두율을 고립시켜
놓고 노동당 간부임을 자백하라고 강요했습니다.

     송두율의 변호인단은 변호인 참여를 허용하지 않은 채 이루
어진 검찰의 처분을 취소해달라는 준항고를 청구했습니다. 법원
은 "피의자 신문 과정에 변호인 참여권은 헌법상 규정된 변호인의
조력을 받을 권리"이기 때문에 검찰의 신문은 위법했다고 판단했
습니다. 검찰은 항고했지만, 대법원은 원심의 결정을 재확인했습
니다.

5장
법원은 검찰을 통제할 수 있을까

송두율 사건에서 볼 수 있는 것처럼, 검찰은 피의자가 조사받을 때 변호인의 도움을 받는 것을 오랫동안 반대해왔습니다. 인권 침해 우려에도 불구하고 수사 기밀이 유출되고 수사에 방해가 된다며 거부한 거죠.[1]

그전에는 '구속 전 피의자 심문 제도(영장실질심사제)'를 두고 갈등이 있었습니다. 건국 이래 검찰이 영장을 청구하면 판사가 서류를 검토해 구속 여부를 결정해왔습니다. 그 결과 검찰이 지나치게 구속영장을 청구하고, 무죄 추정 원칙은 무시되며 피의자의 권리가 침해된다는 지적이 계속되었습니다.[2]

그래서 구속 여부를 판단하기 전에 판사가 피의자를 불러 소명할 기회를 주기로 한 것, 그것이 구속 전 피의자 심문입니다. 지금은 너무도 당연한 절차고 권리지만, 검찰은 "수사의 기밀이 유지될 수 없다", "수사력 분산·약화 우려가 있다", "실체적 진실 발견이 어려워진다" 등의 이유를 들어 강하게 반발했었습니다. 하지만 1995년 구속 전 피의자 심문이 도입된 이후 구속자 수가 크게 줄고 무죄 추정의 원칙과 불구속 재판이 자리 잡혔으며, 형사사법에 대한 국민 신뢰도 높아졌습니다. 검찰 역시 더는 과거의 주장을 하지 않는 것으로 보입니다.

최근에는 '압수수색영장 대면심리제도'를 놓고 검찰과 법원의 갈등이 재점화되고 있습니다. 이 장에서는 법원과 검찰의 관계를 살펴보겠습니다.

삶을

다정하게

가꾸는

윌북의

"나는 이 책에서 '쓸모'의 의미를 논하고 싶지 않지만, 사람들이 이 말을
지나치게 교육이나 자기 계발에 관해서만 사용할 때 슬퍼지곤 한다."

『인생의 언어가 필요한 순간』 중에서

책—들

월북

www.willbookspub.com

모든 단어는 이야기를 품고 있다

걸어 다니는 어원 사전

양파 같은 어원의 세계를 끝없이
탐구하는 아주 특별한 여행

마크 포사이스 지음 | 홍한결 옮김

슬픔에 이름 붙이기

마음의 혼란을 언어의 질서로
꿰매는 감정 사전

존 케닉 지음 | 황유원 옮김

여행자의 어원 사전

6대륙 65개 나라 이름에 담긴
다채로운 역사 이야기

덩컨 매든 지음 | 고정아 옮김

옥스퍼드 오늘의 단어책

날마다 찾아오는 단어가
우리의 하루를 빛나게 할 수 있다면

수지 덴트 지음 | 고정아 옮김

수상한 단어들의 지도

평범한 말과 익숙한 사물에 숨은
의미심장한 사연

데버라 워런 지음 | 홍한결 옮김

나를 이해하고 자연을 읽는 방법

자연에 이름 붙이기

보이지 않던 세계가
보이기 시작할 때

캐럴 계숙 윤 지음 | 정지인 옮김

어떻게 수학을 사랑하지 않을 수 있을까?

수학과 철학에서 찾는
이성적 사유의 아름다움

카를 지크문트 지음 | 노승영 옮김

사피엔스의 뇌

보이지 않는 마음의 원리
인간의 진실을 비추는 뇌과학 이야기

아나이스 루 지음 | 뤼시 알브레히트 그림 | 이세진 옮김

태어난 김에 물리·화학·생물 공부

슥슥 그린 편안하고 직관적인 그림 설명
한번 보면 잊을 수 없는 필수 과학 개념

커트 베이커, 알리 세제르, 헬렌 필처 지음 | 고호관 옮김

눈에 보이지 않는 지도책

세상을 읽는 데이터 지리학

제임스 체셔, 올리버 우버티 지음 | 송예슬 옮김

인간의 흑역사

인간의 욕심은 끝이 없고
똑같은 실수를 반복한다

톰 필립스 지음 | 홍한결 옮김

썰의 흑역사

인간은 믿고 싶은 이야기만 듣는다

톰 필립스, 존 엘리지 지음 | 홍한결 옮김

삶은 공학

불확실한 세상에서
최선의 답을 찾는 생각법

빌 해맥 지음 | 권루시안 옮김

필로소피 랩

옥스퍼드 대학 철학 연구소
세상 모든 질문의 해답을 찾는 곳

조니 톰슨 지음 | 최다인 옮김

⊕ 법원과 검찰의 관계는?
↳ 검찰은 법원의 견제를 받는 게 원칙

삼권분립 원칙에 따라 사법부는 검찰을 포함한 행정부를 견제할 권한이 있습니다. 사회 구성원이 지켜야 할 법을 제정하고, 법을 집행하고, 법을 위반하면 심판하는 것이 국가인데, 입법부·행정부·사법부에 균형 있게 권한을 분산하고 서로 견제하도록 한 것이지요. 그렇지 않으면 국가권력에 의해 기본권이 침해될 우려가 커지고 이를 구제받을 가능성은 작아지게 됩니다.

권력분립 원칙에 따라 수사와 재판은 분리됩니다. 검찰이 범죄를 수사하고 범죄 혐의가 있는 사람을 기소하면 법원이 유죄인지, 무죄인지 최종 판단하고 유죄라면 형량을 정합니다. 법에 따르면 검찰의 수사 및 기소권 행사는 법원이 견제하도록 되어 있습니다.

구체적으로 살펴보면, 법원은 먼저 영장 발부 여부를 결정함으로써 검찰권을 견제합니다. 그다음으로, 검찰이 구속영장을 청구하면 법원은 영장실질심사 등을 거쳐 구속영장을 발부합니다. 재판 결과가 나오기 전에 피의자를 구속하는 것(사전구속)도 법원의 결정으로 가능합니다. 원칙적으로는 불구속 재판을 해야 하는데, 이는 억울한 구금자가 발생할 우려를 방지하고 피고인의 방어권을 보장하기 위해서입니다.

구속영장 발부는 엄격한 요건을 충족해야만 이루어지고, 구속영장이 발부된 뒤에도 피의자가 구속적부심사를 청구하면 법원은 피의자를 심문하고 구속 여부를 재심사해야 합니다.

압수수색영장도 법원에서 받아야 합니다. 피의자가 죄를 지었다고 의심할 만한 정황이 있고, 사건과 관계가 있는 것에만 압수수색을 청구할 수 있습니다. 법원이 압수수색영장을 발부하면 검사는 발부받은 영장에 의해 압수수색하게 됩니다.

⊕ 그럼 법원이 검찰을 제대로 견제해왔을까?
↳ 그다지…

검찰이 권한을 남용해왔다는 것은 법원이 제 역할을 하지 않았다는 뜻도 됩니다. 다만 법원은 검찰이 공소를 제기해야 심판할 수 있는 수동적 입장이기에 검찰과 똑같이 책임을 물을 수는 없습니다.

역사를 보면, 정치권이나 검찰이 법원을 압박해 사법권 독립을 침해한 사례가 적지 않습니다. 예를 들어 판사 최영도는 1971년 제1차 사법파동 때 사법권 침해 사례를 정리해 대법원장에게 건의했는데 "판사실에 도청 장치를 했다", "무죄 선고가 나면 법관이 부정한 재판을 한 듯 비난하면서 예금통장을 조사했다", "판사들을 미행, 사찰하고 함정수사까지 했다"는 등의 충격적인 내용이 들어 있었습니다.

불과 몇 해 전, 윤석열 대통령이 검찰총장일 때도 이른바 '판사 사찰 문건'이 공개됐습니다. 검찰총장 윤석열은 2020년 대검찰청 수사정보담당관실에 판사들을 분석한 문건을 작성하게 했습니다. 9장짜리 재판부 분석 문건에는 판사의 학력과 근무 경력 등 출신, 주요 판결, 세평 등이 담겼습니다. 법무부의 수사 의뢰로 서울고검이 수사에 나섰는데 검찰총장 윤석열이 재판부 분석 문건 작성을 지시해 직권을 남용했다는 혐의에 대해서는 무혐의 처분이 내려졌습니다. 사법부 독립을 침해하는 잘못된 역사가 되풀이되지는 않는지, 여전히 검사가 판사를 압박하려는 것은 아닌지 점검해봐야 합니다.

우리나라 형사재판은 공판중심주의가 원칙입니다. 공판중심주의는 검찰과 법원이 공개 법정에서 일정한 견제를 받는 것을 전제로 합니다. 그러나 현재는 일부 중요 사건과 국민참여재판을 제외하면 공판중심주의가 제대로 구현되지 않고 있습니다.

여전히 수사기관이 작성한 조서에 의존해 재판이 진행되고 있는 거죠. 다만 2022년부터는 검사가 작성한 조서의 증거 능력을 제한하는 법률이 시행되었기 때문에, 과거보다는 공판중심주의가 조금 더 강화되리라 기대해봅니다.

⊕ **법원이 검찰을 견제한 사례가 있을까?**
  ↘ **있기는 함.**
    최근까진 거의 없었지만

검찰이 공소권을 남용한 경우 법원이 공소를 기각

할 수 있습니다. 하지만 최근까지 법원은 검찰의 공소권 남용을 저지하는 데 소극적이었습니다.

2021년에야 처음으로 공소권 남용을 인정하는 첫 판결이 나왔습니다. 2014년 '서울시 공무원 유우성 간첩 조작 사건'에 대해서입니다. 대법원은 검사가 기소유예 처분한 후 다른 사건에서 무죄가 선고되자 뒤늦게 유우성을 다시 기소한 것은 공소권 남용이라고 인정했습니다.[3]

검사가 기소를 하지 않아 형사처벌을 할 수 없었지만, 피해자가 민사소송을 통해 국가배상을 청구해 법원이 검사의 잘못을 인정한 예가 있습니다. 또한 검사가 충분한 수사 없이 범행을 확정하는 표현을 사용해 피의 사실을 공표한 경우[4]나, 검사가 피의자에 유리한 증거를 법원에 제출하지 않은 경우[5]에 대해서도 국가배상 청구를 인용했습니다.

⊕ 법원은 달라지고 있을까?
↘ 여전히 갈 길은 멀기만

수사기관은 범죄 혐의가 있는 사람을 체포, 구속하거나 관련 자료를 압수수색할 수 있는 강제수사 권한이 있습니다. 강제수사 권한은 필요하다고 곧바로 행사할 수 있는 것이 아닙니다. 경찰의 경우 영장을 검찰에 신청하는 권한만 있고, 검찰은 법원의 영장을 발부받아서만 가능합니다.

압수수색영장의 '적정한' 발부는 법원의 권한입니다. 검찰의 무리한 영장 청구를 견제할 책임도 법원에 있는 거죠. 윤석열 정부 이전에도 압수수색영장은 구속영장에 비해 엄밀한 심사 없이 발부된다는 지적이 있었습니다. 지나치게 많이, 폭넓게 압수수색영장이 발부되곤 했다는 겁니다.

데이터로 살펴보겠습니다. 압수·수색영장 청구는 2011년 10만 8992건에서 2022년 39만 6671건으로 3.6배 늘었고 발부율도 87.3퍼센트에서 91.1퍼센트로 높아졌습니다. 같은 기간 구속영장 청구는 3만 7948건(발부 2만 8960건)에서 2만 2589건(발부 1만 8384건)으로, 체포영장 청구는 5만 9173건(발부 5만 8105건)에서 2만 7426건(발부 2만 6892건)으로 줄어든 것과 대조적입니다.[6]

수사 방식이 사람을 구속해 자백을 받는 방식에서 휴대전화나 이메일 등을 수사해 증거를 확보하는 방식으로 변했기 때문이기도 하지만, 개인의 모든 정보가 통째로 수사기관에 넘어갈 위험성도 커졌습니다.

피해자나 고소인 입장에서 압수수색은 피의자의 범죄 혐의를 입증하기 위해 수사기관이 적극적으로 나서야 하는 책무이기도 합니다. 그러나 일반 사건에서는 피해자나 고소인이 아무리 필요하다고 소명해도 압수수색영장을 청구하지 않거나 확보한 증거를 피해자 쪽 확인도 없이 임의로 판단하여 무혐의 처분을 내리는 경우가 적지 않습니다.

반면 검찰이 '꽂힌' 사건에는 압수수색을 하고, 또 하고, 또 하는 기우제식 수사를 하곤 합니다. 명백한 권한 남용입니다. 윤석열 정부에서 지난 2년간 국회 압수수색 22번 가운데 21번이 야당인 민주당 의원이나 당 관계자를 대상으로 행해졌습니다. 검찰정치라는 비판이 나오는 이유입니다.

법원은 압수수색영장을 심사할 때 수사기관이 제출한 서류에만 의존해 영장 발부를 결정합니다. 그렇다 보니 심사가 제대로 이루어지지 않고, 영장이 너무 과하게 발부된다는 지적이 있었습니다. 증거인멸이나 범인 확보가 안 될 경우를 우려하여 판사가 압수수색영장을 발부하는 쪽으로 기울게 되면서, 수사기관의 뜻대로 영장이 나오는 경향이 있었기 때문입니다. 압수수색·검증영장 발부율은 2021년 91.3퍼센트(31만 7496건), 2022년 91.1퍼센트(36만 1613건), 2023년 90.8퍼센트(41만 4973건)였습니다. 구속영장 발부율이 2021년 82퍼센트, 2022년 81.4퍼센트, 2023년 79.5퍼센트를 기록한 것과 비교하면 10퍼센트포인트가량 높습니다. 법원이 '영장 자판기'라는 비판이 나오는 이유입니다.

2023년 대법원은 압수수색영장 사전심문제를 도입하려 했습니다. 판사가 구속 전 피의자 심문(영장실질심사)을 하는 것처럼, 압수수색영장을 발부하기 전에 심사에 필요한 정보를 심문할 수 있게 하겠다는 것입니다. 이 제도는 대법원 규칙인 형사소송규칙 개정만으로 즉각 시행이 가능합니다. 그러나 수사의 밀행성을 해친다는 이유로 검찰이 거세게 반발했습니다. 법원은 "심문 대상은 대부분 영장을 신청·청구한 경찰·검찰 등 수사기관이 될 것이고, 심문 절차도 비공개로 진행될 예정이라서 수사 보안과는 무관하다"고 했지만 아직 제도화되지 못하고 있습니다.

위법수집증거배제법칙

위법수집증거배제법칙(형사소송법 제308조의 2)은 검찰이 법과 절차를 지키지 않고 수집한 증거는 법원에서 증거 능력이 없다는 조항이다. 검찰(행정부)의 권한 남용을 법원(사법부)이 견제하는 장치인 셈이다. 하지만 현실에서는 증거 수집이 위법했더라도 일정한 조건(적법절차의 실질적 내용을 침해하지 않고 실체적 진실 발견에 필요한 경우)을 충족하면 증거로 사용하는 것을 법원이 허용해왔다.[7] 하지만 디지털 정보 압수수색은 다른 해석이 필요하다.

2012년 검찰은 전 새누리당 부산시당 홍보위원장 조기문이 공천을 약속하고 현역 국회의원들에게 금품을 받거나 요구한 이른바 '새누리당 돈 봉투 사건'을 수사했다. 이때 조기문의 휴대전화를 조사하다가 국회의원 윤영석이 공천 대가로 3억 원을 약속했다는 혐의를 발견해 기소했다. 그러나 대법원은 무죄를 선고했다. 조기문 휴대전화 압수수색영장은 다른 범죄를 수사하면서 발부됐기에, 해당 영장으로 확보한 증거는 윤영석의 범죄 증거로 사용할 수 없다는 이유에서였다.

이 판례 이후 휴대전화 압수수색 과정에서 다른 범죄 관련 증거가 나오면 압수수색영장을 새로 발부받아야 한다는 법리가 확립됐다.[8] 2024년 4월 검찰이 휴대전화를 압수수색한 뒤 대검찰청 디지털수사망D-NET에 사건과 무관한 정보를 계속 보관하고 별건 수사에 영장 없이 활용한 것은 위법수집증거라는 대법원 판결이 나왔다.[9]

한 검찰 수사서기관이 수사를 지연시켜달라는 청탁을 받고 수사 비밀을 누설한 혐의로 수사를 받게 됐다. 다른 사건으로 압수한 휴대전화에서 우연히 이 사건과 관련한 파일을 발견한 것이다. 이 검찰 수사서기관은 약 3개월간 D-NET에 디지털 정보를 보관하면서 영장 없이 증거를 수집했다. 대법원은 영장주의와 적법절차 원칙을 위반하여 위법하게 수집된 증거라고 판단했다. 대검찰청 예규인 '디지털 증거의 수집·분석 및 관리 규정'을 내세워 압수수색영장 범위를 벗어난 디지털 정보까지 복제(이미징)해 보관하는 검찰의 관행을 법원이 문제 삼은 것이다.

⊕ 검찰을 통제하는 방법은?
↘ 법원의 능동적인 태도+α

검찰에 대한 통제는 크게 둘로 나눌 수 있습니다. 부당한 불기소(사건 덮기)에 대한 통제와 부당한 기소(억지 기소)에 대한 통제지요.

'사건 덮기'에 대해서는 재정신청 제도[10]를 마련해, 검사의 불기소 처분에 대해 법원이 바로잡아 공소 제기 결정을 하게 할 수 있습니다. 현행 재정신청제도의 문제점은 불기소한 처분에 대해 법원이 공소를 제기하라고 재정 결정을 내린 경우, 같은 관할청의 검사가 공소 제기와 유지를 맡아 실효성이 의심스럽다는 점입니다.[11]

검사의 불기소처분에 불복하여 공소가 제기된 사건에서 '한솥밥 먹는' 검사가 다시 유죄를 적극적으로 주장해야 하는 모순이 발생합니다. 그래서 재정신청 재판에서 검사가 무죄를 구형하거나 아예 구형을 하지 않는 사례도 있습니다. 이런 기묘한 제도가 된 것은 2007년 형사소송법 개정 때 검찰의 요구가 반영됐기 때문입니다. 과거처럼 법원이 공소 유지 변호사를 선정하도록 재개정해야 한다는 것이 학계의 다수 견해입니다.

'억지 기소'에 대한 대비책으로는, 범죄 혐의가 있고 소송 조건이 갖추어진 경우, 즉 검사가 공소를 제기할 수 있는 경우에만 공소를 제기하도록 하는 기소법정주의[12]를 도입하자는 주장이 있습니다. 기소법정주의는 검사의 재량을 통제할 수 있다는 점에서 고려해볼 만합니다. 다만 원칙과 예외를 어떻게 설정하는지와 예외의 범위에 따라 결과가 달라질 수 있어서 꼼꼼하게 제도를 설계할 필요가 있습니다.

한편 검사가 기소유예 처분을 하는 경우에는 법원의 동의를 얻도록 하자는 주장도 있습니다.[13] '기소유예'란 범죄 혐의는 인정하지만, 검사가 재판에 넘기지는 않는 처분을 말합니다. 형사소송법 제247조는 검사가 범죄 전후의 정황, 피의자·피해자의 사정 등을 고려하여 공소를 제기하지 않는 기소유예 처분을 할 수 있는 근거입니다. 제도 자체가 문제는 아니지만, 합리적인 범위를 넘어 재량을 남용하는 경우가 발생합니다. 마땅히 공소 제기를 해야 하는데 기소유예로 봐주는 경우도 있지만, 피의자에게 아무런 혐의가 없는데 검사의 편의상 기소유예 처분을 하는 경우도 있습니다.

2022년 전 국가대표 리듬체조 선수 손연재는 악성 댓글을 작성한 사람들을 명예훼손 혐의로 고소했습니다. 검찰은 그중 한 명에 대해 혐의가 인정된다고 보고 기소유예 처분했습니다. 하지만 그 댓글의 전체 내용은 손연재를 옹호하는 내용이었는데, 검찰이 댓글 일부만 보고 처분했다는 게 문제였습니다. 기소유예 처분을 받은 사람은 자의적 검찰권 행사라며 헌법소원심판을 청구했고, 2024년 2월 헌법재판소는 재판관 전원 일치 의견으로 청구를 받아들였습니다. 결국 기소유예 처분은 취소됐습니다.

이 모든 논의와 제안의 공통점은, 검찰과의 관계에서 법원이 조금 더 적극적이고 능동적으로 변해야 한다는 것입니다. 다만 법원의 역할을 강조하는 것은, 검찰과 비슷한 사법 관료에게 모든 것을 맡긴다는 점에서 한계가 있습니다. 검찰과 마찬가지로 법원도 민주적 통제를 받아야 하는데, 지나치게 많은 권한을 몰아주는 꼴이 될 수 있기 때문입니다. 법원을 대신하여 시민으로 구성된 검찰심사회(일본)나 대배심(미국)에 기소 여부를 판단할 권한을 넘겨주자는 의견이 나오는 이유입니다.

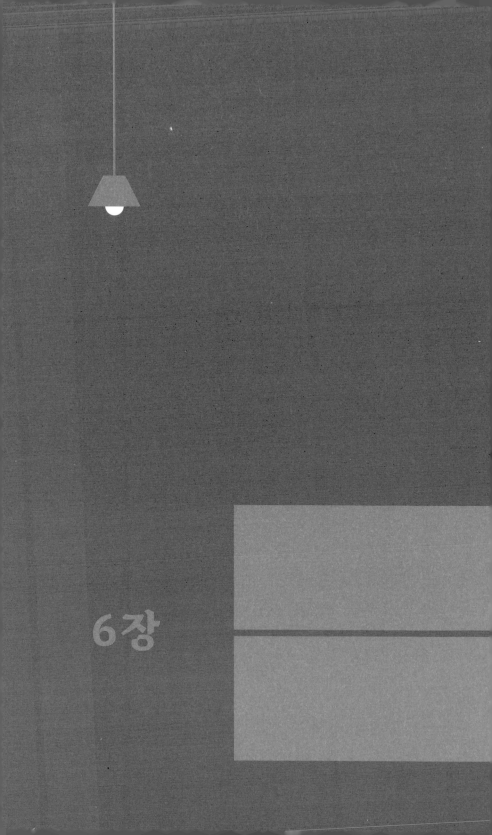

6장

검찰, 어떻게 바꿔야 할까

_____

_____

_____

_____

intro
검사들과의 대화

2003년 3월 9일, 노무현 대통령과 일선 검사들의 토론회인 '전국 검사들과의 대화'가 열렸습니다. 노무현 대통령이 취임한 지 불과 12일 만이었습니다.

노무현 대통령은 검찰 출신이 도맡아오던 법무부 장관에 판사 출신 변호사 강금실을 발탁하고, 검찰 고위 인사에 기수 파괴를 단행해 검찰개혁을 이루려고 했습니다. 그 일환으로 평검사들과 직접 대화해 검찰개혁에 대한 공감대를 이루려고 했던 거죠.[1]

하지만 검사들의 분위기는 달랐습니다. 검사들은 작심한 듯 공격적인 발언을 쏟아내기 시작합니다.

검사: 대통령에 취임하시기 전에 부산 동부지청장에게 청탁 전화를 하신 적이 있습니다. 그때는 왜 검찰에 전화를 하셨습니까?

노무현 대통령: 이쯤 가면 막 하자는 거죠. 청탁 전화 아니었습니다.

검사: 최근에 형님에 대한 어떤 해프닝, 이런 것을 포함해서 주위에서 또 생길 수가 있습니다.

노무현 대통령: 이런 자리에서 꺼내서 굳이 대통령 낯을 깎으려고 할 이유가 있을까요?[2]

검사들의 태도는 오만했고, 그들이 얼마나 강한 특권 의식을 갖고 있는지 생중계됐습니다. 시민들의 경악과 함께 정치적 중립과 더불어 부당한 특권 박탈과 수사권 견제가 검찰개혁 과제로 떠올랐습니다.[3]

⊕ 검찰은 어떻게 사회를 통치할까?
↳ 검찰이 정치권력과 동행하는 다섯 가지 방법

러시아 헌법재판소장 발레리 조르킨은 잘못된 '법치'를 개탄하며 "(히틀러의 나치 체제와 스탈린의 사회주의 체제에서) 수백만 명이 살해된 이유는 제정법이 곧 법의 전부라고 생각하였기 때문"이라고 말했습니다. '제정법'이란 보통 입법부가 만든 법률을 말하지만, 여기에서는 히틀러나 스탈린의 입맛에 맞춰 만들어진 법률을 뜻합니다. 또는 그들의 손발처럼 일하던 법률가(법기술자)들이 자의적으로 해석한 법일 수도 있습니다. 법 위에 군림하며 마음대로 법을 선택하고 해석할 권력을 독점한 법률가들이 법의 이름으로 수백만 명을 죽음으로 내몰았던 것입니다.

우리나라에서도 군사독재 종결과 함께 군부, 정보기관 등 다른 권력기관의 영향력이 줄어들면서 검찰이 새로운 권력기관으로 부상했습니다. 검찰이 정치권력과 동행하며 사회를 통제하는 방식은 여럿 있습니다.

첫째, '마약과의 전쟁'처럼 법과 질서를 내세우고 형사사법권을 동원해 정치권력이 원하는 사회질서를 확보하는 방법입니다. 특정한 이슈에 관심을 집중시킴으로써 사회적 불만이나 반대 여론을 잠재우기도 합니다.

둘째, 《뉴스타파》를 수사한 것처럼 반대 세력을 억압하는 수단으로 형사사법 권력을 행사하는 겁니다. 이러한 과정에서 정치권력에 법적 정당성을 부여하기도 합니다.

셋째, 사회적 논쟁이 심각한 의제를 정치적인 방법으로 해결하지 않고 사법 기구에 떠넘겨버리는 일이 발생할 때입니다. 정치를 대신하여 검찰이 권력을 휘두르게 됩니다. 선거가 끝나면 고소·고발 사건이 폭증하고 검찰이 그 처리를 도맡으면서 정치적 영향력을 확장하는 것도 이 경우입니다.

넷째, 정치권력이 행정기관을 통제할 목적으로 비리 척결을 내세우며 검찰을 투입합니다.

마지막으로, 재벌이나 대기업을 수사하는 척하면서 비리 대부분을 눈감아주고 솜방망이 처벌하면서 정치권력과 친연성을 높입니다.

검찰은 이런 식으로 정치권력에 종속되거나 스스로 정치권력이 됩니다. 검찰국가란 이런 사례들을 한데 모아 표현하는 말이며, 그 피해는 온전히 국민이 떠안습니다. 검찰국가의 폐해를 막기 위한 검찰개혁은 우리 시대의 필수 과제입니다.

⊕ 지금까지의 검찰개혁은 모두 실패인 걸까?
↳ 그렇게 단정할 수는 없음

검찰개혁은 민주화 이후 계속해서 사회적 과제로 언급되었습니다. 선거 때마다 나오는 구호이기도 했지요. 특히 몇몇 정부에서는 다양한 방법으로 검찰개혁을 시도하곤 했습니다. 아쉬운 점이 많지만 지금까지의 검찰개혁을 '모두 실패'라고는 할 수는 없습니다. 노무현 정부부터 문재인 정부까지의 검찰개혁 사례를 시대별로 훑어보겠습니다.

노무현 정부에서는 검찰청법을 개정해 검찰을 개혁하고자 했습니다.

» 법무부 장관과 검찰총장 인사청문회 도입

» 검찰총장을 제외한 모든 검사 직급의 일원화

» 검사동일체 원칙을 지휘 감독 관계로 개정

» 법무부 장관이 검찰총장의 의견을 들어 검사 보직 제청

» 검찰인사위원회를 자문 기구에서 심의 기구로 격상

» 검사적격심사제도 도입

노무현 정부는 대통령이 검찰에 직접 개입하지 않고, 검찰의 중립성을 보장하는 제도를 마련하면 검찰이 정상화할 것이라고 기대했습니다. 하지만 검찰은 크게 달라지지 않았습니다. 이명박 정부에서 다시 정권의 통치 수단이 되어버렸고 검찰 수사를 받던 노무현 전 대통령은 비극적으로 생을 마감했습니다.

박근혜 정부 때인 2013년, 대검 중수부가 역사의 뒤안길로 사라졌습니다. 1961년 4월 중앙수사국으로 출범한 대검 중수부는 검찰총장의 직접 명령을 받아 수사하는 부서였습니다. 대기업과 정치권의 부정부패 사건을 맡으면서 '성역 없는 수사'의 상징이 되기도 했지만, 피의 사실 공표와 표적 수사 등으로 정치 검찰, 과잉 수사라는 비판을 동시에 받았습니다.

박근혜 대통령이 탄핵으로 물러난 뒤 출범한 문재인 정부는 검찰의 권한을 분산, 견제하기 위한 몇 가지 제도 개혁을 실시합니다. 먼저 검·경 수사권 조정을 통해 경찰에 일차적 수사종결권을 부여했고, 검사의 직접 수사 범위를 6대 범죄(부패, 경제, 공직자, 선거, 방위 사업, 대형 참사) 등으로 축소하였습니다. 또한 국가수사본부를 신설해 경찰 내에서도 수사를 담당하는 조직을 분리하고, 공수처를 만들었습니다.

공수처는 고위 공직자와 대통령 친인척의 직무 관련 범죄행위를 상시적으로 수사하고 기소할 수 있는 독립기관입니다. 1996년 참여연대가 부패방지법 입법 청원을 하면서 처음 제시했고 고위공직자비리조사처, 공직부패수사처, 특별수사청 등 시기별로 다양한 이름으로 제안되었습니다. 공수처는 문재인 정부가 '검찰개혁 1호 공약'으로 내세워 더불어민주당 주도로 2019년 12월 국회에서 공수처법이 통과돼 2021년 1월 출범했습니다.

검·경 수사권 조정은 검찰과 경찰을 상명하복의 수직적 관계에서 서로 협력하는 수평적 관계로 재설정해 경찰이 수사권을, 검찰이 기소권을 행사하도록 하는 개혁 방안입니다. 노무현 대통령은 2004년 검·경 수사권 조정 협의체를 발족해 수사권 조정을 논의하려 했지만, 검찰과 경찰의 입장이 첨예하게 갈려 합의에 실패했습니다. 이를 교훈 삼아 2018년 문재인 정부는 청와대 민정수석실 주도로 검·경 상급부서인 법무부(검찰)-행정안전부(경찰) 협의로 검·경 수사권 조정의 뼈대를 세웠습니다.

문재인 정부 초기에 검찰개혁안이 발표되었으나 20대 국회는 여소야대 국면이라 법안 처리가 늦어졌고 21대 국회에서 법이 통과됐습니다. 그 사이에 서울중앙지검장 윤석열은 이명박, 박근혜 정부를 겨냥한 '적폐수사'로 인기를 얻어 2019년 7월 검찰총장에 임명되었습니다. 검찰총장 윤석열은 청문회 자리에서 검찰의 직접 수사권을 줄이고 수사와 기소를 분리하는 검찰개혁 방향을 수용할 수 있다는 견해를 보였습니다. 그러나 검찰총장 자리에 오른 뒤 법무부 장관으로 내정된 조국 수사를 지휘하며 정부와 대립하다가,

2021년 검찰총장을 사퇴하고 야당인 국민의힘 대선 후보로 출마해 당선되었습니다.

2022년 3월 윤석열 대통령이 당선된 뒤 더불어민주당은 검사의 직접 수사권을 없애는 입법(검찰청 폐지, 공소청 신설, 형사소송법 개정)을 시도합니다. 국민의힘과 검찰이 거세게 반발했습니다. 국회의장 박병석의 중재로 검찰의 직접 수사권을 한시적으로 2대 범죄(부패, 경제)로 남기되 중수청(중대범죄수사청, 한국형 FBI)이 출범하면 검찰의 직접 수사권을 폐지하는 데 여야가 합의합니다.

그러나 국민의힘이 합의를 철회하고, 검사의 수사 범위에 관하여 국회 법사위(법제사법위원회)에서 부패 범죄·경제 범죄 '중'으로 한정되었던 개정안을 본회의 수정안에서는 부패 범죄·경제 범죄 '등'으로 변경해 처리했습니다. 검찰의 직접 수사권이 대통령령에 의해 무한히 확장될 여지를 남긴 것입니다. 또한 중수청을 1년 6개월 안에 출범시키고, 이를 통해 검찰의 부패 범죄·경제 범죄에 대한 직접 수사권을 폐지하겠다는 계획도 소리 없이 사라졌습니다.

검찰의 직접 수사권을 2대 범죄 등으로 제한하는 입법이 2022년 5월부터 시행되었지만 위와 같이 부실한 입법 탓에 윤석열 대통령의 임기가 시작되면서 '검수원복(검찰 수사권 원상 복구)'에 들어갔습니다. 꼼수 시행령 개정을 통해 검찰의 직접 수사 범위를 다시 확대한 것입니다.

노무현 정부와 문재인 정부는 검찰개혁을 천명했지만, 검찰개혁에 성공하지 못했다는 평가가 많습니다. 수사와 기소의 분리라는 불가역적인 개혁을 완성하지 못했기 때문입니다. 1948년 해방 이후 수사와 기소의 분리는 유예돼왔습니다. 검찰 조직 안에서 약 7000명이 넘는 수사관 등 수사 인력의 재배치 등 해결해야 할 문제가 많은 과제입니다.

앞으로 추구할 검찰개혁은 경찰과 검찰의 정치적 중립을 보장하면서, 그 책임의 수준을 높이는 방향이 되어야 합니다. 정치적 중립을 보장하려면 정치적 외압의 고리를 끊어야겠지요. 책임의 수준을 높이기 위해서는 시민들의 참여가 보장되어야 합니다.

검찰 시민 참여 기구는 더욱 독립적으로 운영되고, 실효적인 결정 권한이 있어야 합니다. 정치적·사회적으로 찬반 의견이 첨예한 사안에 대해 검찰 시민 참여 기구가 어떤 결정을 하든 민주적 과정을 거친 결과라면, 그 책임도 시민과 검찰이 분담할 수 있어야 합니다.

검찰통제론과 검찰중립화론

검찰개혁에 대한 입장으로는 크게 '검찰통제론'과 '검찰중립화론'이 있다. 문재인 정부는 검찰권 오남용의 원인을 검찰 권력의 비대화에 따른 통제의 결여에서 찾았고, 검찰의 분권을 처방으로 제시했다. 검찰의 불공정 수사를 막으려면 검찰에 대한 통제를 강화해야 한다는 것이 검찰통제론의 핵심이다.

검찰통제론은 검찰의 수사권 제한으로 이어진다. 2018년 청와대 민정수석 조국이 검·경의 상급 관청인 법무부 장관과 행정안전부 장관과 합의하여 발표한 권력 구조 개편안을 보면, 검찰의 과도한 수사 편향을 억제하기 위해 경찰의 독자적인 수사권을 부여하면서 검찰의 직접 수사, 특히 범죄 인지를 통한 특수 수사를 제한했다.

또 검찰이 제대로 수사·기소하지 않는 영역에 대해서는 기소권을 가진 별도의 수사 기구인 공수처를 신설하고, 법무부 내 검찰 인력을 최소화하여 법무부의 검찰 통제를 강화한다는 내용도 담았다. 수사는 경찰이 하고 기소는 검사가 한다는 '수사-기소 분리'가 분명해졌다.

한편으로는, 검찰의 전통적인 자체 개혁론인 검찰중립화론이 있다. 검찰 수사의 공정성을 확보하기 위하여 검찰의 독립성, 특히 인사와 조직의 독립성이 필요하다는 입장이다. 검찰 수사가 불공정해지는 것은 정치적 외압, 특히 인사권자나 '살아 있는 권력'에서 오는 부당한 압력 때문이라는 것이다. 2003년 노무현 대통령이 시도한 검사들과의 대화에서 검사들이 주장했던 내용이다.

검찰중립화론을 주장하는 이들은 검찰의 인적 독립과 정치적 중립이 사실상 동일하다고 본다. 검찰의 독립성, 특히 인사의 독립이 확보되면 정치적 중립은 자연스럽게 달성될 수 있다는 견해다. 자체 수사를 강조하는 특수부가 주장하는 검찰권 강화론과 일맥상통한다.

검찰중립화론은 수사권이 없으면 기소권도 적정하게 행사할 수 없다며, 수사권을 가진 기관은 당연히 기소권도 있어야 한다는 '수사-기소 일치론'을 취한다. 검찰의 수사권을 축소한 2022년 검찰청법·형사소송법 개정안이 위헌인지를 헌법재판소가 판단할 때 소수의견(이선애, 이은애, 이종석, 이영진 재판관)이 밝혔던 다음과 같은 견해와도 일치한다.

"소추 및 수사 기능의 독립성은 준사법기관인 '검사의 직무 수행'에서도 보장되어야 하므로, 개별 사건에 대한 구체적인 수사 및 소추의 과정에서 검사가 공소 제기 여부와 같은 주요 결정을 객관적이고 적법한 증거에 의하여 할 수 있는 권한이 '검찰 조직 내부'의 상하 위계에 따른 지시로 본질적으로 침해되지 않도록 하여야 하고, 이러한 검사의 직무상 독립성은 '검찰 조직 외부'의 정치권력으로부터도 지켜질 수 있도록 하여야 한다."

검찰통제론과 검찰중립화론은 검찰개혁 방안도 서로 다르다. 검찰통제론은 검찰 조직을 복수검찰체제로 바꿔나가야 한다고 본다. '특수검찰'로서 공수처를 제대로 운영하는 것, 그리고 검찰총장이 아닌 고등검찰청 검사장 단위로 검찰권을 행사할 수 있도록 분권화하는 것이 첫걸음이다. 민주주의 원리에 맞게 검찰 조직을 선거로 구성하는 검사장 직선제도 분권적 구조를 강화하는 방안이다.

검사장 직선제는 수사-기소에 대한 지휘 권한을 검찰총장이 아닌 지방검찰청 검사장으로 옮기는 등 검찰권을 나누자는 제언이다. 검사장 직선제가 도입되면 검찰 권한의 분리·분산을 넘어,

선거를 통한 검찰 조직의 민주화, 수사 결과에 대한 책임 제고 등 형사사법 체계 전반에 큰 영향을 미칠 것이다.

검찰중립화론의 시각에서는 인사의 독립이 검찰개혁의 출발점이다. 대통령, 나아가 법무부 장관으로부터 독립된 검찰 인사권이 필요하다는 것이다. 이 경우 독립된 인사와 조직을 가진 검찰청을 어떻게 제도적으로 통제할 것인지에 관한 구체적인 방안 제시가 필요하다.

⊕ 검찰개혁은 국민의 뜻일까?
↘ 데이터가 보여준 'YES'

검찰개혁에 대해 국민은 대체적으로 지지를 보내왔습니다. 그러나 검찰이 대형 수사를 진행하며 지지를 받고 대통령 지지도가 떨어질 때는 검찰개혁 여론이 수그러들곤 합니다.

2003년 검찰은 대선 자금 수사를 진행하며 한나라당의 '차떼기'를 밝혀냈습니다. 당시 검찰총장 송광수와 중수부장 안대희는 '국민 검사'로 불리면서 지지를 받았고, 노무현 대통령은 측근들이 구속되며 정치적 타격을 입었습니다.

2004년 정부는 중수부 폐지와 공수처 신설을 추진했습니다. 대선 자금 수사로 여론의 지지를 받던 송광수는 "차리리 내 목을 쳐라"라며 중수부 폐지에 거칠게 반발했고 존치 분위기가 되살아났습니다.

공수처 설치는 국회의 문턱을 넘지 못했습니다. 한나라당 의원들이 '공수처=옥상옥'이라는 반대 여론을 만드는 등 검찰 출신 의원들이 조직 보호를 위한 국회 로비 창구 역할을 했습니다. 그럼에도 2007년 11월 노무현 대통령이 공수처 설치의 필요성을 제기했을 당시 찬성 여론이 35.5퍼센트로 반대(19퍼센트)보다 높았습니다.[4] 그러나 대통령 임기 말 레임덕 상황이라 공수처법을 처리하지 못했습니다.

이명박 정부는 검찰개혁에 의지가 없었지만 노무현 대통령의 갑작스러운 죽음 이후 대검 중수부 폐지 등 시민들의 검찰개혁 목소리가 커졌습니다. 여론조사를 보면 응답자 47.2퍼센트가 중수부 폐지에 찬성해 반대(33.4퍼센트)를 크게 웃돌았습니다.[5] 2010년 5월 MBC <PD수첩>의 보도로 스폰서 검사 문제가 불거지고 검찰에 대한 신뢰가 추락했습니다. "검찰을 신뢰하지 않는다"는 응답이 63.8퍼센트에 달한 반면 "검찰을 신뢰한다"는 답변은 절반(33.2퍼센트)에 그쳤습니다.[6] 또한 국민 10명 중 7명(73.7퍼센트)이 공수처 설치에 찬성표를 던졌습니다.[7]

18대 국회는 검찰개혁을 포함한 사법제도 전반에 걸친 개혁을 논의하기 위해 2010년 2월 '사개추위'를 구성했고 대검 중수부 폐지와 공수처 설치, 수사권 조정 논의를 시작했습니다. 1년 4개월간 20여 차례 논의 끝에 '사개특위'는 대검 중수부 폐지와 특별수사청 신설, 대법관 증원에 합의했습니다. 검찰총장 김준규는 대검 중수부가 저축은행 비리 수사를 진행한다는 이유로 "상륙작전 중 사령부 해체한 꼴"이라고 거세게 반발했습니다. 또 한나라당 간사로 사개추위에서 검찰개혁을 논의했던 국회의원 주성영은 성매매 혐의로 검찰 수사를 받았습니다. 총선을 두 달 앞둔 상황이라 '공천 탈락'을 겨냥한 것이라는 해석이 나왔습니다. 청와대와 한나라당이 반대 입장으로 돌아섰고 검찰개혁은 또다시 실패했습니다.

　　박근혜 정부는 검찰의 표적 수사, 편파 수사 논란이 커지면서 검찰개혁에 대한 압박을 받았습니다. 검찰개혁을 요구하는 국민의 목소리가 거세지자 정부 출범 첫해인 2013년 대검 중수부가 폐지됐습니다. 2014년 정윤회 문건 파동, 2016년 진경준 넥슨 공짜 주식 사건 등이 터지면서 공수처 설치 찬성 여론도 69퍼센트(반대 16퍼센트)로 나타났습니다.[8] 그러나 국회에서 공수처 설치는 논의하지 못하고 박근혜 대통령의 대선 공약인 상설특검(특별검사의임명등에관한법률) 및 특별감찰관제를 입법 처리했습니다.

　　문재인 정부는 검찰개혁이라는 시대 과제를 떠안은 채 탄생했습니다. 국정농단 사태로 박근혜 대통령의 탄핵안을 국회에서 가결한 뒤 국민 10명 중 9명(90퍼센트)이 "검찰개혁 해야 한다"고 응답할 정도였습니다.[9] 공수처 설치권고안을 법무부가 내놨던 2017년 9월 여론조사에서 응답자 69퍼센트가 찬성(22퍼센트 반대)했습니다.[10] 2019년 3월에는 찬성 여론이 82.9퍼센트까지 치솟았습니다.[11] 2019년 12월 공수처 설치법이 국회를 가까스로 통과했습니다. 검·경 수사권 조정도 입법되었습니다.

　　윤석열 정부가 들어서고 나서 검찰에 대한 인식이 더 나빠지며 검찰개혁에 대한 요구도 강해졌습니다. 2023년 10월 《시사IN》

의 여론조사에 따르면, "윤석열 정부 이후 검사 출신이 정부의 중요한 직책에 많이 진출하는 것은 바람직한 일이다", "윤석열 정부 이후 검찰은 정부와 여당에 대해 공정하게 수사하고 있다", "윤석열 후보가 대통령이 된 것은 그가 유능하고 정의로운 검사였기 때문이다" 등의 진술에 '그렇지 않다'는 응답이 60퍼센트가 넘었고, '그렇다'는 응답은 10~20퍼센트에 머물렀습니다.

검찰을 부정적으로 바라보면서도 통제 가능성은 낮게 평가했습니다. "검찰은 시민에 의해 통제될 수 있다"라는 응답(그렇다)은 25.9퍼센트, "정부에 의해 통제될 수 있다"는 응답은 44.8퍼센트에 그쳤습니다. "검찰은 너무 막강해져서 누구도 통제하기 어렵다"에는 50.3퍼센트가 '그렇다'고 답해 '그렇지 않다(41.4퍼센트)'를 앞질렀습니다.

검찰 통제 가능성을 낮게 인식하는 배경에는 문재인 정부의 미진한 검찰개혁과 윤석열 정부의 탄생이 영향을 끼친 것으로 보입니다. 문재인 정부의 검찰개혁은 실패했다는 응답이 57.3퍼센트로 절반이 넘었습니다. 5.3퍼센트만이 성공했다고 답했습니다. 그러나 문재인 정부의 검찰개혁에 찬성한다는 사람이 42퍼센트로 반대한다는 사람(23.2퍼센트)보다 두 배 가까이 많았습니다.

그렇다면 시민들은 문재인 정부의 검찰개혁은 왜 실패했다고 생각했을까요? "문재인 정부가 강력하게 검찰개혁을 추진하지 못했기 때문(43.9퍼센트)"이라는 응답이 1위(복수 응답)였습니다. 2위는 "적폐 청산 등 문재인 정부의 국정 방향이 오히려 검찰의 힘을 키웠기 때문(42.7퍼센트)"이었습니다.[12]

⊕ 수사와 기소는 왜 분리돼야 할까?
↳ 기소는 검찰, 수사는 경찰
(진료는 의사, 약은 약사)

"진료는 의사에게, 약은 약사에게." 지금은 당연하게 느껴지는 말이죠. 하지만 20여 년 전에는 병원에서 진료와 약 처방, 조제까지 한꺼번에 했습니다. 2000년 김대중 정부가 의약분업을 추진할 때는 불평하는 사람들이 있었고요. 처방은 병원에서 받고, 약은 약국에서 받아야 하니 번거롭다는 것이죠. 그러나 의약분업 이후 국민 건강은 나아졌다는 평가를 받고 있습니다. 의사가 약을 과다 조제하던 사례, 약사가 진찰 없이 약을 처방하던 사례가 줄어들었기 때문입니다. 의사와 약사는 서로 전문 영역을 인정하며, 건전한 협력관계를 맺게 되었습니다.

"수사는 경찰이, 기소는 검찰이" 담당하자는 맥락도 마찬가지입니다. 사법과 의료는 분야가 다르지만, 제도 개선 방향은 비슷합니다.

검찰은 수사를 꼭 해야 할까요? 아니면 경찰이 수사한 결과를 점검하고 법을 잘 적용하면 되는 걸까요? 검사는 '공공의 보좌인' 내지 '공소관'이라는 어원대로 검찰 제도의 취지에 부합하려면 후자가 맞습니다. 검사는 경찰이 수사하는 과정에서 인권침해가 있지 않는지 점검하고, 법을 잘 적용해 기소하기를 기대하는 것이지요. 약사가 환자 진찰을 직접 할 필요가 없듯이, 검사가 수사를 직접 할 필요가 없습니다.

검찰의 직접 수사는 특히 위험합니다. 제대로 점검받지 않고 통제되지 않기 때문입니다. 마치 의사가 부작용이 있는 약을 조제하더라도 그 의사가 속한 병원에서는 문제를 찾아내기 힘든 것과 비슷합니다. 의사가 약을 잘못 조제하면 개인을 해치지만, 검사가 수사권이라는 칼을 잘못 쓰면 사회가 병들게 됩니다.

검찰이 정권의 시녀가 되어 '선택적 수사'를 일삼으면 민주주의가 파괴되고, 사법 불신도 생겨납니다. 민주적으로 선출된 권력을 부정하면서 검찰 스스로 '정치적 수사'를 일삼을 때도 마찬가지입니다. 부작용은 보기보다 심각합니다. 검찰이라는 암세포가 커지면 다른 국가기관들도 '검찰 포비아' 탓에 작동을 멈춥니다. 1940년에 미국의 연방 법무부 장관 로버트 잭슨은 일찍이 "검사의 권한이 시민의 생명, 자유, 명성을 좌우할 수 있는 막대한 힘을 지니고 있다"고 말했습니다. 검사의 권한이 남용되면 법적 결정이 개인적 또는 정치적 동기에 의해 이루어지고, '검사의 왕국'이 될 것이라고 경고했지요.

공정한 형사제도를 만들기 위해서는 수사하는 곳과 기소하는 곳이 원칙적으로 달라야 합니다. 다시 말해 수사와 기소를 담당하는 조직을 분리하고, 국민을 위해 사건을 신속하고 효율적으로 처리하는 방안을 모색해야 합니다. 현재 형사소송법은 수사 절차와 재판 절차를 모두 규율하지만, 수사 절차에 관한 조항이 턱없이 부족하고 이해하기도 어렵습니다. 어떤 수사기관이 수사를 하든 따라야 할, 피해자의 권리와 피의자의 인권을 동시에 보장하는 법이 필요합니다.

⊕ '검수완박'이 되었다고 하던데?
↘ 그러려는 시도와 진전이 있었음. 그런데…

검찰과 경찰의 수사권 조정은 점진적으로 이루어져왔습니다. 문재인 정부에서 두 차례 수사권 조정을 진행하면서 검사의 직접 수사권은 6대 범죄로, 다시 2대 범죄로 축소되었습니다. 그러나 검찰은 수사권 축소가 '검수완박(검찰 수사권 완전 박탈)'이라며 부당하다고 맞서왔습니다.

검찰의 주장은 타당할까요? 검찰은 여전히 부패 범죄, 경제 범죄 등 2대 범죄에 대한 직접 수사권, 경찰이 송치한 사건에 대한 수사권을 가지므로 '검수완박'은 틀린 주장입니다. 심지어 검찰은 자의적으로 수사 범위를 늘리기도 합니다.

"경찰 수사에서는 인권침해도 빈번하고 비리도 많이 발생한다"며 검찰이 직접 수사해야 한다는 사람들도 있습니다. 검사의 수사가 정말 경찰보다 나을까요? 분명한 것은 시험으로 수사를 잘하는지를 판단할 수는 없다는 점입니다.

검사가 인권침해를 하는 경우도 적지 않습니다. 2002년 서울지검 피의자 고문치사 사건을 기억하시나요? 2008년 광우병 촛불집회 참가자들에 대한 수사, <PD수첩>에 대한 수사는 어땠나요? 2009년 노무현 전 대통령을 사망으로 이끈 대검 중수부도 떠오릅니다. 2014년 서울시 공무원 유우성 간첩 조작 사건은 검찰이 주연이었지요. 2016년 정윤회 문건 사건이 발생하자 검찰은 '공무상 비밀 누설' 프레임으로 전환했고, 당시 문건을 유출한 혐의로 수사받던 경찰은 자살했습니다. 검찰 조사 중에 인권침해가 없었다고 과연 단언할 수 있을까요?

검찰은 경찰이 하지 못한 '거악'을 척결해왔다고 주장합니다. 그러나 정경유착, 권력형 비리, 재벌 횡포 등 '대형 사건'을 수사할 수 있는 선택권, 이를 지원하는 시스템이 검찰에 있었기에 가능한 일이었습니다. 경찰에는 기회조차 주어지지 않는 경우가 많았습니다. 권력형 비리나 재벌 횡포 같은 수사는 공수처, 공정거래위원회 등 전문 기구를 강화함으로써 해결할 수도 있습니다. 선거 범죄는 선거관리위원회가 가장 잘 조사하듯이 말입니다.

⊕ 경찰이 강해지는 것도 문제 아닐까?
↘ 물론 강해진 만큼 제어가 필요함

민주주의에는 '의심의 원리'라는 것이 있습니다. 민주주의 국가에서는 특정한 사람이나 기관이 통제 가능한 범위를 넘는 권력을 갖는 것은 경계해야 한다는 것입니다. 이에 따르면 경찰 권력의 확대도 검찰만큼이나 위험할 수 있습니다.

경찰 권력을 통제하려면 어떻게 해야 할까요? 우선 경찰이 내·외부 압력에서 자유로워져야 합니다. 경찰 조직은 위계가 강력하기 때문에 정치권의 입김이 수뇌부를 통해 아래로 영향을 미칠 수 있습니다. 이를 차단할 수 있는 제도적, 조직적 장치가 있어야 합니다. 수사 경찰을 행정 경찰에서 분리해야 한다는 제안이 나오는 이유입니다.

수사를 맡는 경찰과 검사의 권한을 재설계하는 것도 필요합니다. 수사 과정에서 경찰과 검사의 협력이 이루어져야 불필요한 인권침해를 막고 사건도 신속하게 처리할 수 있습니다. 경찰이 주도적으로 사건을 수사하고 검사가 협력하는 절차를 마련해야 합니다. 예컨대 일본에는 경미한 범죄는 경찰이 검사와 사전 교감하며, 불송치와 동시에 사건을 종결하는 제도가 있습니다.

검찰의 인력은 소수인 반면, 경찰은 조직이 방대하고 인력도 많아 검찰보다 권한 남용의 가능성이 크다는 걱정도 있습니다. 그러나 권한의 크기는 조직의 규모만으로 결정되지 않습니다. 그럼에도 경찰 조직이 방대한 것이 문제라면 조직을 나누는 방법도 있습니다. 행정 경찰과 수사 경찰을 분리하고 자치경찰제를 전면 시행하는 것입니다.

자치경찰제는 경찰개혁의 핵심 과제입니다. 조직범죄, 단체범죄, 테러 범죄, 국제범죄 등은 국가경찰이, 폭력, 절도, 사기 등 민생범죄는 자치경찰이 담당하는 것이 바람직합니다. 그래야 각 지역마다 다른 치안 유지를 효율적으로 할 수 있습니다.

경찰 외에도 공수처, 중수청 등 수사권을 지닌 국가기관을 여러 곳 세우는 것도 경찰의 권한 남용을 줄이는 데 도움이 됩니다.

⊕ 검찰은 검찰개혁에 대해 어떻게 생각하고 있을까?
↘ "우리 일은 우리가 알아서 할게."

검찰은 정부나 국회의 검찰개혁에 반발하며 검찰 중립화론 같은 자구책을 내놓고 있습니다. 검찰은 정치검찰이나 수사 편향 같은 여러 문제가 생긴 건 검사 인사권을 대통령이나 법무부 장관 같은 정치인이 갖고 있기 때문이라고 주장합니다. 검찰 인사에 정치인이 개입하지 않고, 인사 독립성만 보장되면 검찰은 정치적 중립을 지키게 될 것이라고 말이죠.

인사人事를 둘러싼 정치적 압박이 존재하는 것이 사실입니다. 따라서 검찰의 주장을 거짓으로만 치부할 수는 없습니다. 하지만 검찰개혁 여론이 거세질 때, 달리 말하면 검찰의 편향적 수사가 질타를 받을 때만 검찰이 정치적 중립성을 개혁안으로 내세운다는 점에서 진정성이 의심됩니다.

더 큰 문제는 우리나라와 같은 단일검찰체제에서 검찰중립화론은 검찰총장에게 막강한 권력을 몰아주게 된다는 점입니다. 검찰에 대한 합리적 통제 방안 없이 검찰 독립만 이루어진다면 그 또한 민주주의 원칙에 대한 예외로 이어질 수 있습니다. 검찰총장을 정점으로 하는 검사동일체 원칙이 여전히 통용되는 현재의 검찰에 인사의 독립성만을 보장해달라는 것 또한 위험하다는 것입니다.

⊕ 검찰은 잘못된 과거를
반성하고 있을까?
↘ 그랬으면 좋았겠지만…

국정원이나 경찰과 달리 검찰은 과거사 정리에 미온적입니다. 문재인 정부 때 법무부 검찰과거사위원회가 출범해 2017년 12월부터 2019년 5월까지 1년 6개월 동안 과거에 있었던 검찰권 남용 사례 15건*을 조사하고 검찰에 개선을 권고했습니다. 그러나 검찰총장 문무일이 "검찰과거사위원회의 조사 결과를 무겁게 받아들인다"며 과거의 일을 사과한 정도에 그쳤습니다.

사과만으로는 과거사가 정리되지 않습니다. 검찰권 남용의 피해자를 찾아내고 재심을 통해 죄 없는 사람에게는 무죄를 확인해 줘야 합니다. 또한 그 사건이 발생한 원인을 공개하고 재발 방지 대책을 내놓아야 합니다.[13]

---

* 형제복지원 사건(1986), 김근태 고문 은폐 사건(1985), 박종철 고문치사 사건(1987), 강기훈 유서 대필 조작 사건(1991), <PD수첩> 사건(2008), 남산 3억 원 제공 등 신한금융 사건(2010), 약촌오거리 사건(2000), KBS 정연주 사장 사건(2008), 삼례 나라슈퍼 사건(1999), 이명박 정부 민간인 사찰 사건(2010), 유우성 증거 조작 사건(2012), 낙동강변 살인 사건(1990), 장자연 리스트 사건(2009), 김학의 전 차관 사건(2013), 용산 참사 사건(2009)

⊕ 공수처는 제 역할을
하고 있을까?

↘ 의미 있는 시작,
하지만 기대보다 부진

공수처법은 20대 국회에서 신속처리안건으로 지정되어 2019년 12월 30일 국회 본회의에서 가결되고 2020년 7월 15일 시행되었습니다. 검찰과 경찰이 고위 공직자의 비리나 범죄를 제대로 견제하지 못하자 시민사회는 오래전부터 공수처의 필요성을 제기해왔습니다.

공수처는 입법부, 행정부, 사법부 소속 고위 공직자 약 7000명의 부패 범죄를 수사할 권한이 있습니다. 또한 판사, 검사, 경찰(경무관 이상)에 대해서는 공수처가 직접 기소할 수 있습니다.

공수처가 제 기능을 하면 특검의 한계를 보완할 수 있습니다. 우리에겐 아직까진 공수처보다 특검이 익숙합니다. 그러나 특검은 정치인의 타협으로 그때그때 만들어지는 한시적 기구일 뿐입니다. 1999년부터 2023년까지 총 14차례 특검이 있었지만, 수사 기간은 60일에서 90일 정도에 그쳤습니다. 게다가 대부분 성공했다는 평가도 받지 못했습니다. 특검과 같은 기능을 갖춘 상시적인 기구로서 공수처를 설치하자는 목소리가 커졌습니다.

돌이켜 보면 박근혜 정부의 국정농단 사건도 고위 공직자를 제대로 감시하는 기구가 없었기에 발생한 일이었습니다. 문재인 정부는 공수처 설치를 국정 과제로 내걸었습니다. 국민도 70퍼센트 넘게 찬성했습니다. 그러나 미래통합당은 검찰 위에 '옥상옥'이라거나 '무소불위의 수사 기구'가 될 것이라고 주장하며 설치를 막았습니다. 정쟁 속에서 공수처는 2017년 최초 제안된 모델(검사 최대 50명, 관할 범죄에 대한 수사권과 공소권을 모두 확보)이 아니라 반쪽으로 축소된 모델로 법이 통과되었습니다.

2019년 12월 공수처법이 어렵사리 국회의 문턱을 넘었지만 제1대 공수처장 김진욱이 2021년 1월에야 임명되었고, 제2대 공수처장 오동운이 임명된 2024년 현재까지도 뚜렷한 성과가 없다며 '무용론'이 나옵니다. 공수처 도입만으로 모든 게 해결되지는 않습니다. 제대로 된 공수처가 필요합니다.

현재 공수처 정원은 85명입니다. 검사 25명, 수사관 40명, 행정 직원 20명으로 구성돼 있습니다. 최근 문을 연 남양주지청 규모입니다. 부족한 인적자원 탓에 공수처는 시간과 인력이 많이 필요한 인지 수사는 시도조차 못하고 검찰과 경찰, 감사원 등이 보내온 사건을 주로 수사합니다. 그런 가운데 수사 대상 범죄가 제약되어 있고, 기소 대상도 제약이 있습니다. 이 때문에 공수처가 수사할 수 없는 사건이나 기소할 수 없는 사건을 수사한 후 검찰에 보내면 검찰이 불기소하는 경우가 많습니다. 단적인 예로 공수처는 '고발 사주 사건' 핵심 인물인 국회의원 김웅을 검찰에 이첩했는데, 검찰은 불기소처분했습니다.

그럼에도 고발 사주 사건, 채 상병 사망 사건 수사 외압 등에서 공수처는 존재 이유를 보여주고 있습니다. 공수처가 고발 사주 사건의 피고인으로 기소한 검사 손준성은 2024년 1월, 1심에서 유죄판결을 받았습니다. 1심은 손준성이 검찰 내에서만 확보할 수 있는 자료들로 고발장을 작성해 외부 유출한 것은 공무상 비밀 누설죄가 성립된다며 징역 1년을 선고했습니다. 정치인과 언론인 들에 대한 이 고발장은 2020년 4월 21대 총선 직전에 미래통합당에 전달되었고 총선이 끝난 2020년 8월에 대검찰청에 접수됐습니다. 검찰이 선거를 앞두고 특정 정당 편에 조직적으로 개입한 정황이 드러났습니다. 하지만 1심은 고발장 작성과 전달만으로 선거 결과에 영향을 미칠 만한 상황은 아니었다는 이유로 손준성의 공직선거법 위반은 무죄로 판단했습니다. 다만 선거에 영향을 미치려는 의도가 있었다는 점은 인정하면서 "사안이 엄중하고 죄책도 무겁다"고 지적했습니다.

⊕ 앞으로 공수처의 과제는?
↳ 제대로 평가하기 위해서라도 먼저 제도 개선이 필요

출범 4년째를 맞은 공수처는 새로운 도전을 해야 합니다. 설립 취지에 맞게 직무를 독립 수행하면서 조직의 역량을 키우고, 제도적 보완에 힘써야 합니다. 조직 규모도 더 커져야 합니다. 한국정책능력진흥원에 의뢰해 공수처가 발간한 「공수처 조직 역량 강화 방안 마련 정책연구」 보고서를 보면, 공수처 정원은 현재보다 2배가량 늘어야 제 역할을 할 수 있다고 합니다. 이 보고서에 따르면 부장검사 5명, 부부장검사 7명 등 검사는 총 40명이, 수사관은 검사 인력의 2배인 80명이, 행정 직원은 50명이 필요합니다.[14]

현재 법으로는 정부로부터 독립적인 공수처장을 뽑는 데 한계가 있습니다. 공수처법 제6조는 국회에 공수처장후보추천위원회를 두고, 그 추천위원회는 7명의 위원(법무부 장관, 법원행정처장, 대한변호사협회장, 여당 추천 인사 2명, 야당 추천 인사 2명)으로 구성하며, 재적 위원 3분의 2(5명) 이상의 찬성으로 의결한다고 규정합니다.[15] 그리고 추천위원회가 공수처장 후보자 2명을 추천하면 대통령이 그중 1명을 지명한 후 인사청문회를 거쳐 임명합니다. 이러한 제도 안에서는 여당 추천 인사가 아니면 5명의 찬성을 얻어 최종 후보자가 될 수 없습니다(법무부 장관은 대통령이 임명하기에, 여당 표로 분류됩니다).

따라서 공수처장을 추천하고 임명하는 과정에서 시민의 참여를 강화할 필요가 있습니다. 최소한 추천위원 7명 중에서 4명 이상 찬성을 얻으면 모두 최종 후보자가 되게 하는 방식, 공수처장을 대통령이 지명하지 않고 국회에서 선출하거나 제비뽑기로 선출하는 방안을 논의해볼 만합니다.

공수처가 검찰을 견제할 수 있으려면 공수처장 선출 방식을 바꾸고 조직 규모를 확대해야 하는데, 그러기 위해서는 국회에서 공수처법 개정안이 통과되어야 합니다.

6장
검찰, 어떻게 바꿔야 할까

험난했던 공수처 도입부터 지금까지

1996년 참여연대의 입법 청원을 통해서 최초로 공수처가 공론화되었다. 고위 공직자의 부패와 비리를 감시하기 위해 2001년 부패방지위원회가 설치되고 2005년 국가청렴위원회로 이름이 바뀌어 2008년 국민권익위원회로 흡수되었지만 이 기관에는 독자적인 수사권이 없었다. 2014년 박근혜 정부가 특별감찰관 제도를 도입하였으나, 감찰 대상은 대통령의 친족과 대통령실 수석비서관 등에 그쳤고, 그마저도 제대로 권한 행사를 하지 못했다.

문재인 정부가 출범하면서 공수처 설치 논의가 본격화되었다. 공수처 설치 법안을 반대하는 제1야당인 자유한국당이 차지했던 국회 법사위를 피하려고 더불어민주당은 국회 선진화법에 따른 패스트 트랙 절차를 밟았다. 미래통합당(자유한국당 후신)은 몸싸움을 벌이고 무제한 자유 토론(필리버스터)을 신청하며 저지를 시도했다. 하지만 2019년 12월 30일, 결국 재적 176명, 찬성 160명, 반대 14명, 기권 3명으로 '고위공직자범죄수사처 설치 및 운영에 관한 법률'이 통과되었다.

2020년 7월 15일 공수처법이 시행되었으나 미래통합당의 보이콧으로 공수처장 후보 추천 절차가 지연되었다. 2020년 12월 15일 공수처법을 개정해 공수처장 후보 추천 의결정족수를 6인 이상에서 재적 위원(7인)의 3분의 2 이상으로 완화하고, 더불어민주당이 추천한 판사 출신 변호사 김진욱이 2021년 1월 초대 공수처장에 임명되었다. 미래통합당 의원 100여 명이 제기한 '공수처법 위헌 확인 헌법 소원' 사건에 대해 2021년 1월 헌법재판소는 공수처법에 대하여 합헌 결정을 하면서 공수처가 헌법상 권력 분립 원칙, 평등권, 영장주의 원칙 등에 위반되지 않는 기구라고 판단했다.

공수처의 직접 기소 1호는 검사 김형준의 뇌물수수 사건, 2호는 검사 손준성의 공직 선거법 위반, 공무상 비밀 누설 사건(이른바 고발 사주 사건), 3호는 검사 윤 아무개의 공문서 위조 사건이다.

2023년 9월부터 공수처는 해병대 채 상병 사망 사건과 관련해 수사 외압 의혹을 받는 윤석열 대통령 등 고위 공직자들을 수사하고 있다. 초대 공수처장 김진욱은 2024년 1월 임기를 마쳤고, 윤석열 대통령은 새로운 공수처장을 지명하지 않다가 2024년 5월 판사 출신 변호사 오동운을 제2대 공수처장으로 뒤늦게 임명했다.

⊕ 검찰 직선제를 도입하면 뭐가 달라질까?
↘ 교육감처럼 우리 지역 검사장을 직접 뽑게 될 것

검찰 직선제는 각 지방검찰청 검사장을 주민이 직접 선거로 뽑는다는 게 핵심입니다. 검찰 직선제는 미국에서 출발한 제도입니다. 미국 검사는 세 가지 방법으로 임명됩니다. 선거, 주지사에 의한 임명, 그리고 절충적 방식인 신임 투표 방식입니다. 신임 투표 방식은 먼저 주지사가 검사를 임명하고 주민들이 임명에 찬성하는지 투표하는 방식으로 진행됩니다.

미국도 처음부터 검사를 투표로 뽑았던 것은 아닙니다. 지방검찰청 검사의 경우, 처음에는 주지사가 임명했습니다. 그러나 정치적 중립성이 문제 되면서 미시시피주에서는 1832년에, 오하이오주에서는 1833년에 선거제를 도입했습니다. 현재는 대부분의 주(50개 주 중에서 45개 주)에서 선거로 검사장을 선출하고 있습니다.[16]

직선제 도입으로 검사의 권한과 재량은 한층 커졌습니다. 주州검찰총장과 지방검찰청 검사장이 모두 선거로 뽑히기 때문에 양자의 위계 관계는 인정되어도 실제 영향력을 행사하지는 않는다고 합니다.

하지만 검사장 직선제에 대한 문제점도 제기되고 있습니다. 검사장이 성과에 집착하거나 권한을 남용하는 경향이 생깁니다. 기대와 달리 민주적 통제가 잘 이루어지지 않기도 합니다.[17] 시민의 요구에 맞춰 형사정책을 추진하다 보면 과도한 처벌(높은 구금 비율 등)로 흐르는 모습이 나타나기도 합니다.

직선제를 도입하기 전에 갖춰져야 할 전제 조건도 있습니다. 예를 들면 중앙 행정기관의 하나인 지금의 검찰과는 달리 지역에서 직선제로 선출된 검찰권을 감시, 견제할 수 있는 장치가 필요합니다. 유권자의 감시 장치가 강구되어야 하고 지역의 변호사 공동체도 필요합니다. 법원과 검찰, 지역 변호사 간의 적절한 힘의 균형이 이루어져야 하기 때문입니다. 검사장 직선제는 그 장단점과 도입 조건에 대한 충분한 검토와 시민의 동의를 통해 도입 여부를 결정하여야 할 것입니다.

검사장과 검찰총장

대륙법계 검찰 제도는 분권화된 조직 구조가 특징이다. 대표적인 대륙법계 나라로 프랑스와 독일이 있다. 독일은 연방제이고, 프랑스는 한국과 같은 단일국가 체제라 두 나라를 비교하면 나라별 검사 제도의 특징을 더 선명하게 알 수 있다.

독일의 경우, 연방과 지방(주)의 검찰 조직이 다르게 구성되어 있고 대부분의 사건은 주州고등검찰청과 주州지방검찰청의 검사장을 중심으로 운영된다. 각자 자신이 속한 검찰청의 장으로서 수사와 기소를 한다. 프랑스는 검찰 조직 자체는 단일하지만, 검찰권은 고등검찰청과 지방검찰청의 검사장이 각각 자신의 관할 범위에서 분권적으로 행사한다.[18]

우리나라도 분권적 검찰 조직을 도입할 필요가 있다. 그 전 단계로 현재 검찰총장이 가진 권한을 축소하거나 폐지해야 한다. 검찰총장의 인사나 행정 권한을 유지한다면, 구체적인 개별 사건은 지휘할 수 없어야 한다. 검찰총장 한 사람에게 검찰의 권한이 집중되어 나라를 흔들 수 있거나 정치적 선택을 하게 해서는 안 된다.

정당별 검찰개혁안
살펴보기

• 국민의힘 •

국민의힘은 22대 총선을 앞두고는 검찰개혁안을 내놓지 않았다. 21대에는 공수처 폐지가 공약이었고, 검찰총장 임기를 현행 2년에서 6년으로 늘리겠다고도 했다.

• 더불어민주당 •

더불어민주당은 중수청(중대범죄수사청)을 설치해 검찰 수사 기능을 이관하고, 검찰에는 기소 및 공소 유지 권한만 남겨 검찰청을 공소청으로 바꾸는 내용이 핵심이다. 21대 국회에서 추진했던 검찰개혁안과 큰 틀에서 비슷하지만 중수청을 관리·감독하는 국가수사위(국가수사위원회)를 국무총리실 산하에 신설하기로 했다. 중수청이 독주 체제로 흐르는 걸 막기 위해서다. 국가수사위는 정부와 여야가 추천한 위원 9인(위원장 1인, 상임위원 2인, 비상임위원 6인)으로 구성된 합의제 기구로 꾸린다는 방침이다.[19]

• 조국혁신당 •

조국혁신당은 검찰의 탈정치화·탈권력기관화를 목표로 내세웠고, 주요 내용은 검찰의 수사권을 신설될 중수청에 이관하고, 검찰은 기소와 공소 유지만 전담하는 공소청으로 전환하는 것이다.

중수청은 검사가 속하지 않은 수사 조직으로 법무부 장관 소속으로 설계했다. 부패, 경제 범죄와 함께 공직 범죄, 선거 범죄, 방위 사업 범죄, 대형 참사, 마약 범죄 수사를 직접 수사 범위에 넣었다. 수사권 남용을 막고 적절한 통제를 하기 위해 중수청은 여러 개의 수사 부서로 나누고 수사 본부장의 수사 지휘를 받도록 했다. 강제수사를 위한 영장 청구는 공소청을 통하도록 해 수사권 오남용을 막는 견제 장치를 뒀다. 또 시민이 참여하는 기소심의위원회를 설치해 기소권을 통제하는 방안도 마련했다.

조국혁신당은 수사절차법도 제안했다. 형사사건 공개 금지, 별건·타건 수사 금지에서 나아가 불구속수사 원칙, 증거수사주의 확립, 압수수색영장 발부 요건 강화 등을 담았다.

검찰의 특권적 지위를 없애기 위해서는 법원과 대등하도록 설계된 대검찰청과 고등검찰청 제도를 폐지하고 검사의 지위를 행정부 공무원과 맞추는 안을 제시했다.

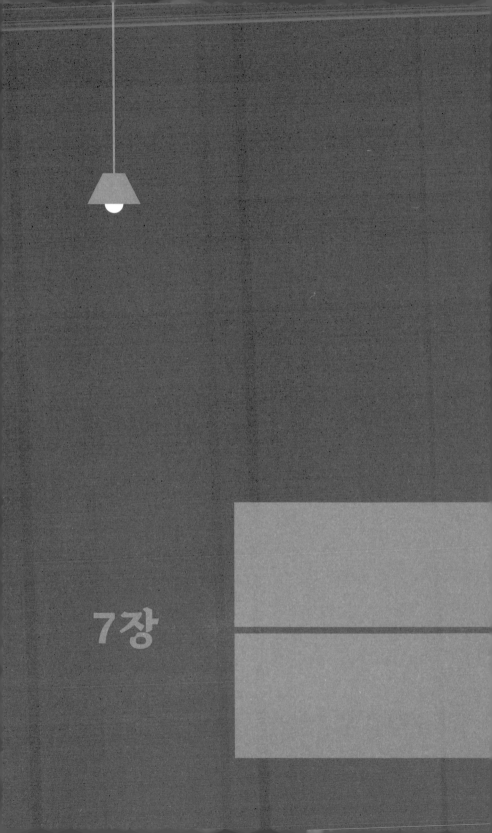

7장

검찰개혁은
한판 승부가
아니다

참가자(가나다순)

백 민

변호사. 최순실 특검 특별수사관(2016~2019년)으로 활동했
다. 민변(민주사회를위한변호사모임) 사법센터 검찰·경찰
개혁소위원회 간사를 맡고 있다.

백승헌

변호사. 민변의 전임 회장으로서 현재 법무법인 경 변호사로
일하고 있다. 대검찰청 검찰개혁 자문위원회 위원, 법무부
정책자문위원회 위원 등을 지냈다.

오병두

홍익대학교 법과대학 교수. 형사법을 전공했다. 2021년부터
2023년까지 참여연대 사법감시센터 소장을 맡았다.

이재근

참여연대 협동사무처장. 참여연대 행정감시센터와 사법감시센터에서 활동가로 일했다.

이춘재

《한겨레》 논설위원. 《한겨레》 법조팀장과 사회부장을 지냈다. 『기울어진 저울』(2013년) 『검찰국가의 탄생』(2023년) 『검찰국가의 배신』(2024년)을 썼다.

전수진

미국변호사. 현재 민변의 비상근 사무차장을 맡고 있다.

정은주

《한겨레》 기자. 《서울신문》과 《한겨레》에서 법조팀 기자, 법조팀장으로 일했다. 국제인권재판소 등 유럽 소재 국제 법률 기구를 취재했다.

한상희

건국대학교 법학전문대학원 헌법 교수. 헌법학과 법사회학을 공부했고 사법개혁과 로스쿨, 법률 전문직에 관심을 갖고 정책 자문과 연구에 임해왔다. 참여연대 사법감시센터 소장을 역임했다.

검찰개혁이 왜 그렇게 중요할까?

이재근 ›› 검찰이 한국 사회의 중심에 서버렸어요. 검찰의 수사도 그렇지만 차관급도 안 되는 공무원 인사를 언론을 비롯해 온 사회가 주목하고 소란한 것이 검찰국가의 현상입니다. 언론도, 정치권도, 시민사회도 한국 사회의 권력이 검찰에 있다고 보는 거죠. 검찰의 과잉 권력과 과잉 대표 같은 비정상을 바로잡아야 합니다.

오병두 ›› 검찰개혁을 통한 정상성 회복, 저도 기대하고 있습니다. 법적으로 문제없다거나 범죄가 성립된다는 식으로 정리할 문제를 국민이 나서서 촛불까지 들어야 하는 수준은 곤란하다고 생각합니다. 그러면 우리가 진짜 고민해야 할 민생 문제를 제대로 다룰 수가 없잖아요. 국가 자원의 낭비일 뿐 아니라 그런 나라는 정상적인 국가가 아니라고 생각합니다.

이춘재 ›› 정의를 구현하라고 만든 조직이 검찰인데, 지금은 오히려 정의를 훼손하는 집단으로 지탄받고 있죠. 검찰이 국가의 주요 정책까지 좌지우지할 지경에 이르렀습니다. 대표적인 것이 윤석열 정부의 탈원전 수사입니다. 월성 원전 1호기 관련 자료를 폐기한 혐의로 기소된 산업자원부 공무원들이 대법원에서 무죄 확정판결을 받았습니다. 법원은 감사원이 절차를 지키지 않은 불법 감사를 했다고 판결했습니다. 검찰이 폐기했다고 주장한 관련 자료는 다 산업자원부에 있는 것으로 판단했고요.

검찰 수사로 인해 탈원전 정책과 재생에너지 정책이 큰 타격을 받았습니다. 검찰이 국가의 기본적인 골격을 이루는 정부 정책마저 마음대로 휘두르는 상황입니다. 검찰을 개혁하지 않고서는 미래로 나갈 수 없다고 생각합니다.

이재근 ›› 검찰이나 경찰 조직은 몸으로 치면 면역 체계하고 비슷한데, 면역 체계가 몸을 공격하는 상황이라고 할 수 있어요.

한상희 ›› 사회적 정의의 좌절이라는 점에서도 검찰개혁은 중요합니다. 입법자가 법을 바꿔놔도 제대로 집행되지 않는 상황들이 벌어집니다. 예컨대 중대재해처벌법은 검찰이 제대로 수사·기소하지 않음으로써 노동자들을 보호하겠다는 입법 취지를 무위로 돌려버리고 있습니다. 검찰이 권력이든 자본이든 가진 자 편에 유리한 법 적용으로 함으로써 그 상대편에 있는 못 가진 자들의 삶을 왜곡하는 겁니다.

미국에서도 주로 흑인들이 형사처벌을 받다 보니 슬럼가에서 벗어나지 못하게 되거든요. 우리도 다르지 않습니다. 파업에 참여한 노동자들은 업무방해 혐의로, 민주화 시위에 참여한 학생들은 집시법 위반으로 검사들이 잡아갔습니다. 사회 발전, 민주주의 발전을 저해하는 데 검찰이 중대한 걸림돌이 돼왔습니다.

백승헌 ›› 선출된 권력과 선출되지 않은 권력, 입법부·사법부·행정부 사이에 견제와 균형이 민주주의의 원칙입니다. 검찰은 우리나라 역사에서 일종의 예외 집단화된 측면이 있습니다. 관료로서도, 선출되지 않은 권력으로서도 견제와 균형이 제대로 작동되지 않고 있죠. 예외적 성격을 전환해줘야 합니다.

검찰이 공정을 대변하는가도 문제입니다. 기소편의주의, 기소독점주의에 직접 수사권까지 행사하면서 공정을 스스로 담보한다는 착각에 빠져 있습니다. 가끔 드는 예가 있습니다. 차 두 대가 노란불에 쌩 지나갔는데 경찰이 한 대만 잡잖아요. 그러면 자기가 신호를 위반해 잡힌 것이 부끄러울까요, 나만 잡힌 게 억울할까요? 내가 잡혀서 억울한 게 내가 잘못한 것보다 훨씬 더 억울하게 다가올 거예요.

모든 범죄를 발굴하여 처벌하겠다는 것은 교과서에나 있을 수 있는 일입니다. 현실에서는 쉽지 않습니다. 편의성을 앞세워 사회적으로 힘없고 낙오된 이들에게 형사사법이 집중되는 경우가 너무나 많습니다.

정은주 ›› 검찰만큼 변하지 않는 조직이 없다는 생각이 들어요. 어떤 일을 하더라도 자기들은 처벌받지 않을 것이라는 확신이 있기에 검찰 내 성폭행이라든지, 스폰서 문화라든지, 과거에나 있었을 구태한 모습을 여전히 유지하면서도 부끄러움이나 성찰이 없어 보입니다. 이것이 바로 무소불위의 권력이구나 싶었죠.

백　민 ›› 검찰국가의 병폐가 너무 큽니다. 마치 암세포와 같이 입법부, 사법부가 제대로 작동하지 못하게 하고 있어요. 특히 윤석열 정부에서는 검찰이 사회 발전과 정의를 가로막는 통치 수단이 되고 있습니다.

'검찰스러운 통치'란?

이춘재 ›› 검찰의 의사 결정 구조나 작동 방식은 민주적이지 않잖아요. 상명하복 문화와 '조서 DNA'라는 개념이 그렇죠. 검찰이 피의자를 조사할 때 보면 일방적으로 질문하고 그에 대한 답을 요구하죠. 조사받는 쪽에서 어떤 의견을 제시할 수 없는 일방통행식이에요. 이것이 검찰 특수부가 해오던 수사 방식인데, 이들이 정권 상층부를 구성하니까 민주주의가 망가지고 있는 게 아닌가 싶습니다. 민주주의에는 서로 생각이 다를 때 타협하는 과정이 필요하고, 그런 경험이 축적돼 발전하는 건데, 지금 검찰 정권은 타협이라는 과정이 없잖아요. 검찰의 권력 행사 방식과 정치의 권력 행사 방식이 다른 데도 검찰의 권력 방식을 정치에 무리하게 적용하면서 문제가 발생하고 있어요.

전수진 ›› 2024년 제22대 총선 때 '대파 사건'이 그렇죠. 아랫사람들이 왜 윤석열 대통령의 잘못을 지적하지 않느냐고 의아해하는데, 검찰 조직의 경직성이 대통령실에도 이전된 상태라고 추정할 수 있습니다.

이재근 ›› 검찰은 자신의 판단은 오류가 없다는 식으로 주장하는데 윤석열 대통령이 딱 그렇죠. 지난 총선에서 여당이 대패하고도 윤석열 대통령은 국정 방향을 옳았는데 국민들이 몰라줬다, 소통을 늘리겠다고 말하잖아요. 자기는 틀리지 않았다는 거죠.

오병두 ›› 검사는 남들이 모르는 실체적 진실을 발견할 수 있다고 생각하는 경향이 있습니다. 검찰 수뇌부부터 현장 검사까지 사건의 실체 A가 있고, 수사해 보면 A는 반드시 파악할 수 있다는 신념 체계로 묶여 있어요.

자기가 파악한 것이 실체적 진실이라고 인식하니까 판사가 구속영장을 기각하거나 무죄 판결하면 거세게 반발하는 겁니다. 실체적 진실은 내가 제일 잘 아는데 판사가 왜 절차적 정의라는 걸 내세워 왜곡하냐, 이런 생각을 갖고 있어요. 검사 출신은 그런 검사식 사고방식을 그대로 갖고 있습니다.

검사가 사건의 실체적 진실을 알듯이 옳은 정책도, 사안의 핵심도 검사 출신인 내가 알고 있다고 믿는 거죠. 진실을 알고 있으니까 내가 하는 일이 잘못일 수가 없다는 믿음이 강해요. 타협과 협치와는 거리가 있죠.

한상희 ›› 또 하나가 법을 많이 따진다는 점입니다. 자기 권한이면 모든 걸 하려고 해요. 윤석열 대통령의 거부권 행사가 대표적이죠. 거기에 또 하나가 있는데, 검찰총장 방식입니다. 검찰총장은 무슨 말이든 질러놓으면 밑에 사람들이 알아서 다 수습해주거든요. 그런 버릇이 남아서 윤석열 대통령도 질러놓고 그걸로 끝내버리잖습니까.

백승헌 ›› 상향식 민주주의에 반하는 하향식 지시주의인데요. 검찰만이 문제가 아니라 우리 사회의 전근대성, 다시 말해 시민의식의 발전이 더딘 부분 탓에 검찰 출신이 권력을 만들고, 사회 분위기도 그렇게 조성된 측면도 있겠죠.

왜 우리는 아직도 검찰개혁을 하지 못했을까?

백승헌 ›› 첫 번째, 지금까지 검찰개혁은 형사법 체계 전반을 업그레이드한다는 관점보다도 드러난 검찰 권력을 어떻게 바꿀 것이냐에 초점을 맞춰왔어요. 검찰의 문제를 포함해 형사사법 시스템 전반을 유능하고 공정하고 청렴하게 만드는 쪽으로 가야 하는데 검찰을 나쁜 놈 만들기에 치중해왔죠. 그러니 검찰 문제가 왜소화되고 사회적 합의를 이끄는 게 어려워졌습니다.

두 번째, 수익자 관점이 빠져 있었어요. 국민에게 이익이 돌아간다는 목표가 없으니까 검찰개혁이 수사받는 사람들을 옹호하는 문제로 바뀌어버렸죠. 검찰을 개혁하면 야당 지도자 또는 정치인이 수혜를 보는 것 같으니까 개혁 논리가 잘 성립되지 않는 거죠. 검찰개혁의 목표는 국민에 이익이 돌아가도록 하는 것이라고 국민을 설득해야 해요. 검찰개혁이 형사사법적으로 유능하고, 악용을 막는 방법이라고 설계하고 설명하지 못했던 것 같습니다. 검찰개혁을 말하는 사람들은 공정을 위해서 효율을 어느 정도 포기할 수도 있지 않느냐고 생각하고 있는데요, 이게 국민과 달랐던 거죠. 효율적이고 공정한 조직을 만들어야지 왜 효율과 공정 사이에 선택을 하느냐고 하죠.

이재근 ›› 2018~2019년 검찰개혁이 의제로 올라왔을 때 사실은 검찰을 활용해서 적폐 청산하고 일종의 복수를 한 거잖아요. '내가 정권을 쥐고 있으면 검찰을 통제할 수 있구나', '우리 편을 검찰총장 시키면 되는구나'라고 생각했고 그것이 오산으로 드러난 겁니다. 이후 검찰이 실체를 드러내기 시작했는데도 통제하지 못했지요.

백승헌 ›› 많은 체험이 검찰에 축적돼 있죠. 노무현 정부 때 대선 차떼기 수사라든지, 여야를 넘나들면서 칼날을 들이댈 수 있었던 여러 대형 수사 사건이 있었죠. 박근혜 탄핵도 촛불이 탄핵의 물꼬를 텄지만 결정적으로 최순실 태블릿으로 비롯한 검찰의 능력이 있었던 거 아니냐는 시각이 있습니다. 검찰 권력을 개혁하기 게 어려운 이유는 일방적으로 여당 편이 아니라는 데 있는 거잖아요. 검찰은 공정하다는 체험적 근거를 계속 생산해내고 있죠.

오병두 ›› 실체적 진실이라는 신화에 대한 고찰이 필요합니다. 민주주의라는 게 다수의 의견이 모이다 보면 진리에 다가간다는 확률적인 접근이지, 다수니까 절대 옳다는 건 아니잖아요. 검찰에서 무혐의가 나와서 공수처로 가져갔는데, 다시 무혐의가 나오면 받아들여야 합니다. 아쉽고 불만이 생기더라도 적대적인 두 기간이 수사해서 무혐의를 냈다면 그것은 접어야 하는 문제입니다. 그런 접근이 있어야 검찰 개혁 문제가 풀린다고 생각해요. 실체적 진실이 정해져 있고, 그것이 밝혀지지 않으면 부정이라고 얘기하면 답을 낼 수가 없어요.
검찰개혁은 실패한 것 아닌가라는 문제 제기는 시간을 너무 짧게 본 게 아닌가 싶어요. 수사권 조정 등도 지난 정보의 2년만을 기준으로 성과를 평가하고 실패를 단정하는 것은 과해요.

이른바 '검수완박법'에 대한 평가는?

오병두 ›› 배우 이선균과 관련한 수사 기밀 누출 사건의 수사 경과를 계속 지켜봤어요. 검찰수사관이 어떻게 송치도 안 된 경찰 수사보고서를 입수했을까 싶어서요. (검찰수사관이) 경찰에 물어봤던 것 같아요. 법무부에서 마약 사건에 관심이 많으니까, 경찰이 사건 송치하러 올 때마다 검사들이 새로운 사건 있으면 올리라고 (경찰에) 압박한 거예요. 법무부에 보고해야 하니까요. 그 과정에서 (검찰에 경찰 정보가) 넘어온 거예요.

경찰이 수사권 조정에 준비가 안 된 문제도 있어요. 실무 경찰들을 실질적으로 지도할 능력이 없어요. 그래서 일선 경찰은 검사와 밀접한 관계를 유지하려고 노력해요. 사건 송치하러 검사한테 온 김에 필요한 수사 정보를 주고 수시로 전화해서 어떻게 하면 되나요 묻고요. 제도 개혁을 해놓고 추가적인 후속 조치가 없으니까 과거에 해오던 방식이 음성화되어버린 겁니다. 그 와중에 삐져나온 수사 기밀 누출 사건이 이선균을 죽음으로 몰아간 거죠.

검·경 수사권을 조정할 때 수사 지휘라는 말이 싫었다면 검찰과 경찰의 정보 협조라는 말이라도 넣었어야 해요. 검사를 지정해놓고 수사 경찰과 서로 소통하면서 문제를 풀어가는 방식이었으면 (사건 처리) 속도가 이전과 크게 달라질 게 없었어요. 왜냐하면 대부분의 형사사건은 이미 그렇게 처리하고 있었거든요.

참여연대도 사전협의제도를 도입하자고 제안한 바 있어요. 경찰이 사건을 빨리 떼고 싶으면 미리 검사와 소통하도록 해라, 그러면 검사가 사건에 대해 잘 인식하고 있으니 '송치할 필요 없음' 확인해주라는 거죠. 일본의 미죄처분 제도(일본 형사소송법 제246조 단서, 범죄수사규범 제198조부터 제200조)가 이와 비슷한 발상입니다. 일본의 경우 사안이 경미해서 검찰로 송치할 필요가 없다고 검찰이 사전에 지정한 사건은 경찰이 송치하지 않고 종결하거든요. 일본은 기준을 정하는 방식을 채택했는데, 사건별로 협의를 하는 방식도 고려할 수 있을 겁니다.

이재근 ›› 2018~2019년 검·경 수사권 조정 과정에서 그런 주장이 나왔어요. 하지만 당시 청와대에서 검찰에 수사를 남겨주고 싶은 마음에 받아들이지 않았고 검·경 수사권 조정이 어정쩡하게 돼버린 거죠.

한상희 ›› 수사·기소권 조정 이후 매뉴얼 정치로 가야 했거든요. 대통령이든 법무부 장관이든 검찰과 경찰 사이에 어떻게 수사 협조가 이루어질 수 있는지 그 틀을 만들어줘야 하는 거죠. 그런데 손을 놔버렸어요. 법만 만들어놓고 나 몰라라 그냥 다 끝났다고 했죠.

오병두 ›› 국회가 수사준칙을 대통령령으로 정했다는 것은 대통령 내지 국무총리 선에서 조율하라는 뜻입니다. 법무부 장관과 행정안전부 장관들을 불러서 맞춰봤어야 하는 건데 법무부 장관한테 다 줘버리니까 법무부를 움직이는 검사들이 가만 놔두지 않고 수사준칙으로 (개혁을 원상태로) 돌려버렸죠. 문재인 정부의 검찰개혁이 아쉽다는 것은 법을 바꾼 다음에 세세하게 챙기지 못했기 때문이에요. 개혁하려면 2년 정도는 케이스 바이 케이스로 생기는 문제를 해결해가면서 시스템이 잘 작동하도록 만들어야 해요. 일거에 확 잘라내면 형사사법 체계의 효율성이 크게 떨어지거든요. 정치적 부담을 견뎌가면서 경찰의 수준을 끌어올리고, 동시에 새로운 조직이 자리 잡을 때까지 2~3년은 관리하고 지켜줄 수 있어야 했어요.

검찰을 어떻게 개혁해야 할까?

오병두 ›› 검찰에 정상적인 힘을 실어주면서 동시에 검찰의 부정적인 힘을 줄이는 방법은 직접 수사 인력을 들어내는 것밖에 없어요. 중수청을 만들어서요. 검찰에 있는 검찰 수사관들을 뜯어내서 새로운 조직을 만드는 겁니다. 형사과라고 검찰수사관이 이미 조직적으로 분리돼 있는데 따로 떼어서 검사와 더 멀리 독립시키는 거죠. 업무 프로세스가 지금과 크게 달라지지 않지만 검사가 검찰수사관을 수족처럼 부리지 못하게 만들 수 있습니다. 검사가 '이것 좀 해주세요' 하는데 검찰수사관이 '못하겠어요' 하기 시작하면 권력의 분립과 통제가 일어납니다.

이렇게 수사와 기소를 조직적, 기능적으로 분리하면 기록이 남습니다. 기관과 기관 사이에는 문서가 오가야 하니까요. 뻘짓한 것을 나중에 잡아낼 수 있어요. 검사는 공수처가 잡아내면 되고요. 제도가 일단 구축되면 인력도, 건물도 확충될 겁니다. 물론 시간이 걸리겠죠.

이재근 ›› 검찰의 인지 수사는 수사한 사람이 기소까지 하니까 수사 과정에 잘못이 있어도 인정을 안 해왔죠.

백승헌 ›› 권한의 박탈이 아니라 기능별 조직 분산이니 이른바 '검수완박법'하고는 다르죠. 큰 틀에서 형사사법 체계를 업그레이드하는 내용 속에서의 검찰개혁을 제안하는 겁니다. 다만 그 조직들도 모두 검사들이 차지할 거기 때문에 밥그릇만 더 챙겨주는 꼴이 될 거라는 반론이 나올 수 있어요.

한상희 ›› 검찰의 직접 수사를 없앤다는 것은 특수부를 없앤다는 이야기잖아요?

오병두 ›› 검사만 있는 특수부는 남지만 합동 수사를 법제화해야
지요. 경찰 단위나 검찰 단위로 구성하거나 검사와 경찰이
합동으로 하는 경우가 있고요. 명확한 기준하에서 판단하고,
책임지는 지휘자가 있고요.

한상희 ›› 중수청을 만들 때 검찰수사관들은 대부분 사무관 직급
인데 경찰에서 사무관은 매우 높은 직급에 해당합니다. 계급
적으로 서로 맞지 않습니다.

오병두 ›› 검찰에서 검찰수사관을 떼어내고, 경찰에서 수사 경찰
을 떼어내서 묶는 게 중수청의 궁극적 목표입니다. 지적한
것처럼 두 직급 정도 차이가 나서 조정을 해야 합니다.

전수진 ›› 검사들이 전문성을 기반으로 지능적으로 자기 자리를
꿰차는 현재 상황에서 기능별 조직 분산만으로는 검찰개혁
에 한계가 있습니다. 검사가 조직 내에서 전문성을 키울 기
회가 주어지고, 조직이 세워졌을 때 전관예우 등 리스크가
커질 수도 있어요. 법률가는 전문성을 가질 수 있는 분야를
지속적으로 파고들면 결국 돈벌이가 되거든요.

정은주 ›› 하지만 기존 조직을 분리해 새로운 조직을 만들면 생명
력이 생겨요. 헌법재판소가 그랬죠. 1988년 대법원과 헌법
재판소를 분리할 때 헌법재판소가 홀로 서기 어려울 것이라

는 예측이 많았어요. 하지만 대통령 탄핵 심판도 하고 자기 존재 이유를 만들어내니까 자연스레 정착됐죠. 검찰도 기능별로 조직이 분리된다면 20~30년 후에는 조직 간 견제와 균형이 이뤄질 수 있다고 봐요.

다만 여전히 국민 다수가 검찰이 수사권을 갖고 있는 것에 동의하잖아요. 기소권과 수사를 분리하는 걸 개혁으로 계속 제안하려면 상당한 설득력이 있어야 합니다. 국민의 상식에 반하는 대안을 얘기하는 거니까요.

백승헌 ›› 수사권과 기소권 분리는 형사사법 시스템의 '소선구제'죠. 너무 익숙하기에 전문가들은 정치적 효능감이 있다고 생각하지만, 국민들은 꼭 그렇지도 않은 거죠. 소선거구제가 지식인이나 정치적 소수 정파의 문제가 돼버렸듯이요.

검찰개혁의 최적기는?

전수진 ›› 검찰 출신이 최고 권력자가 되면서, 그동안 검사를 접할 기회가 없던 국민들이 검찰의 한계를 목격하고 있잖아요. 국민들에게 검찰개혁에 대한 동의를 구할 수 있는 지금이 적기죠.

이춘재 ›› 검찰이 문재인 정권 때 했던 이른바 '살권수(살아 있는 권력 수사)' 잣대하고, 지금 윤석열 대통령 부부에게 들이대는 잣대하고 전혀 딴판인 걸 보고 국민이 '검찰정권'이 말하는 공정에 의문을 품게 됐어요.

백승헌 ›› 검찰이 최고로 욕을 먹을 때 개혁안을 추진하면 오버할 가능성이 많다고 저는 생각합니다. 우리는 민주화 고양기 때 관리를 못해 값을 치른 바 있어요. 자칫하면 조급함에 전부나 전혀all or nothing라는 이분법에 빠지기 쉬워요.

장기적 전망을 갖고 지금 할 수 있는 일부터 찬찬히 하는 게 필요합니다. 검수완박법이 수사 준칙으로 제한돼 있지만 '등'을 제한하는 것이 어떻게 가능한지 따져보는 것부터요. 열거주의냐, 제한적 근거 예시주의냐도 있지만 한정된 열거도 있거든요. 훨씬 디테일해져야 해요.

이재근 ›› 검찰개혁에는 동의하지만 구체적인 방향에 대해서는 누구도 이것이 정답이라고 말하기 어렵습니다.

백승헌 ›› 뿐만 아니라 정치적 리더가 제안한 것이 핵심처럼 보이기가 쉬워요. 속 시원한 견해가 해답으로 등장할 가능성이 있어요. 예를 들자면 검사장 직선제가 핵심이라고 말하는데, 그럴 수도 있지만 아닐 수도 있거든요. 검사장 직선제는 동의 수준이 낮습니다. 개혁 작업은 혁명이 아니라는 생각이 중요합니다.

오병두 ›› 검사한테 수사권만을 분리할 방법이 없어요. 왜냐하면 어디까지가 수사인지를 알 수 없거든요. 검사가 사무실에 앉아서 "검찰수사관님, 피고인 좀 데려와보세요"하면 데리고 올 거 아니에요. 그럼 데려와서 물어봐요. 경찰에서 수사한 사건이라고 한다면, 이게 수사냐 아니면 공소 준비냐 구별할 수가 없어요. 검사가 피고인을 미리 만나보고 법정에서 어떻게 유죄 만들까 전략을 세울 수 있으니까요. 생판 보지도 않은 피고인을 법정에서 처음 만나서 신문할 수는 없거든요. 미국 검사도 피고인과 경찰을 부르고 증거도 미리 받아가요. 미국에서는 이걸 두고 검찰수사prosecutorial investigation라고 불러요.

여야가 검찰개혁에 합의하는 것은 불가능할까?

이춘재 ›› 여야의 합의는 참 어려운 문제입니다. 특히 대통령이 검찰 출신인데 여당이 검찰개혁에 합의한다는 것은 쉽지 않을 거예요.

백   민 ›› 예전에 국민의힘 권성동 의원이 검찰개혁에 동의할 수 있다는 입장이었죠. 지금의 여당도 조건만 맞으면 동의가 불가능하지 않다는 거잖아요. 자기들도 언제든지 검찰한테 당할 수 있다고 생각하면 합의의 여지는 있지 않을까 싶어요.

이재근 ›› 윤석열 대통령이 권한을 가지고 있는 상황까지는 여야 합의는 어려울 것으로 보입니다. 다음 대선 가까이 가면 가능하지 않을까요?

백승헌 ›› 검찰이 권력의 도구라면 지금의 여당이 야당이 되면 검찰개혁에 찬성해야 되잖아요. 내가 반대 입장에 섰을 때도 동의할 수 있는 거면, 여야가 법안을 통과시킬 수 있는 거예요. 기회는 윤석열 정부의 말기에 올 것이라는 생각이 있어요. 검찰 내부에서도 이대로 가면 검찰이 반反국민 집단이 되니까 양보해야 한다는 현실론이 고개를 들 수도 있고요.

전수진 ›› 21대 총선 때 미래통합당의 검찰 공약을 보면 놀라워요. 검찰청 예산과 검사 인사를 법무부에서 분리하고 검찰총장 임기를 현행 2년에서 6년으로 늘리겠다고 했어요. 그것이 진짜 검찰개혁이라는 거예요.

백승헌 ›› 대법관과 헌법재판관을 종신제로는 못하고, 대통령 임기 이내가 되지 않도록 6년으로 했는데 검찰총장도 그 격이라고 검찰이 주장하는 걸 미래통합당이 받아들인 거죠.

오병두 ›› 그게 검찰 중립화론이죠.

검찰이 동의하는 검찰개혁은 불가능할까?

이춘재 ›› 저는 불가능하다고 봅니다. 문재인 정부 말기에 윤석열 검찰총장이 외친 '살권수'에 대해서 문재인 정부 사람들이 '검찰 쿠데타'라고 그랬어요. 당시에는 언론뿐만 아니라 지식인들도 "이게 무슨 쿠데타냐. 검찰이 군대도 아니고"라고 말했죠. 그런데 전개되는 과정을 보면 저는 검찰 쿠데타였을 수도 있겠다는 생각이 들어요. 앞서 언급한 탈원전 수사처럼 '과연 수사하는 게 맞나' 싶은 사건들이 많습니다.

한상희 ›› 로스쿨 출신이 부장검사가 될 때는 한 5년 정도 남은 것 같아요. 그 이후 검찰이 바뀌지 않을까요?

정은주 ›› 저는 부정적입니다. 세대의 문제만이 아니고 키워지는 문제가 있거든요. 지금도 같은 로스쿨 출신인데도 검사와 판사는 많이 다릅니다. 판사는 다변화됐지만 검사는 말 잘 듣는 사람을 뽑아서 도제식으로 키우고 있어요. 부장검사가 됐다는 건 검찰에서 20년 가까이 일했다는 것인데, 그러면 검찰 조직에서 살아남는 방법을 터득했다고 봐야지요. 물론 스폰서나 성추행 사건은 사라질지 모르지만 권력의 힘, 그걸 지켜내려는 메커니즘은 바뀌지 않을 것이라고 봐요. 더 세련되질지언정 본질적 문제는 바뀌지 않을 겁니다.

오병두 ›› 2018~2019년 검찰개혁 추진할 때 문무일 검찰총장이 공수처를 포기하면 직접 수사도 포기하겠다고 말했어요. 역으로 말하면 검찰 입장에서 최고의 아픈 고리가 공수처 도입이라는 이야기입니다.

일본에서도 검사는 '공판만 열심히 하자'는 공판 전종론이 1960년대부터 나오기 시작했거든요. 직접 수사를 포기하는 대신에 독일처럼 수사 지휘는 강화한다는 방식에 대해서는 검찰도 크게 손해 보는 게 없다는 생각을 하고 있어요. 이미 공수처가 도입됐으니까 직접 수사만 떼어내는 쪽으로 가면 검찰이 상당 부분 동의할 수도 있다고 봐요.

백　민 ›› 평검사들은 '저녁이 있는 삶'을 살자는 관점에서 검찰개혁을 하는 것도 나쁘지 않다고 생각할 수 있어요. 실제로 2018~2019년 검찰개혁 때 평검사들과 간부들 생각이 달랐던 걸로 알고 있었어요. 당시에 검찰 수뇌부가 선택한 것은 직접 수사권을 놓지 않는 것이지만요.

한상희 ›› 검사라고 다 같은 검사가 아니에요. 워라밸을 지향하는 평검사가 있고, 엘리트로 편입되기 위해 모든 노력을 다하는 평검사가 있고요. 검찰 내에서도 검사들은 다양하게 분화되어 가는 상황이거든요. 그래서 '검찰을 만족시킬 수 있는 개혁 방안이 있는가'라는 명제는 성립하지 않는 거 같아요. '어떤' 검찰을 만족시킬 것인가라고 물어봐야지요.

공수처에 대한 평가와 전망은?

백승헌 ›› 예산도 조직도 당초 기대했던 수준이 아닙니다. 여야 타협의 산물이라고는 하지만 공수처가 제대로 작동될 수 없게 만들어졌어요. 조직의 안정성에 현저히 문제가 있지만, 없었던 것보다는 낫다고 봅니다.

이재근 ›› 검사가 잘못하면 수사받고 기소될 수도 있다는 가능성이 생긴 거잖아요.

이춘재 ›› 검사가 누군가를 의식할 수밖에 없는 상황이 생기긴 한 거죠.

한상희 ›› 작은 조직으로 탄생했다면 필연적으로 조직의 장은 선택과 집중이라는 전략을 세웠어야 하는데 그걸 놓쳐버렸어요. 조직을 왜소하게 만들었다는 건 입법자의 실패지만, 공수처장의 실패도 있어요. 대표 사건에 집중했어야 하는데 그렇지 못했지요.

백승헌 ›› 개선해서 역할을 하도록 해야 하는데, 문제는 공수처의 효용성, 위험성을 알아버린 권력이 앞으로 더 힘들게 만들 가능성이 있다는 거예요. 지금이 최소치라고 기대하는 건 시

민의 입장이고, 지금이 오히려 최고치이고 앞으로 망가질 일
만 남았을 수도 있다는 겁니다. 공수처가 제 역할을 하려면
신속한 입법적 보완이 필요해요.

특검은 여전히 필요할까?

이춘재 ›› 공수처가 원래 설계대로 제대로 굴러간다면 특검은 필
요 없습니다. 세금 낭비인 데다 수사도 중첩되니까요.

백승헌 ›› 과거 사례를 보면 검찰이 수사를 안 하다가 특검론이 나
오면 수사를 시작해요. 수사 기록을 검찰에서 넘겨받는 방
식이니까 검찰이 설계하고 특검이 면죄부를 주는 방식이 된
단 말이에요. 특검 임명도, 권한도 타협이 되니까 수사 기간
이 짧아지고요. 그러면 특검 수사가 형식적으로 되기 때문
에 수사 정보만 누설되는 꼴입니다. 대표적으로 삼성 특검이
그랬죠.

한상희 ›› 우리나라에서는 특검이라는 지위가 너무 부풀려졌어요.
지나치게 정치화돼버렸고요. 기존 권력자를 공격하는 수단
으로요. 공수처는 권력형 비리를 수사하고 특검은 특수 영역
을 전문적으로 수사하는 방식으로 나갈 필요가 있다고 생각
합니다. 중대한 사건이 발생했을 때 유능하고 중립적인 검사

들로 특별수사단을 만들어 수사하는 체제가 미국 특검이거
든요. 그게 원론이지요.

백승헌 ›› 문제는 전 세계 특검 제도 중 미국에서만 그렇게 운영한
다는 점입니다. '원론'이라는 말에 어떤 원론이라는 반박이
가능하다는 겁니다. 그 논리대로라면 채 상병 사건은 특검으
로 유효한데 김건희, 한동훈 사건은 특검 사안이 아니거든
요. 하지만 채 상병 사건은 공수처 조사를 기다려줄 수 있는
반면 김건희, 한동훈 사건은 검찰이 수사하지 않으니까 특검
밖에는 답이 없어요.

이재근 ›› 참여연대가 채 상병 특검 도입을 주장하는 이유 중 하나
는 공수처가 수사해도 결국 대통령실이나 국방부 장관에 대
한 기소 여부는 검찰이 판단하게 되거든요. 현재 검찰이 대
통령과 사실상 한 몸인데 기소할 수 있겠냐는 불신이 있습니
다. 수사권과 기소권이 일치하지 않는 공수처 권한의 한계
때문에 특검이 필요하다는 겁니다.

백승헌 ›› 검찰을 대통령이 임명하기에 권력에 대한 수사는 어
쩔 수 없이 의심을 받을 수밖에 없습니다. 검찰이 우리는 공
정하다고 강변함으로써 권력 수사를 독점하려고 하는 것
은 말이 안 됩니다. 검찰을 위해서도 특검이 필요할 수가 있
어요.

한상희 ›› 검찰의 정치적 부담을 덜어주는 게 특검일 수도 있죠.

백승헌 ›› 그런 의미에서 상설특검은 자칫하면 제2의 검찰청이 될 수 있어요. 제1검찰청(검찰청)이 수사하냐, 제2검찰청(상설특검)이 수사하냐 문제일 뿐, 결과는 동일할 수 있습니다.

백 민 ›› 특검 제도랑 공수처를 좀 섞으면 어떠냐는 제안도 있어요. 국회 토론회에서 공수처 부장검사 출신 예상균 변호사가 공수처를 지금처럼 수사할 수 있는 범위를 한정 짓지 말고 그때그때 국회가 요구하는 사안을 받아서 수사할 수 있게 하자고 말했죠.

백승헌 ›› 국회가 구체적인 사건을 공수처에 수사하라는 요구하는 것은 위헌 논란이 생길 수 있습니다. 입법부가 행정부에 명령하는 걸로 해석될 여지가 있어서요.

지금 당장 해야 할 개혁은 뭘까?

백승헌 ›› 개혁 원칙을 정해보면 이렇습니다. 첫째, 국민에게 이롭고, 장기적으로 검찰 조직에도 이로워야 한다. 둘째, 정권에 관계없이 개혁의 성과가 유지돼야 된다. 셋째, 할 수 있는 것을 하되 너무 단견으로 보지 말고 지속적으로 하자.

저는 공수처법 개정이 시급하다고 생각합니다. 검찰 자체를 개혁하는 데 논의가 필요하다면 검찰을 견제할 수 있는 공수처의 실질화는 지금 당장 할 수 있는 거니까요. 예산, 인력 등 할 일이 많아요.

오병두 ›› 공수처가 인력난을 해결하는 좋은 방법은 경찰의 지원을 받는 거예요. 파견 방식만 생각하는데 아예 법으로 명시할 수도 있죠. 공수처 사건은 경찰이 수사하고 공수처로 송치하라고요. 그러면 공수처는 서류 작업만 해서 기소할 수 있습니다. 수사·기소권이 불일치하는 부분도 고쳐야 합니다.

정은주 ›› 검·경 수사권 조정 이후 개정한 법을 검찰과 경찰에 어떻게 적용할 것인지도 논의해야죠. 물론 늦긴 했지만, 윤석열 정부가 하지 않으니까 국회에서 해야 할 과제입니다.

오병두 ›› 경찰 국과수와 검찰 포렌식 센터가 따로 있는데 감식 기구를 통합해야 합니다. 중복 기능을 없애는 대신 제삼의 감식 기구에 공정하게 맡겨 경찰과 검찰이 활용하도록요. 예산도 절감하고 효율성을 높이는 방법이죠. 하지만 자료를 어떻게 분석했느냐가 수사의 성패를 좌우하기에 검찰은 감식 기구를 자기 수중에 두고 싶어합니다.

앞으로 더 논의할 검찰개혁 방안이 있다면?

이춘재 ›› 재판할 때 9명의 죄인을 놓치더라도 단 1명의 억울한 사람도 만들지 말라는 형사소송법 대원칙이 있잖아요. 검찰개혁도 그 원칙에 맞게 무고한 시민이 피해를 보지 않도록 시스템을 만들어나가야 합니다.

백승헌 ›› 형사소송법 대원칙은 피고인을 위해서가 아니라 그렇게 무고함이 없어질 때 모든 사람이 이익을 본다는 의미죠.

이춘재 ›› 지금 검찰은 일단 기소를 해놓고 봐요. 1심에서 무죄판결이 나오면 항소하고, 2심에서 무죄판결 나와도 또 상고하고요. 3심을 겪다보면 그야말로 인생 결단 나는 거죠. 무죄 확정판결을 받아도 피해가 엄청나요. 1심에서 무죄가 선고되면 검찰은 항소할 수 없게 할 필요가 있습니다.

백승헌 ›› 미국의 많은 주가 항소를 못하게 합니다. 3심의 권리는 국민의 권리이지 국가기관의 권리가 아니라는 이유에서요. 또 형사사법 원리상 유죄란 의심의 여지가 없는 입증이어야 하는데, 1심에서 무죄가 나고 2심에서 유죄가 났다면 의심의 여지는 누군가에게는 있었다는 뜻이니까요.
우리나라는 삼세번 다 무죄가 나와야지 비로소 피고인이 풀려납니다. 상소 제도를 손보는 작업은 2000년 초반에 형사 소송 개혁할 때 하다가 말았죠. 이밖에 기소를 위한 구금은 선진국은 3일인데, 우리나라는 10일 구속 수사하다가 안 되면 20일로 늘리잖아요. 이것도 바꿔야 합니다.

이춘재 ›› 공범으로 묶어놓고는 주범이 유죄면 당신도 기소한다는 식으로 검찰이 수사합니다. 나중에 공범이 재판에 증인으로 나왔을 때 딴소리 못하게 잡고 있는 거죠. '사법 인질'인 셈인데 시스템적으로 막는 방법이 필요합니다.

한상희 ›› 출국금지해놓고는 검찰이 기소도, 불기소도 않고 내버려두기도 하잖아요.

이춘재 ›› 탈원전 수사 때 백운규 전 산업부 장관이 기소돼 결국 무죄를 받았는데요. 재판 기간에 해외 학회에 나가려고 출국금지 해제 신청을 7번 했는데, 출발 전날 저녁에야 해제 여부를 알려주었답니다. 골탕을 먹이는 거죠.

한상희 ›› 고등검찰청 문제도 해결해야 합니다. 고등검찰청을 분권화시키는 프랑스 시스템으로 갈 건지, 고등검찰청을 아예 없애든지 둘 중 하나를 선택해야 합니다. 현재 고등검찰청은 불필요한 존재입니다. 또 검찰총장의 권한을 축소할 뿐 아니라 대검찰청 조직을 대폭 줄여야 합니다. 특히 범죄정보기획단 같은 것들은 해체하고 범죄 정보는 이를 수집한 지방검찰청에서 보관, 관리하도록 할 필요가 있습니다.

언론과 시민사회, 시민이 할 일은 뭘까?

이춘재 ›› 개인적으로 검찰기자단 해체부터 해야 한다고 봅니다. 수사 단계에서 검찰 받아쓰기를 하지 못하도록요. 하지만 현장 기자들은 출입처 해체를 두려워합니다. 이른바 '풀단'으로 이뤄지는 취재 독점, 판결문 제공 등 편리한 점이 많거든요. 하지만 검언유착이라는 의심을 걷어내고 신뢰를 회복하려면 결단이 필요합니다.

이재근 ›› 검찰을 꾸준히 감시하는 것이 시민사회의 역할이라고 봅니다. 참여연대 사법감시센터는 2009년부터 매년 『검찰보고서』를 발행하고 있습니다.* 검찰 인사와 징계는 물론 검찰이 진행한 주요 수사 중 검찰권 오남용이 의심되는 사례들을 수사 개시부터 재판 결과까지 모니터하고 그 지휘 라인과 책임자들을 기록하는 작업이죠. 검찰개혁 이슈도 다루고요. 최근에는 공수처와 경찰의 주요 수사까지 그 범위를 넓혔고,

---

* 2023년 검찰보고서 제목은 『검사의 나라, 이제 1년』이었고, 2024년은 『검사의 나라, 민주주의를 압수수색하다』이다.

'그 사건 그 검사'라는 데이터베이스 사이트도 운영합니다. 주권자인 시민들의 역할도 중요합니다. 지속적으로 관심을 갖고 검찰개혁을 요구해야 합니다. 여론은 자주 바뀌거든요. 당장 검찰의 권한을 줄이는 것뿐만 아니라 중장기적으로 형사사법 체계를 어떻게 짜나갈 것인가에도 주목하면 좋겠습니다.

백승헌 ›› 정치권이 야합에 능한 순간에 원론을 주장하는 것이 시민사회나 전문가 집단의 역할이죠. 반대로 아무런 정치력을 발휘하지 못하면 검찰개혁은 정치적 사안이다, 유능하게 해결해봐라는 이야기가 나올 수 있다고 봐요. 합리적 대안보다는 복수하는 방식으로 야당이 검찰개혁안을 왜소화시킬 가능성이 있어서 오히려 걱정입니다.

한상희 ›› 윤석열 정부에서 검찰개혁은 갈 길이 멀어 보입니다. 검찰은 물론 검찰을 견제할 수 있는 법원이나 경찰 또한 조직 속성상 보수적인 경향이 짙어 스스로 변하기는 어렵습니다. 검찰개혁의 주무관청인 법무부는 검찰에 장악되어 있고, 사법기관 수뇌부도 정부의 인사권 사정거리 내에 있습니다. 22대 국회가 검찰개혁의 물꼬를 틀 여건을 엿보고 있지만, 어떤 결과를 만들어낼지는 미지수입니다.
검찰개혁을 이루어내는 몫은 그래서 우리 시민들에게 주어져 있습니다. 우리가 나서서 정부를 압박하고 국회를 추동해야 가능한 일입니다. 우리가 나서지 않으면 바뀌지 않거나, 바뀌더라도 윗돌 빼서 아랫돌 괴는 부질없는 짓이 반복될 것입니다. 이 시대 검찰개혁은 그들이 아니라 우리 모두의 것이 되어야 하는 이유입니다.

저자들의 대담 요점은 다음과 같았습니다.

진단

우리 사회에서 검찰이 과도한 권력을 행사함에 따라 민주주의의 기본 원칙인 권력 분립과 견제 균형을 위협하고 있다. 특히 비판받을 점은 공정과 정의를 대변해야 할 검찰이 오히려 불공정하게 권력을 행사하고 법을 자의적으로 적용한다는 것이다.

제안

개혁의 핵심은 검찰의 과도한 권력을 제한하는 것이다. 구체적인 방법으로는 검찰의 수사권과 기소권을 분리하거나, 새로운 수사기관을 설립해 검찰의 권한을 분산하는 것을 제안했다.
검찰개혁의 목표는 단순히 검찰 조직을 바꾸는 것을 넘어서, 형사사법 시스템 전체를 공정하고 투명하게 만드는 것으로 삼아야 한다. 국민이 체감할 수 있는 실질적인 변화를 만들기 위해 시민사회와 언론의 지속적인 감시와 참여가 필요하다.

부록1
검찰개혁 일지

1945년 12월 ◦ 미군정, '경찰은 수사권, 검찰은 기소권' 분담 추진

1954년 2월 ◦ 검찰이 수사권과 기소권을 보유한 형사소송법
의결안 정부 이송

: 경찰에 수사권을 독자적으로 부여하자는 논의가 있었으나 검사
출신 국회의원 엄상섭, 검찰총장 한격만 등의 반대로 무산

1962년 ◦ 제5차 개정 헌법(제3공화국 헌법)

: "체포·구금·수색·압수에 있어 검찰관의 신청에 의하여 법관이
발부한 영장을 제시해야 한다"는 규정이 들어감

1993년 8월 ◦ 민주자유당, 가벼운 범죄에 대해 경찰이 독자적
수사권을 갖는 방안 김영삼 대통령에게 보고

1994년 12월 ◦ 민주당, 국회에 경찰법 개정법률안에 자치경찰제
도입안 제안

1996년 3월 ◦ 새정치국민회의 '경찰 수사권의 독자성 확보' 공약

1996년 11월 ◦ 참여연대 부패방지법 입법청원

: 공수처 신설안

1997년 12월 。 김대중 대통령 후보 검찰개혁 대선 공약

: 대검 중수부 폐지, 공수처 신설, 지방자치경찰제 도입

김대중 정부

1998년 12월 。 부패방지법 발의 철회

1999년 。 대전 법조비리사건

1999년 4월 。 경찰, 자치경찰제와 수사권 현실화 시안 보고

: 경찰 수사권 독립 주장하자 법무부가 반발

1999년 5월 。 청와대, 수사권 조정 논의 중단

1999년 5월 。 대통령 직속 사법개혁추진위원회 발족

: 인신 구속 제도 및 수사 절차의 개선, 공정하고 신속한 형사재판

  등을 추진했으나 실천하지 못함

1999년 7월 。 사법개혁을 위한 시민사회단체 연대회의 결성해

사법개혁 15대 과제 제안

: 공수처 설치와 특검법, 검·경 수사권 분배

1999년 9월 。 조폐공사 파업 유도 및 검찰총장 부인 옷 로비

사건 특검 첫 도입

2001년 6월 。 부패방지법 국회 통과

: 부패방지위원회 설치, 공수처와 상설특검 제도 제외

2002년 11월 。 서울지검 고문치사 사건

2002년 12월 。 노무현 대통령 후보, 검찰개혁 대선 공약

: 공수처 설치, 검·경 수사권 조정, 법무부 탈검사화(문민화)

2003년 1월 。 경찰청 대통령직 인수위원회에 사법경찰 수사권

독립안 제출

노무현 정부

2003년 3월。노무현 대통령, 검사와의 대화

: 판사 출신 강금실 법무부 장관 임명과 '기수 파괴 인사'에 반발

2003년 5월。경찰혁신위원회 출범

: 경찰의 수사 권한 배분 추진

2004년 3월。국회, 노무현 대통령 탄핵안 가결

2004년 4월。헌법재판소 탄핵안 기각

2004년 4월。여야, 17대 총선 공수처 신설 공약

2004년 5월。정부, 공수처 설치와 중수부 폐지 추진

: 검찰총장 송광수 "검찰 무력화 시도"라며 반발

2004년 8월。한나라당, 공수처 신설 추진 계획 백지화 촉구

결의안 발의

2004년 9월。검·경 수사권 조정 협의체 발족

: 형사소송법 개정 합의 실패

2004년 12월。민간위원과 검·경 대표로 구성된 수사권 조정

자문위원회 발족

: 조정안 도출 실패

2005년 6월。열린우리당, 수사권조정정책기획단 발족

2005년 9월。형사소송법 개정안 국회 법사위 상정

2005년 11월。노무현 정부, 국회에 자치경찰법 제출

2005년 12월。열린우리당, 검찰개혁안 발표

: 검찰 수사지휘권 인정, 경찰 수사종결권 부여

2005년 12월 ◦ 검찰 국가수사개혁단 발족

2006년 7월 ◦ 제주도 자치경찰제 실시

2007년 11월 ◦ 노무현 대통령, 검찰 수사 제도 개혁 공식화

이명박 정부

2009년 5월 ◦ 노무현 전 대통령 사망

: 대검 중수부 폐지 여론

2010년 2월 ◦ 18대 국회 사개특위(사법개혁특별위원회) 구성

: 공수처 설치, 대검 중수부 폐지, 검·경 수사권 조정 논의

2010년 4월 ◦ MBC <PD수첩> '검사와 스폰서' 보도

: 수산업자에게 전·현직 검사 100여 명이 향응 성 접대를 받았다는 내용

2010년 5월 ◦ 정부, 검경 개혁을 위한 범정부 태스크포스 구성

2011년 3월 ◦ 국회 사개특위 6인소위 형사소송법 개정안 합의

: 경찰 수사 개시 명문화와 검찰청법상 경찰의 복종 의무 삭제

2011년 6월 ◦ 국회 사개특위 검찰관계법소위 여야 합의

: 대검 중수부 폐지, 특별수사청 설치

2011년 6월 ◦ 검찰총장 김준규 반발

: "상륙작전을 시도하는데 갑자기 해병대 사령부를 해체하면 어떻게

되겠느냐"

2011년 6월 ◦ 청와대, 중수부 폐지 반대 입장

2011년 6월 ◦ 한나라당, 중수부 폐지 반대 사실상 당론으로 채택

2011년 6월 ◦ 청와대, 검·경 수사권 조정

: 사법경찰관의 모든 수사에 대한 검사 지휘 인정, 경찰의 수사

　개시·진행권 인정, 검사의 수사 지휘에 관한 구체적 사항은

　법무부령으로 정함

　2011년 6월 ◦ 국회, 검·경 수사권 조정을 담은 형사소송법

개정안 통과

: 법무부령이 대통령령으로 바뀜

　2011년 7월 ◦ 검찰총장 김준규 사퇴

　2012년 1월 ◦ '검사의 사법경찰관리에 대한 수사 지휘 및

사법경찰관리의 수사준칙에 관한 규정' 시행

: 경찰의 내사 권한을 보장하되 검찰의 사후 통제를 받는다는 내용 포함

　2012년 11월 ◦ SBS, 부장검사 김광준 10억 원 수뢰 사건 보도

　2012년 11월 ◦ 검찰총장 한상대 사퇴

: 대검 중수부 폐지 담은 검찰개혁안 발표하려다 검찰 내부에서 용퇴

　압박 받아

　2012년 12월 ◦ 박근혜 대통령 후보 검찰개혁 대선 공약

: 특별감찰관·상설특검 제도 도입, 대검 중수부 폐지, 검찰의 직접

　수사 기능 축소, 수사와 기소 분리

박근혜 정부

　2014년 2월 ◦ 상설특검과 특별감찰관제 도입 국회 통과

: 특별감찰관은 대통령의 친인척 및 고위 공직자에 대한 감찰 수행해

　비리 감시

　2014년 4월 ◦ 대검 중수부 폐지

: 대검찰청 산하 반부패부 신설

2016년 1월 ◦ 경찰청 새경찰추진자문위원회, '경찰 미래비전

2045' 발표

: 주요 과제로 '수사·기소 완전 분리' 선정

2015년 ◦ 특별감찰관 이석수 임명

2016년 7월 ◦ 첫 특별감찰 대상 청와대 수석 우병우

: 직권남용과 횡령, 배임 혐의로 검찰에 수사 요청

2016년 8월 ◦ 이석수, 검찰이 압수수색하자 사퇴

: 우병우 감찰 내용을 언론에 유출한 의혹

2016년 9월 ◦ 경찰청, 수사권 조정 전담 기구 '수사구조개혁단'

출범

2017년 3월 ◦ '최순실 국정농단'으로 박근혜 대통령 탄핵

: 국정농단 사태에 우병우 등 검찰 출신이 연루돼 검찰개혁 여론

2017년 5월 ◦ 문재인 대통령 후보 검찰개혁 대선 공약

: 공수처 설치, 검·경 수사권 조정

문재인 정부

2017년 5월 ◦ 청와대 및 법무부의 탈검찰화 인사

: 청와대 민정수석과 법무부 주요 보직 모두 비검찰 인사로 임명

2017년 6월 ◦ 경찰청, 민간 인권 전문가 참여한 경찰개혁위원회

발족

: 수사권·기소권 분리 등 수사권의 합리적 배분 방안 및 자치경찰

모델 논의

2017년 7월 ∘ 정부 국정 운영 5개년 계획 발표

: 검·경 수사권 조정안 하반기 도출 및 2018년부터 시행 방침 포함

2017년 7월 ∘ '법무부와 그 소속 기관 직제 시행규칙 일부

개정령안' 입법 예고

: 법무부 기획조정실장과 법무실장, 범죄예방정책국장을 비검찰

출신 가능하도록

2017년 7월 ∘ 검찰총장 후보자 문무일, '수사권 경찰, 기소권

검찰' 의견에 반대

: "수사와 기소는 성질상 분리할 수 없는 것"

2017년 9월 ∘ 법무부 산하 법무검찰개혁위원회, 공수처 설치

권고안 발표

2017년 11월 ∘ 국회 법사위, 수사와 기소 분리한 형사소송법

개정안 심사

2017년 12월 ∘ 경찰개혁위원회, '국민의 인권 보호를 위한

수사구조 개혁' 권고안 발표

: 경찰은 수사, 검찰은 기소 및 공소 유지 담당

2018년 1월 ∘ 민정수석 조국, 권력기관 개혁안 발표

: 공수처 신설 및 법무부 탈검찰화, 검·경 수사권 조정, 경찰 내

국가수사본부 신설, 자치경찰제 전국 실시

2018년 2월 ∘ 법무검찰개혁위원회, 검·경 수사권 조정 권고안

발표

: 검찰의 경찰에 대한 수사지휘권을 원칙적으로 폐지, 경찰의 일차

수사권 강화

2018년 3월 ◦ 검찰, 수사종결권·영장심사권 반대 입장 국회

제출

2018년 6월 ◦ 검찰총장 문무일, 문재인 대통령과 독대

2018년 6월 ◦ 검·경 수사권 조정 발표

: 검찰 수사지휘권 폐지 및 경찰에 일차 수사권·종결권 부여하고

 검찰이 보완 수사 요구, 경찰관 징계 요구로 견제

2018년 7월 ◦ 대검찰청 반부패부, 강력부와 통합돼

반부패·강력부로 재출범

2019년 10월 ◦ 법무부 장관 조국, 검찰개혁 신속 추진 과제 발표

2019년 12월 ◦ 공수처법 국회 통과

2020년 1월 ◦ 검·경 수사권 조정 법안 국회 통과

: 검·경 관계를 협력 관계로 명기하고 검찰의 경찰에 대한

 수사지휘권 폐기(형사소송법 개정안). 검찰 직접 수사 개시 범위는

 부패 범죄, 경제 범죄, 공직자 범죄, 선거 범죄, 방위산업 범죄, 대형

 참사 등 6개 유형으로 제한(검찰청법 개정안)

2020년 12월 ◦ 비검찰 출신 이용구, 법무부 차관 임명

: 1960년 판사 출신 김영환 차관 임명 이래 60년만

2020년 12월 ◦ 검찰총장 윤석열 정직 2개월 징계

: 대검찰청 수사정보정책관실의 주요 사건 재판부 불법사찰 혐의,

 채널A-한동훈 사건 관련 감찰·수사 방해, 정치적 중립 훼손

2021년 1월 ◦ 공수처 출범

2021년 3월 ◦ 검찰총장 윤석열 사퇴

2022년 2월 ◦ 윤석열 대통령 후보 검찰개혁 대선 공약

: 검찰총장에 대한 법무부 장관의 수사지휘권 폐지, 검찰총장에게

　검찰청의 예산 편성권 부여

2022년 3월 ◦ 대검찰청 수사정보담당관 폐지·정보관리담당관

신설

: 검찰의 정보 수집 기능 축소

2022년 4월 ◦ 형사소송법 및 검찰청법 개정안 국회 통과

: 수사 개시 검사의 기소 관여 금지와 고발인의 이의신청권

　폐지(형사소송법 개정안), 검사의 직접 수사 범위를 부패

　범죄·경제 범죄 등 2개 유형으로 축소(검찰청법 개정안)

윤석열 정부

2022년 6월 ◦ 법무부와 검사 6명, 헌법재판소에 국회의

형사소송법과 검찰청법에 대한 권한쟁의심판 청구(2022 헌라4)

2022년 9월 ◦ 민정수석실·검사파견심사위원회 폐지

2022년 9월 ◦ 검찰청법 시행령인 '검사의 수사 개시 범죄 범위에

관한 규정' 개정·시행

: 검찰의 수사권을 검찰청법 개정 전 수준으로 다시 확장

2022년 12월 ◦ 검사 정원을 향후 5년간 220명 증원하는

검사정원법 개정안 입법 예고

2022년 2월 ◦ 대법원 형사소송규칙 개정안 입법 예고

: 압수수색영장 대면심리제도를 도입하려 했으나

　검찰·공수처·경찰·대한변호사협회 ·법무부 등 반대로 유보

2023년 3월 ◦ 헌법재판소, 검찰수사권 축소법 유효 결정

2023년 5월 ∘ 대검찰청 반부패·강력부를 분리해 반부패부와

마약·조직범죄부 신설

2023년 5월 ∘ 대검찰청 범죄정보기획관 신설·공공수사기획관

부활

: 검찰의 정보 수집 기능 확대

2024년 5월 ∘ 민정수석실 재설치

: 대검찰청 차장검사 출신 김주현, 민정수석으로 임명

2024년 5월 ∘ **검찰총장 이원석 '패싱' 검찰 고위직 인사**

: 영부인 김건희 수사 지휘부 전면 교체

2024년 8월 ∘ **조국혁신당, 검찰개혁 4법**(공소청법,

중대범죄수사청법, 수사절차법, 형사소송법 개정안) 발의

부록2

주요 검사 비리·부패 사건

미국의 행동경제학자 댄 애리얼리가 쓴 『거짓말하는 착한 사람들』을 보면 '부도덕성 바이러스'라는 개념이 나옵니다. 노골적인 부정행위를 생생히 목격한 사람은 그 전례를 따라 부정행위를 더 많이 하게 된다는 거죠. "삶의 많은 영역에서 사람들은 어떤 행동이 적절한 행동이며, 또 어떤 행동이 부적절한 행동인지 판단할 때 다른 사람의 행동을 준거 틀로 삼기" 때문입니다.

한국 검찰에 첫발을 내디딘 초임 검사는 부서 회식 때 스폰서가 돈을 내고, 떡값과 전별금을 주고받는 모습을 목격합니다. 부적절한 친분 관계와 향응·접대 문화에 자연스럽게 젖어듭니다. 부정한 청탁만 주고받지 않으면 이러한 행위가 부적절하지 않다고 믿습니다. 골프, 술자리 등을 제공받은 사실이 드러나더라도 구체적인 청탁이나 사건 개입이 없었으면 검찰에서 '혐의 없음'으로 처분하거나 법원에서 무죄를 선고받고는 했으니까요. 솜방망이 처벌이 끊임없이

되풀이되면서 부도덕성 바이러스는 검찰에 더 널리, 더 깊이
퍼져갔습니다.

1. 대전 법조비리 사건(1999)

1999년 1월, 대전지검 부장검사 출신인 변호사 이종기의 수임
비리 사건이 터졌습니다. 이종기의 사무장 김현이 수임료
일부를 횡령했다가 해고되자 1992~1997년 사건 수임 내역서
등을 MBC를 통해 폭로했습니다. 검찰총장 김태정의 지시로
수사가 진행됐고 대검찰청은 검사장 등 현직 검사 28명을 차례로
소환해 떡값이나 전별금을 수수하거나 향응을 받은 검사 13명을
추려냈습니다. 그러나 공소시효가 지나 처벌이 어렵게 되자 전원
사표를 받기로 했습니다.
이 과정에서 사표 제출을 요구받은 대구고검장 심재륜이 검찰
수뇌부의 동반 퇴진을 촉구하며 '항명 파동'을 일으켰습니다.
검찰은 심재륜를 면직하고 다른 검사들도 중징계하거나 사표를
받았습니다. '제1호 면직 검사' 심재륜은 이후 면직 처분 무효
판결을 확정받아 검찰에 복귀했다가 2002년 정식 퇴임했습니다.
이 사건 이후 검찰은 전별금 관행을 금지시켰습니다.

2. 옷 로비 의혹 사건(1999)

1999년 5월 외화 밀반출 혐의로 구속된 신동아그룹 회장
최순영의 아내 이형자가 남편을 구명하려고 법무부 장관
김태정의 아내 연정희 등에게 고급 옷으로 로비했다는 의혹이

제기됐습니다. 서울지검은 한 달간 수사를 진행해 로비가
없었다고 발표했지만, 국회 청문회에서 관련자들이 소환되며
여론이 악화됐습니다.

헌정사상 처음으로 특검이 도입됐습니다. 특검은 "이형자가
연정희에게 접근했으나 검찰이 최순영을 구속할 방침이라는
걸 알고 로비를 포기했다"며 '실패한 로비'라고 판단했습니다.
하지만 대검찰청은 국회 청문회 위증 고발 사건을 수사하며
'이형자의 자작극'으로 옷 로비는 실체가 없다고 특검의
결론을 뒤집었습니다. 이형자는 위증 혐의로 구속됐습니다.
그러나 법원은 이형자에게 무죄 판결했습니다. 검찰의 수사
결과(자작극)가 아니라 특검의 결론(실패한 로비)에 손을
들어준 것입니다.

이 사건은 청와대 사직동팀 내사(1999년 1월), 서울지검 특수부
수사(1999년 5월), 국회 청문회(1999년 8월), 특검 수사(1999년
10월), 대검찰청 재수사(1999년 12월)로 이어지며 큰 논란이
되었지만, 결국 위증만 처벌받고 옷 로비 의혹은 덮였습니다.
검찰의 공정성에 대한 의문과 제 식구 감싸기 논란만
남았습니다.

3. 조폐공사 파업 유도 사건(1999)

1999년 6월, 대검찰청 공안부장 진형구가 "우리(검찰)가
조폐공사 파업을 유도해 공기업 구조조정을 앞당겼다"고 발언해
큰 파장이 일었습니다. 진형구가 대전고검장으로 영전이 결정된

후 점심 식사 때 폭탄주를 마시고 검사장실에서 기자들과
면담하다가 나온 발언입니다.

조폐공사가 1998년 조폐창 통폐합을 조기에 단행하는
구조조정 계획을 발표하자노동조합이 파업에 돌입했습니다.
조폐공사는 기다렸다는 듯 직장폐쇄하고 노동조합
간부들을 구속·해고했습니다. 진형구의 발언 이후, 검찰은
특별수사본부를 꾸렸고 진형구가 공기업 구조조정의 모범을
만들기 위해 고교 후배인 조폐공사 사장 강희복에게 조폐창 조기
통폐합을 단행하도록 압력을 행사해 파업을 유도하려 한 것으로
결론냈습니다.

비판 여론이 지속되자 특검이 선임됐습니다. 특검보로 참여한
변호사 김형태는 "검찰에서 벌어진 일인 만큼 검사들은 수사에
참여하지 말 것"을 주장했지만, 특검 강원일이 반대했습니다.
김형태는 중도 사퇴했고, 특검팀은 두 달간의 수사 끝에 "검찰의
조직적 파업 유도는 없었다"고 발표했습니다. 경영권 행사에
위기를 느낀 강희복이 독자적 통폐합을 통해 파업을 유도했다는
결론입니다. 파업 유도 행위의 주도자를 검찰(진형구)과
특검팀(강희복)이 다르게 지목한 것입니다.

법원은 진형구에게 노동조합법 위반으로 징역 8개월에 집행유예
1년을 선고했습니다. "강희복에게 전화로 '빨리 직장폐쇄를
풀고 구조조정을 단행하라'고 말한 것은 강희복의 직장폐쇄
결정에 영향을 끼칠 수 있는 구체적인 행위"라고 판단했습니다.
다만 진형구의 전화가 "조폐창 조기 통합의 원인이 됐다고 볼

수 없다"며 직권남용죄는 무죄 판결했습니다. 강희복에게는
"경영적 판단"이라며 단체교섭 의무를 게을리한 점만 유죄로
인정해 벌금 300만 원을 선고했습니다.

4. 서울지검 고문치사 사건(2002)

서울지검에서 조직폭력배 수사 도중 피의자가 맞아 숨진
사건입니다. 2002년 10월, 파주 조직폭력배 행동대장 조천훈은
1998년, 1999년 조직 내 세력 다툼으로 벌어진 살인 사건 두
건의 주범으로 서울지검에서 조사를 받았습니다. 주임 검사는 이
사건을 4년간 추적한 강력부 검사 홍경령이었습니다.

조천훈은 10월 26일 서울지검 11층 특별조사실에서 조사를
받다가 쓰러져 병원에 옮겼으나 숨졌습니다. 검찰은 "아침
6시까지 조사하다가 재웠고, 낮 12시께 점심을 먹이기 위해
깨웠더니 갑자기 쓰러졌다"고 설명했습니다. 특히 "무릎을
꿇렸을 뿐 가혹행위는 없었다"고 강조했습니다. 그러나
"광범위한 좌상으로 인한 속발성 쇼크로 사망했다"는
국립과학수사연구원의 부검 결과가 나왔습니다. 수사관들이
피의자의 얼굴에 수건을 씌우고 물을 부었다는 '물고문' 사실도
드러났습니다. 사실상 고문치사였습니다.

검찰총장 이명재와 법무부 장관 김정길이 사직서를
제출했습니다. 수사관들의 가혹 행위를 보고도 막지 않은
홍경령은 독직폭행 공범 혐의로 구속됐습니다. 법원은
"피의자가 수갑을 찬 채 신발을 벗고 무릎을 꿇고 있는 모습 등을

보고서도 계속 조사할 것을 지시해 가혹 행위를 용인한 홍경령은
이 사건의 공동정범"이라며 징역 1년 6개월을 선고했습니다.
이 사건은 검찰의 낮은 인권 의식과 자백 수사 관행의 문제점을
드러냈습니다. 이후 검찰은 인권보호수사준칙 제정 등 인권 보호를
위한 보완책을 마련했습니다. 홍경령은 2007년 사면 복권 후
변호사로 활동하며, 자신의 경험을 바탕으로 책도 썼습니다.

5. 향응 현장 '몰카' 사건(2003)

2003년 8월 청주 나이트클럽에서 뇌물 스캔들이 터졌습니다.
등장인물은 청와대 제1부속실장 양길승과 나이트클럽 사장
이원호, 그리고 검사 김도훈이었습니다.
사건은 양승길이 민주당 충북도지부 당직자들을 격려하고자
청주를 방문했을 때 시작되었습니다. 그는 조세 포탈 혐의
등으로 경찰 수사를 받던 이원호와 동석해 술접대를 받았고,
그 술자리 향응 현장 영상이 SBS에 보도되면서 큰 논란이
있었습니다. 이로 인해 양길승은 청와대 부속실장직을 사임했고,
민주당 충북도지부 당직자 78명도 일괄 사퇴했습니다.
2주 후 이 술자리 영상을 몰래 촬영하도록 주도한 인물이 검사
김도훈으로 드러났습니다. 그는 몰래카메라 사전 계획, 촬영
지시, 언론사 제보 등에 직접 관여했습니다. 김도훈은 이원호의
조세 포탈과 윤락 행위 수사를 진행하고 있었으며, 이원호가
검찰 내부의 비호를 받으며 수사를 방해하고 청와대에도 줄을
댄다는 의심을 품고 있었습니다. 이에 김도훈은 이원호의

비호 세력을 압박하려고 몰래카메라를 설치한 것입니다.
그러나 대검찰청은 조사 결과, 이원호를 비호하는 검찰 내부
세력이 있다는 김도훈의 주장은 "근거 없다"고 발표했습니다.
검찰 수사는 이원호의 향응 로비 의혹이 아니라 김도훈의
몰래카메라에 집중됐고 김도훈이 사건 관계자에게 뇌물을 받은
사실까지 드러났습니다. 법원은 뇌물수수죄, 출판물에 의한
명예훼손 등을 적용해 김도훈에게 징역 2년 6개월에 추징금
2629만 원을 선고했습니다.

6. 삼성 X파일 사건(2005)

김영삼 정부 시절인 1997년 9월, 삼성그룹(《중앙일보》 회장
홍석현과 삼성그룹 구조조정본부장 이학수)이 대선 후보에게
정치자금을 지원하고 검사들에게 뇌물(이른바 '떡값')을
제공하기로 공모하는 대화를 국가안전기획부(현 국가정보원)가
불법 도청한 사건입니다. 2005년 7월 MBC 기자 이상호가 이
녹음 테이프와 녹취록을 입수하여 공개했고, 같은 해 8월,
국회의원 노회찬은 X파일에 나온 전·현직 검사 7명의 명단을
폭로했습니다. 그러나 검찰은 삼성그룹의 대선 정치자금 제공과
간부 검사들의 금품 지급에 대한 수사와 관련해서는
"X파일이 불법 도청을 통해 얻어진 증거여서 수사 단서로 삼을
수 없다"고 주장했습니다. 또한 "X파일 내용에서 확인되는
범죄 사실은 공소시효가 지나 수사할 필요가 없다"고도
덧붙였습니다.

결국 뇌물을 준 사람, 뇌물을 받은 사람 모두 기소되거나 처벌받지 않았습니다. 오히려 X파일을 폭로한 이상호와 떡값 검사의 실명을 거론한 노회찬만 처벌을 받았습니다. 특히 노회찬은 명예훼손 및 통신비밀보호법 위반으로 기소되었는데, 명예훼손 혐의는 무죄 판결이 나지만, 통신비밀보호법 위반은 유죄로 판단되어 징역 4개월, 집행유예 1년, 자격정지 1년을 선고받고 국회의원직을 잃었습니다. 이상호도 통신비밀보호법 위반으로 징역 6개월에 자격정지 1년의 선고유예 판결을 받았습니다.

떡값 검사로 지목된 검찰 출신의 변호사가 "허위 사실을 유포해 명예가 훼손됐다"며 노회찬을 상대로 손해배상 소송을 진행했지만 법원은 이를 기각했습니다. "삼성 X파일 사건과 같이 대기업과 공직자의 유착 관계, 대기업에 대한 검찰의 수사 내용이 국민적 관심 대상인 경우에는 의혹 제기가 공적 존재의 명예 보호라는 이름으로 쉽게 봉쇄되어선 안 된다"는 이유에서입니다.

7. 스폰서 검사 사건(2010)

2010년 4월 19일, MBC <PD수첩>에서 검사와 스폰서 관계를 다룬 방송이 방영됐습니다. 부산·경남 지역의 건설업자 정용재가 "검사 40여 명에게 촌지와 성 접대를 했다"고 폭로한 것입니다. 정용재는 2008년 12월과 2009년 3월, "아는 검사를 통해 사건을 무마해주겠다"며 경찰 수사를 받던 두 명에게 2400만 원을 받았습니다. 정용재가 언급한 '아는 검사'는 2003년부터 인맥을 쌓아온 부산지방검찰청장 박기준과 대검찰청 감찰부장 한승철이었습니다. 정용재는 검찰 부서 회식 때 돈을 대신 내주는 방식으로 친분을 쌓았습니다. 한승철도 식사를 제공받았다는 점은 인정했지만, "정용재의 초대를 받아 중·고교 동문인 후배 검사들과 저녁을 먹은 것에 불과하다"고 해명했습니다.

한승철과 함께 접대를 받은 부장검사와 그를 따라갔던 검사도 정용재의 '아는 검사'가 됐습니다. 브로커 역할을 하다가 사기와 변호사법 위반으로 경찰 조사를 받게 된 정용재는 검사들에게 도움을 청했습니다. 이들은 담당 검사에게 전화해 "내가 아는 사람이 지금 잡혀간다는데 도대체 무슨 사건이야?", "기록을 잘 검토해달라"고 말했습니다. 박기준과 한승철은 면직 처분을 받았습니다.

그러나 법원은 뇌물 혐의로 기소된 검사 모두에게 무죄를 선고했습니다. 향응을 받았지만 그 자리에서 구체적 청탁이 없었기 때문에 뇌물이 아니라고 판단했습니다. 면직 처분을 받은 한승철은 행정소송을 제기해 승소했습니다. 법원은 "향응 금액이 100만 원 정도에 불과해 법무부의 면직 징계는 지나치다"고 판단했습니다.

박기준도 법무부를 상대로 면직 처분 취소 청구소송을 냈지만, 법원이 이를 받아들이지 않았습니다. 정용재와 오랫동안 부적절한 친분 관계를 유지해온 박기준이 검사들이 정용재에게

향응·접대를 받았다는 정보를 여러 경로로 보고받았음에도 의혹
규명 노력을 제대로 하지 않았다는 이유에서입니다. 검찰을
떠난 박기준은 2016년 20대 총선에 무소속으로 출마했으나,
선거운동원에게 돈을 준 혐의로 재판에 넘겨져 징역 10개월에
집행유예 2년을 선고받았습니다.

2010년 '스폰서 검사' 사건을 계기로 기소배심제를 본뜬
검찰시민위원회를 만들어졌습니다. 다만 법적 구속력이 있는
미국의 기소배심제와 달리 권고적 효력만 있습니다.

8. 그랜저 검사 사건(2010)

2008년, 부장검사 정인균이 친구이자 건설업자에게 그랜저와
현금을 받고 후배 검사에게 사건을 청탁했다는 사실이
드러났습니다. 건설업자는 100억 원대 아파트 개발 사업으로
갈등을 빚던 투자자 4명을 배임죄로 고소했으나, 경찰은 '혐의
없음' 의견을 달아 서울중앙지검에 사건을 보냈습니다. 상황을
역전시키려고 건설업자가 정인균에게 '잘 봐달라'는 청탁을
넣었습니다.

정인균은 "고소인이 억울하게 아파트 시행권을 빼앗긴 것
같으니 기록을 잘 들어봐달라"고 후배 검사에게 기소를
청탁했고, 실제로 투자자 4명은 불구속기소됐습니다. 청탁의
대가로 정인균은 그랜저 승용차를 포함한 4600여만 원의 금품을
받았습니다. '그랜저 검사'의 탄생기입니다.

법원은 투자자 4명에게 무죄를 선고했습니다. 이에 반격에

나선 이들은 건설업자와 검사의 유착을 담은 진정서를
검찰에 제출하고, 2009년 4월 정인균을 고발했습니다.
그러나 검찰은 1년 3개월간 사건을 질질 끌다가 2010년 7월,
돈을 빌려준 것이라며 정인균에 대해 무혐의 처분했습니다.
투자자가 고발하자마자 정인균이 "청탁이 아닌 차용관계"라며
자동찻값을 돌려준 것을 무혐의 근거로 내세웠습니다. 정인균은
사직했습니다.

언론 보도와 국정감사로 '그랜저 검사' 사건이 알려졌습니다.
검찰총장 김준규는 뒤늦게 2020년 11월 특임검사 강찬우에게
재수사를 지시했고, 정인균를 구속기소했습니다. 그는 징역 2년
6개월에 벌금 3514만 원과 추징금 4614만 원을 선고받았습니다.
하지만 애초에 정인균를 무혐의 처리했던 검사는 부실 수사의
책임을 지지 않았습니다.

9. 브로커 검사 사건(2010)

수사 중인 사건을 매형에게 소개하는 '브로커' 노릇을 했다는
혐의로 검사 박동인이 2010년 9월 재판에 넘겨졌습니다. 그는
자신이 직접 수사한 프로포폴 불법 투약 사건 피의자인 성형외과
원장 등에게 매형인 변호사 김 아무개를 소개해 변호사법 위반
혐의로 기소됐습니다. 피의자에게 기존에 선임된 변호사가
있었는데도 "유능한 변호사가 있다"며 매형을 새로 선임하도록
했습니다. 현행 변호사법 제37조는 수사 업무에 종사하는
공무원이 직무상 관련 있는 법률 사건의 수임에 관하여 당사자

또는 사건관계인을 특정한 변호사에게 소개하는 행위를
금지하고 있습니다.

변호사로 선임된 매형은 착수금 8000만 원, 성공보수금
1000만 원에 사건을 수임했습니다. 또한 성형외과 원장에게
"기소되지 않게 해주겠다"는 명목으로 5000만 원을 받았습니다.
실제로 박동인은 성형외과 원장에 대해 기소유예 처분을
내렸습니다. 박동인의 비위 의혹과 관련한 진정서가 접수되자
대검찰청이 감찰에 착수했고, 박동인은 면직 처분을 받고
2013년 재판에 넘겨졌습니다. 법원은 박동인에게 징역 10개월,
집행유예 2년을, 매형에게 징역 1년, 추징금 5000만 원을
선고했습니다.

'브로커 검사', '해결사 검사', '뇌물 검사' 등 검찰 비리가 잇따라
터지자, 비위 행위를 저질러 면직된 검사에 대해서는 면직된
때부터 2년간 변호사 자격을 주지 않는 내용으로 변호사법이
2014년 개정됐습니다. 그전까지는 파면과 해임 처분을 받은
검사에게만 각각 5년과 3년 동안 변호사 자격을 부여하지
않았습니다.

10. 벤츠 검사 사건 (2011)

검사 이 아무개는 2007년부터 판사 출신 변호사 최
아무개와 내연 관계를 맺었습니다. 최 변호사는 이 검사에게
130제곱미터가 넘는 아파트를 임차해주고, 3000만 원짜리
다이아몬드 반지, 2650만 원 상당의 까르띠에 시계, 1200만 원대

모피 코트 등 고가의 선물을 제공했습니다. 2009년에는 벤츠 승용차를 리스해주었고, 2010년부터는 소속 법무법인 명의의 신용카드를 넘겼습니다.

사건 청탁도 이뤄졌습니다. 최 변호사가 건설업 동업자를 횡령·배임 혐의로 고소하면서 사건이 잘 처리되도록 이 검사에게 부탁했고, 이 검사는 사법연수원 동기인 담당 검사에게 이를 전달했습니다. 두 사람의 관계는 최 변호사의 또 다른 내연녀의 폭로로 2011년 세상에 드러났습니다. 앞서 관련 의혹에 대한 제보가 있었지만, 대검찰청 감찰본부는 신빙성이 높지 않다고 판단해 내사 종결했습니다. 언론이 보도하자 뒤늦게 검찰총장 한상대가 특임검사 이창재를 임명하여 수사를 진행했습니다.

검찰은 한 달여 만에 이 검사를 특정범죄가중처벌법상 알선수재 혐의로 구속기소했습니다. 그러나 법원은 무죄를 선고했습니다. 고가의 선물은 "사랑의 정표"일 뿐 대가성이 없다고 판단했습니다. 반면 최 변호사는 다른 내연녀한테 사건 무마 청탁과 함께 1000만 원을 받은 혐의 등으로 기소돼 징역 10월에 집행유예 2년이 확정되었습니다. "검사가 변호사한테 금품을 받은 것을 처벌할 수 없다는 게 말이 되냐"며 비판 여론이 거세져 '김영란법(부정청탁 및 금품 등 수수의 금지에 관한 법률)' 제정의 계기가 됐습니다. 김영란법의 핵심 내용은 공직자가 100만 원 이상 금품을 받으면 대가 관계가 없어도 형사처벌하는 것입니다.

11. 검사-피의자 성 뇌물 사건(2012)

2012년 11월 서울동부지검에서 실무 수습을 받던 검사
전 아무개가 검사실에서 여성 피의자와 유사 성행위를 한
것으로 드러났습니다. 전 검사는 상습절도 피의자를 토요일에
불러 조사하다가 성관계를 처음 가졌고, 추가 조사를 하겠다며
월요일에도 피의자를 검찰청 인근 지하철역으로 불러내
모텔로 데려가 추가로 성관계를 했습니다. 검찰은 피의자와
부적절한 성관계를 가진 혐의(뇌물수수 등)로 전 검사를 재판에
넘겼습니다. 재판 과정에서 피의자가 선처를 구하는 등
구체적인 요구를 했던 것으로 드러났고, 법원은 처음으로
성관계 자체를 뇌물죄로 인정해 징역 2년을 선고했습니다.
전 검사는 해임됐습니다.

2차 피해가 이어졌습니다. 성 뇌물 사건이 언론에
보도되자 의정부지검 검사가 실무관에게 피해자의
주민등록번호를 건네주며 사진을 구해오라고 지시했습니다.
실무관은 피해자 사진을 출력해 검사에게 넘겼고, 서울남부지검
실무관에게도 파일로 전송했습니다. 인천지검 검사와
서울남부지검 수사관도 각각 피해자의 사진을 구해 동료 검사와
검찰 직원 6명에게 보낸 것으로 확인됐습니다.

피해자 사진이 여러 차례 재전송돼 피해자의 소송
대리인(변호사)까지 전달됐습니다. 검찰은 피해자 사진을
무단으로 유출한 검사 2명을 벌금 300만 원과 500만 원에
약식기소했습니다.

12. 10억대 뇌물 검사 사건(2012)

2012년 11월, 서울고검 검사 김광준이 수사 무마 대가로
기업으로부터 뇌물을 받은 사실이 드러났습니다. 김광준은
근무지를 옮길 때마다 지역 업체들과 유착하며 차명 계좌 6개를
이용해 꼬박꼬박 뒷돈을 챙겼습니다.

특히 서울중앙지검 특수3부장으로 재직할 때인 2008년 5월부터
2010년 1월까지 유진그룹 회장 유경선, 유순태 형제에게 내사
무마 청탁과 함께 5억 9300만 원을 받았다는 혐의를 받았습니다.
'다단계 사기범' 조희팔 측근이자 불법 다단계 사기업체 부사장
강태용에게 2008년 5월부터 10월까지 2억 7000만 원을 받았다는
의혹도 있습니다. 강태용은 김광준의 고등학교 동창이기도
했습니다.

김광준은 대구지검 서부지청 차장으로 재직할 2009년 11월부터
2011년 4월까지 전 국정원 직원 부인인 김 아무개에게 수사
무마 명목 등으로 8000만 원을 받았다고 합니다. 이 국정원 직원
부부는 김광준이 무혐의 처분했지만, 피해자의 재정신청으로
법원에서 징역 2년을 선고받았습니다.

조희팔 다단계 사기 사건을 수사하는 과정에서 경찰은 자금이
김광준 쪽으로 들어간 정황을 포착하고 수사를 확대했습니다.
검찰이 이를 알고는 특임검사를 꾸려 수사에 들어가자 경찰은
'사건 가로채기'라고 반발했습니다. 하지만 검찰은 경찰에 대한
수사지휘권으로 방어했고, 경찰은 사건 기록 일체를 검찰에
송치해야 했습니다.

김광준은 해임됐고, 10억 원대의 금품을 수수한 혐의로
구속기소됐습니다. 법원은 "검사 경력의 대부분을 비리를
척결하는 특수부에서 보내고도 언제든 수사 대상이 될 수 있는
대기업 총수 일가와 무분별하게 교류하며 지속적으로 금품을
받았다"며 징역 7년과 벌금 1억 원, 추징금 4억 5000만 원을
선고했습니다.

김광준은 2016년 재심을 청구했습니다. 조희팔 측근인 강태용이
2015년 국내로 송환돼 검찰 조사를 받으며 "김광준에게
돈을 빌려줬을 뿐 수사와 관련 없다"고 말한 것을 근거로
삼았습니다. 그러나 법원은 강태용의 진술이 뇌물죄를 입증하는
다른 증거보다 우위에 있지 않다며 재심 청구를 받아들이지
않았습니다.

13. 김학의 성 뇌물 사건(2013)

2013년 3월, 대전고검장 김학의가 법무부 차관으로 내정되자
언론이 '김학의 동영상'을 보도했습니다. 이 동영상은 건설업자
윤중천이 자신의 강원도 원주 별장에서 사회 유력 인사들에게
성 접대를 하고 그 현장을 찍은 것으로, 김학의가 포함돼 있다는
내용이었습니다.

동영상은 윤중천이 내연 관계였던 A와 돈 문제로 고소·고발전을
펼치는 과정에서 세상에 드러났습니다. 윤중천의 아내가 A를
간통죄로 고소하자, A는 "2011년부터 윤중천에게 여러 차례
성폭행을 당하고 약 24억 원을 빌려줬으나 돌려받지 못했다"며

맞고소했습니다. 또한 윤중천의 벤츠에서 '김학의 동영상' CD를 발견해 경찰에 제출했습니다.

성 접대 의혹을 경찰이 수사하자 김학의는 취임 6일 만에 법무부 차관직을 사퇴했습니다. 윤중천 별장과 자택을 압수수색한 경찰은 동영상 속 인물을 김학의로 확정해 '기소 의견'으로 검찰에 보냈습니다. 또한 2007년과 2008년 두 차례에 걸쳐 성 접대에 동원된 여성들과 강제로 성관계를 맺은 혐의(성폭력범죄의 처벌 및 피해자 보호 등에 관한 법률의 특수강간)를 적용했습니다.

그러나 검찰은 '혐의 없음'으로 결론을 뒤집었습니다. '성 접대 동영상'의 실체가 불분명하다는 이유를 내세웠지만, 김학의는 압수수색과 계좌 추적 대상에 포함되지 않았습니다. 반면 윤중천은 사기, 경매 방해, 개인정보보호법 위반 혐의 등으로 구속기소되어 벌금 500만 원과 징역 1년에 집행유예 2년을 선고받았습니다.

1차 수사에서 김학의와 윤중천이 성범죄 혐의로 기소되지 않자, 2014년 7월 '김학의 동영상'에 나오는 또 다른 여성 B가 두 사람을 특수강간 혐의로 검찰에 고소했습니다. B를 소환 조사한 검찰은 B가 동영상 속 여성인지 불분명하다며 또다시 무혐의 처분했습니다. 2차 수사 때도 김학의는 압수수색을 당하지 않았습니다.

문재인 정부가 들어서고 대검찰청 과거사진상조사단이 조사에 들어가자 김학의는 2019년 3월 한밤중에 인천국제공항을 통해

태국으로 출국하려 했습니다. 과거사진상조사단은 출국을
긴급히 막고 김학의를 뇌물 혐의로 수사하라고 대검찰청에
권고했습니다.

대검찰청은 수사단을 꾸려 3차 수사에 나섰고 김학의는 윤중천,
사업가 최 아무개, 저축은행 회장 김 아무개에게 뇌물을 받은
혐의로 기소됐습니다. 의혹이 불거진 지 6년 만에 이뤄진 늑장
기소였습니다.

법원은 별장 성 접대 혐의는 공소시효가 지났다는 이유로 2021년
6월 면소(소송조건이 결여돼 소송을 종결) 판결했습니다. 뇌물
수수 혐의는 대가성이나 직무 관련성이 입증되지 않았다며
무죄를 선고했습니다. 다만 판결문에서 '김학의 동영상' 속
남성은 김학의가 맞고 성 접대 사실이 인정된다고 밝혔습니다.

윤중천은 강간치상, 사기, 알선수재, 공갈미수 혐의 등과
더불어 B에 대한 성폭행(강간치상) 혐의로도 기소됐지만,
성폭행 혐의는 공소시효가 지났다며 역시 무죄 판결이
나왔습니다. 사기, 알선수재 등 혐의만 인정되어 5년 6개월 형을
확정받았습니다.

검찰은 김학의의 출금 조처 때 적법절차를 밟지 않았다며
법무부 출입국·외국인정책본부장 차규근과 청와대 민정비서관
이광철, 대검찰청 과거사진상조사단 소속으로 긴급 출국금지를
요청했던 검사 이규원 등을 직권남용 혐의로 기소했습니다.
또한, 이규원 등에 대한 수사를 무마하려 외압을 넣었다는
혐의로 서울중앙지검장 이성윤도 재판에 넘겼습니다.

그러나 법원은 1심에서 모두 무죄를 선고했습니다. 김학의의 긴급 출국금지가 요건을 일부 충족시키지 못했지만, 재수사가 임박한 상황에서 출국 시도를 저지한 것은 목적의 정당성이 인정된다고 판단했습니다. 검찰 과거사를 파헤치는 움직임이 불편했던 검찰이 사법 정의를 실현하려 애쓴 이들을 중범죄자로 몰아간 것 아니냐는 비판이 나왔습니다.

14. 기자 성추행 무혐의 사건(2013)

2013년 12월, 서울중앙지검 2차장 이진한이 검찰 출입 기자들과 가진 송년 모임에서 여성 기자 3명에게 부적절한 언행과 신체 접촉을 했다는 피해자들의 주장이 나왔습니다. 피해자가 불쾌하다는 뜻을 수차례 밝혔는데도 이진한이 등을 쓸어내리며 허리를 반복해서 감싸는 행동을 한 것으로 알려졌습니다.
대검찰청 감찰본부는 소위원회를 열어 '경고' 처분을 내렸습니다. 이에 대해 참여연대는 "경고는 내부 주의 조처에 불과하며 법무부 징계위 회부도 없었다"며 "검찰 공무원의 범죄 및 비위 처리 지침 중 성 풍속 등 비위 사건은 최하 '견책' 조치를 한다는 규정을 어겼다"고 비판했습니다.
2014년 2월 피해자는 "(술자리에서) 헤어진 뒤에도 전화를 걸어와 '내가 너를 참 좋아한다'는 얘기를 반복했다"며 이진한을 고소했습니다. 55개 언론사 소속 언론인 884명이 이진한의 처벌을 촉구하는 서명에 나서기도 했습니다.
그러나 검찰은 1년 10개월간 사건 처리를 미루다가 2015년 11월 검찰시민위원회 심의를 받아 무혐의 처분했습니다. "20여 명의 기자들이 참석한 공개적인 송년 만찬 자리에서 있었던 상황으로, 당시 만찬의 전체적인 분위기와 고소인과 피의자의 관계, 피의자의 구체적인 행위 내용 등을 종합해볼 때, 강제로 추행을 했다고 보기 어렵다"는 이유를 들었습니다. 비판 여론을 우려해 검찰 시민위원회를 방패막이로 삼았다는 지적이 나왔습니다.

15. 해결사 검사 사건(2014)

가수 에이미의 부탁을 받고 의사를 협박해 무료 재수술을 받게해주겠다고 한 검사 전 아무개가 공갈 및 변호사법 위반 혐의로 구속기소됐습니다. 2012년 9월, 에이미는 프로포폴 상습 투약 혐의로 구속됐다가 두 달 만에 집행유예로 풀려났습니다. 그러나 같은 해 7월 받은 성형수술로 인한 문제가 발생했습니다. 연예인 프로포폴 사건을 수사하던 중 피의자 신분의 에이미와 가까운 사이가 된 전 검사에게 에이미는 도움을 요청했습니다. 전 검사는 성형수술한 의사를 찾아가 "재성형수술 해달라, 그렇지 않으면 이 병원 압수수색하게 할 수도 있다"고 협박했습니다. 또한, 의사가 포로포폴 불법 투약 혐의로 경찰 조사를 받는다는 점을 알고는 "수술을 해주면 검찰에 송치된 후 주임 검사에게 말해서 잘 처리될 수 있도록 해주겠다"고 회유했습니다. 전 검사의 '해결사' 노릇으로 에이미는 700만 원가량의 재수술을 무료로 받고 치료비 환불 명목으로 2250만 원도 변상받았습니다.

법무부는 전 검사를 해임했고, 법원은 징역 8개월에 집행유예 2년을 선고했습니다. 다만, 청탁을 목적으로 돈을 받은 것으로 볼 수 없다며 변호사법 위반 혐의는 무죄로 판단하고, 일부 금품갈취 혐의만 유죄로 인정했습니다.

16. 진경준 주식 부당 이익 사건(2016)

2016년 3월, 검찰 고위 간부인 법무부 출입국외국인정책본부장 진경준이 공직자 재산공개에서 재산 156억 원을 신고했습니다. 넥슨 주식 80만 1500주를 팔아 126억 원을 현금화한 결과였습니다. 이 돈은 친구 김정주에게 받은 공짜 주식으로 얻은 시세 차익이었습니다.

진경준은 2005년 법무부 검찰국에서 근무하던 시절, 대학 동기인 넥슨 창업주 김정주에게 넥슨홀딩스 비상장주식 1만 주(4억 2500만 원)를 공짜로 받았습니다.

당시 넥슨 주식은 상승 가도에 있던 우량주였습니다.

2006년, 진경준은 넥슨 주식을 처분하고 넥슨재팬 주식으로 갈아탔습니다. 2011년 상장으로 넥슨재팬 주가는 급등했고, 2015년 주식을 매각하면서 126억 원을 거머쥐었습니다. 또한, 10년 동안 김정주에게 자동차와 여행 경비 5000여만 원도 지원받았습니다.

재판에서 진경준은 넥슨 주식을 공짜로 받은 것에 대해 "당대 거부가 된 친구(김정주)가 돈(주식 대금)을 준다는데 옹졸하게 보일 수 없어 받았다"고 진술했습니다. 또 제네시스를 공짜로

제공받은 것에 대해서도 "(김)정주가 월급쟁이인 나를

안쓰러워해서 준 것"이라고 했습니다.

법원은 공짜 주식을 '우정의 선물'로 판단했습니다. 돈이 오갈 때

진경준이 넥슨 현안과 관련된 사건을 맡지 않았고, 앞으로 그럴

개연성도 없다는 이유에서입니다. 진경준은 주식을 팔면서 얻은

120억 원대 차익의 추징도 피했습니다.

진경준은 또, 서울중앙지검 금융조세조사2부장 시절인 2010년

8월, 한진그룹 계열사를 압박해 처남 회사에 147여억 원의

용역을 주도록 한 혐의(제3자 뇌물)로도 기소되었는데 이

혐의는 유죄가 인정됐습니다. 이는 진경준이 직접 수사를 지휘한

사건이었기 때문입니다.

법원 판단에 따르면 수사나 재판, 세무조사 등을 대비해

판검사나 세무 공무원 등에게 건네지는 '스폰형 금품'은

뇌물죄로 처벌하기 어렵습니다. 대가성 없이 일정 금액 이상을

수수한 공무원에게는 부정청탁금지법을 적용할 수 있지만,

법정형 상한이 징역 3년이라 최대 무기징역(수뢰액 1억 원

이상)까지 처해지는 뇌물죄보다 형량이 낮습니다.

17. 고교 동창 스폰서 사건(2016)

전 국회의장 박희태의 사위인 검사 김형준이 2012년 5월부터

2016년 3월까지 고교 동창 사업가 김 아무개에게 29차례에

걸쳐 2400만 원 상당의 향응을 받은 혐의로 2016년 10월 구속

기소됐습니다. 또한, 2012년 11월부터 2016년 3월까지 수감 중인

지인 오 아무개에게 면회 등의 편의를 제공하고 대가로 3400만
원을 받은 혐의도 받았습니다.

앞서 2016년 5월, 김형준이 피의자와 금전 거래했다는 의혹이
대검찰청에 보고됐지만, 대검찰청 감찰본부는
9월에야 감찰에 들어갔습니다. 고교 동창을 수사하던 경찰이
김형준과의 의심스러운 거래를 확인하고 2차례 계좌추적
영장을 청구했지만 검찰이 반려했습니다. 김형준의 비위
행위가 보고되자 검찰은 경찰에 수사 중단 및 사건 송치를
지휘했습니다.

고교 동창은 지난 17년간 김형준의 전화가 오면 언제든지
달려가 술값을 내는 '스폰서'였다고 법정에서 증언했습니다.
접대 장소는 고급 위스키와 접대부가 나오는 서울 강남의
고급 술집이었다고 했습니다. 그는 70억 원대 사기·횡령
혐의로 서울서부지검에서 피소되어 수사를 받게 되었는데,
'보험'이 작동하지 않자 "혼자 죽을 수 없다"며 스폰서 관계를
폭로했습니다.

법원은 계좌로 송금받은 돈은 빌린 것으로 판단하고 998만
원만 뇌물로 인정해 김형준에게 징역 1년에 집행유예 2년, 벌금
1500만 원을 선고했습니다. 김형준은 2016년 11월 해임되면서
징계부가금 8928만 4000원을 청구받았고, 이에 불복해
2017년 1월 소송을 냈습니다. 법원은 향응 수수액은
4464만 2300원이 아니라 720만 6400원으로 판단하며,
징계부가금을 취소하라고 판결했습니다. 옛 검사징계법

제7조의2 제1항에 따르면 징계부가금은 향응 수수액의 5배 내에서 가능합니다.

2019년, 고교 동창은 김형준과 검찰 출신 변호사 박수종을 뇌물수수와 뇌물공여 혐의로 다시 경찰에 고발했습니다. 2020년 10월 경찰은 기소 의견으로 검찰에 사건을 송치했습니다. 공수처가 출범하자 검찰은 2021년 6월 사건을 공수처에 이첩했습니다.

공수처는 김형준과 박수종을 뇌물수수와 뇌물공여 혐의로 불구속기소했습니다. 김형준은 서울남부지검 증권범죄합수단 단장으로 박수종의 자본시장법 위반 사건 수사와 관련한 편의를 제공한 뒤 2016년 3월과 4월 두 차례에 걸쳐 술값 합계 187만 원(인당 93만 5000원) 상당의 향응을 제공받고, 2016년 7월 고교 동창에게 박수종이 1000만 원을 대신 줬다는 혐의를 받았습니다. 그러나 '공수처 1호 기소' 사건에 대해 1심과 2심은 무죄를 선고했습니다. "1000만 원은 두 사람 간 금전거래, 나머지 향응은 객관적 직무 관련성은 있으나 상당한 친분이 있어서 뇌물의 인식이 없었던 것으로 보인다"고 밝혔습니다. 김형준은 2024년 1월 2심 선고 직후 "2016년 대검찰청 특별수사팀에서 무혐의로 수사를 마친 것을 재탕한 '억지 기소'였음이 더욱 명백해졌다. 공수처가 무리하게 정치적으로 이용한 것에 불과하다"며 "최소한 상식이 있다면 정치적 억지 기소, 사기 협박범에 근거한 형사절차를 중단해달라"는 입장을 밝혔습니다.

18. '몰래 변론' 사건(2016)

대검찰청 기획조정부장을 지낸 변호사 홍만표가
네이처리퍼블릭 대표 정운호의 구속과 추가 수사를 막아준다는
명목으로 수억 원을 받았다는 사실이 드러났습니다. 이 사건의
발단은 정운호의 도박 사건이었습니다. 정운호는 2014년
해외 원정 도박 혐의로 검찰 수사를 받았지만 무혐의 처분을
받았습니다. 그러나 1년 뒤, 검찰은 마카오 등에서 100억 원대
도박을 한 혐의(상습도박)로 정운호를 구속기소했습니다.
구치소에 있던 정운호가 2016년 부장판사 출신 변호사
최유정에게 20억 원의 착수금을 돌려달라고 요구하면서 거액의
수임료가 공개됐습니다. 이로 인해 전관 변호사를 동원해
'구명·선처 로비'를 했다는 의혹이 제기되면서 홍만표도 검찰
수사 대상이 됐습니다.

또 홍만표는 정운호에게서 서울메트로 매장 임대 사업과
관련해 서울시 관계자에게 청탁하겠다며 2억 원을, 검찰 고위
간부에게 청탁해 구속되지 않게 해주겠다며 3억 원을 받은
것으로 확인되었습니다. 검찰은 홍만표가 2011년 9월 개업
이후 수임계를 내지 않고 변호를 한, 이른바 '몰래 변론' 건수가
62건이라고 밝혔습니다. 수임료 36억 5000여만 원을 누락, 세금
15억 5000여만 원을 내지 않았다고 했습니다.

법원은 조세 포탈 및 변호사법 위반 혐의로 구속기소된
홍만표에게 징역 2년, 추징금 2억 원을 선고했지만, 원정 도박
사건의 '몰래 변론'은 무죄로 판단했습니다. "수임 후 정운호를

수십 차례 면회하고 공동변호인단과 회의를 해 변호 방향을
정하는 등 (정상적인) 변호 활동을 했다"는 이유에서입니다.

19. 직장 내 괴롭힘 자살 사건(2016)

임관 2년 차였던 서울남부지검 검사 김홍영이 2016년 5월
자택에서 숨진 채 발견됐습니다. 그는 유서에 업무 스트레스와
검사 직무의 압박감을 토로했습니다. 김홍영의 부모는 아들이
직속 상사인 부장검사 김대현의 폭언과 모욕으로 인해 자살로
내몰렸다며, 진실을 밝혀달라고 검찰에 탄원서를 제출했습니다.
김홍영이 친구들에게 보낸 "상사가 술에 취해 때린다", "죽고
싶다" 등의 메시지가 언론에 공개되자 대검찰청은 감찰에
착수했습니다.

법무부와 서울남부지검에서 근무한 2년 5개월을 대상으로
감찰한 결과, 김대현은 결혼식장에서 '조용히 술 마실 방을
구하라'고 지시했는데 독방을 마련하지 못했거나 예약한 식당
메뉴가 마음에 들지 않는다며 김홍영에게 모욕적 언행을
한 것으로 드러났습니다. 또한, 회식이나 회의 중 일 처리를
문제 삼으며 수차례 때리기도 했습니다. 법무부는 김대현를
해임했습니다. 후배 검사에 대한 폭언과 폭행 비위로 해임된
사례는 처음입니다. 김대현은 해임이 부당하다며 취소 소송을
냈지만 법원은 받아들이지 않았습니다.

대한변호사협회는 강요, 폭행, 모욕 혐의로 고발했고, 김대현은
2020년 재판에 넘겨졌습니다. 법원은 "직장 내 괴롭힘으로

피해자의 극단적 선택이라는 결과를 불렀다"며 징역 8개월을
선고했습니다.

김홍영의 유족은 2019년 국가배상소송을 냈고 법원의 조정
결정으로 정부는 13억 원의 손해배상금을 지급했습니다. 정부는
김대현을 상대로 구상권을 청구해 1심은 김대현이 8억 5천여만
원을 지급하라고 판결했습니다.

20. 우병우 직권남용 사건(2017)

청와대 민정수석이었던 우병우는 2017년 4월 박근혜 정부
시절 국정농단 사태를 축소·은폐한 혐의로 기소됐습니다.
그는 미르·K스포츠 재단 관련 최순실 등의 비위 사실을 알고도
감찰하지 않고, 오히려 청와대 정책조정수석 안종범에게
법률 대응책을 자문해주는 등 국정농단 사태를 방조한 혐의를
받았습니다. 또한, 국정원 국장 추명호에게 평창올림픽
조직위원장 김진선의 동향 파악을 지시하는 등 불법 사찰에
관여한 혐의와 특별감찰관 이석수 및 서울시 교육감 조희연 등
진보 교육감 사찰을 지시한 혐의도 있었습니다.

두 개의 재판으로 진행된 1심은 혐의 대부분을 유죄로 인정하고
우병우에게 징역 4년을 선고했습니다. 하지만 2심은 국정농단
방조 혐의 등을 무죄로 판단해 징역 1년으로 감형했습니다.
"대통령이 별도 지시를 않는 이상 민정수석으로서 최순실 등의
비위 행위를 적극 감찰 의무가 있다고 보기 어렵다"고 봤습니다.
대법원은 2심 판단이 옳다고 보고 징역 1년을 확정했습니다.

한편, 검찰이 우병우 비리 의혹을 제대로 수사하지 못하거나
고의로 축소했다는 '부실 수사' 의혹이 나왔습니다. 특별감찰관
이석수가 우병우 비리 의혹을 조사하던 중 수사의 필요성이
있다며 검찰에 수사를 요구했지만 검찰은 충분한 조사를
진행하지 않았다는 지적입니다. 검찰 출신 민정수석으로서
검찰에 막대한 영향력을 행사하기에 검찰이 수사를 독립적으로
진행하지 못했다는 비판이 많았습니다. 이는 권력과 법 집행
기관 간의 유착 문제를 드러내면서 검찰개혁의 필요성이 강하게
제기되는 사례로 기록됐습니다.

21. 돈 봉투 만찬 사건(2017)

2017년 4월, 박근혜-최순실 국정농단 사건 수사 책임자인
서울중앙지검장 이영렬과 '조사 대상'이었던 법무부 검찰국장
안태근이 수사가 끝난 뒤 후배 검사들과 저녁 식사를 하며
금일봉을 전달한 사건이 있었습니다. 이영렬은 국정농단 사건
수사를 지휘한 특별수사본부 본부장이었고, 안태근은 전
청와대 민정수석 우병우와 1000여 차례 통화하며 수사 무마를
시도한 것이 아니냐는 의혹을 받은 인물입니다. 당시 우병우는
불구속기소돼 검찰의 '제 식구 봐주기'라는 비난 여론이 거센
상황이었습니다.
안태근은 서울중앙지검 수사팀 간부 6명에게 450만 원을,
이영렬은 법무부 과장 2명에게 200만 원을 지급했는데, 돈의
출처는 검찰의 특수활동비였습니다. 영수증이나 사용처를

밝히지 않아도 되는 특수활동비의 성격을 악용해 후배 및 하급 부서를 관리하는 '떡값'으로 사용한 것입니다. 그러나 법무부와 대검찰청은 "관례"라며 문제없다고 밝혔습니다.

문재인 대통령의 감찰 지시가 내려지자 법무부와 대검찰청은 합동 감찰을 벌였고, 이영렬과 안태근은 면직 처분을 받았습니다. 그러나 두 사람 모두 면직 취소 청구 소송에서 승소했습니다. 법원은 돈 봉투 만찬이 "특수활동비 관련 예산 지침에 어긋나고 검찰 사건 처리의 공정성에 오해를 불러 검사의 체면과 위신을 손상시켰지만, 징계 수위가 비위 정도에 비해 지나치게 과하다"고 판단했습니다. 이영렬은 김영란법 위반 혐의로 기소되었으나 역시 무죄를 받았습니다. 법원은 돈 봉투 만찬이 '하위 기관의 접대'가 아니라 '상사의 격려 차원'이라며 김영란법의 적용 예외 사유라고 판결했습니다.

22. 전·현직 검사 수사 정보 유출 사건(2017)

검사 출신 변호사 최인호가 동업하던 연예기획사 대표 조 아무개를 사기 혐의로 고소했습니다. 서울서부지검에서 수사받던 조 아무개는 2010년 최인호가 공군 비행장 소음 소송 승소금을 횡령, 탈세했다고 제보했습니다. 2015년 검찰은 최인호에 대한 수사에 착수했지만, 2017년 횡령 혐의로만 불구속기소하고 탈세 혐의는 제외했습니다. 또한, 2016년 서울남부지검이 주가조작 혐의로 최인호를 수사했지만, 최종 기소 명단에는 포함되지 않았습니다.

대검찰청은 2017년 11월 서울고검 감찰부를 중심으로
재수사팀을 꾸렸고, 서울서부지검 검사 추 아무개와
서울남부지검 검사 최 아무개가 2015년 수사 당시 정보를
최인호에게 유출한 사실을 밝혀냈습니다. 조 대표 사건을 맡았던
추 검사는 직속상관이었던 지청장 김 아무개에게 최인호를
적극 도와주라는 전화를 받았고, 구치소 접견 녹음 파일 등 수사
자료를 최인호에게 제공한 것으로 드러나 재판에 넘겨졌습니다.
법원은 징역 4개월에 집행유예 1년을 확정했습니다. 그러나
최인호와 유착 의혹이 제기된 김 지청장은 돈이나 향응을
받았다는 증거가 확보되지 않았다며 검찰이 기소하지
않았습니다.
최인호가 연루된 의혹을 받는 코스닥 상장사 홈캐스트의
주가조작 사건을 담당했던 최 검사도 2016년 수사 자료를 유출해
공무상 비밀 누설, 금융실명법 위반, 개인정보보호법 위반,
공용서류손상죄 등의 혐의로 불구속기소됐습니다.
최인호는 2010년 대구 K-2 공군 비행장 소음 피해 손해배상 '집단
소송' 사건에서 승소한 뒤 배상금에 포함된 지연이자 142억
원을 가로챈 혐의(업무상 횡령)로 2017년 불구속기소됐지만
무죄 판결을 받았습니다. 하지만 탈세 혐의는 제대로 수사하지
않았다는 논란이 있었고, 검찰은 2018년 63억여 원의 탈세를
저지른 혐의 등으로 추가 기소했습니다. 2018년 1월, 1심은 징역
3년에 집행유예 4년 및 벌금 50억 원을 선고했습니다. 2심은
진행중입니다.

23. 검찰 내 성폭행 폭로 사건(2018)

검사 서지현이 2018년 검찰 내부 통신망 이프로스에 2010년에 성추행을 당했다는 글을 올리고, JTBC <뉴스룸>에 출연해 성추행 사건을 증언했습니다.

사건은 2010년 10월, 서지현이 서울북부지검에서 근무하던 시절에 발생했습니다. 부친상을 당한 동료 검사의 빈소에서 당시 법무부 장관 이귀남을 수행하던 법무부 정책기획단장 안태근은 옆자리에 앉은 서지현의 허리를 감싸고 엉덩이를 쓰다듬는 등 성추행을 했습니다. 서지현은 즉시 문제 제기를 하지 못했는데, 이는 검찰 내부에서는 성추행 피해 사실을 문제 삼는 검사에게 "잘나가는 검사의 발목을 잡는 꽃뱀"이라는 낙인을 찍는 경우가 많았기 때문입니다.

서지현은 검찰청 간부를 통해 사과를 받는 선에서 정리하려 했지만, 안태근에게 어떤 연락도 받지 못했습니다. 오히려 2014년 사무감사에서 검찰총장 경고를 받고, 2015년에는 법무부 검찰국장으로 승진한 안태근에 의해 원치 않는 지방 발령을 받았습니다.

안태근은 검찰 인사를 총괄하는 검찰국장의 권한을 남용해 서지현에 인사상 불이익을 준 혐의로 재판에 넘겨졌습니다. 성추행 소문이 계속 확산되자, 검찰국 소속 인사 담당 검사에게 서지현을 수원지검 여주지청에서 창원지검 통영지청으로 전보하는 인사안을 작성하게 했다는 것입니다. 성추행 혐의는 고소 기간이 지나 기소되지 않았습니다. 1심과 2심에서는 유죄로 판단해 징역 2년을 선고했지만, 대법원은 무죄로 뒤집었습니다.
쟁점은 안태근이 부하 직원에게 '의무 없는 일'을 시킨 게 맞는지
여부였습니다. 대법원은 인사권에 재량이 있고, 경력 검사를
연속해서 부치지청(차장검사가 없고 부장검사가 있는 소규모
지청)에 발령하지 않는 관행도 반드시 지켜야 할 인사 기준은
아니라고 판단했습니다. 따라서 부하 직원이 의무 없는 일을 한
것이 아니라고 봤습니다. 파기환송심도 대법원의 무죄 취지에
따라 무죄를 확정했습니다.

서지현은 안태근과 국가를 상대로 1억 원의 손해배상 청구
소송을 냈지만 패소했습니다. 서지현이 강제추행으로 상당한
정신적 고통을 받았음이 인정되지만, 민법상 소멸시효 3년이
지났고, 인사권 남용은 부적절하지만 불법은 아니어서 손해배상
책임이 없다는 게 법원의 판단입니다.

24. 후배 검사 성추행 사건(2018)

검사 진동균은 2015년 서울남부지검에 재직할 때 회식 자리에서
술에 취한 후배 검사 2명을 성추행한 후 논란이 불거지자 사표를
냈습니다. 검찰은 이 사건에 대한 사실 확인을 시작했으나,
정식 감찰이나 수사 없이 사표를 수리했고, 진동균은 CJ 상무로
재취업했습니다. 진동균은 앞에서 다룬 '조폐공사 파업유도
사건'으로 해임된 검사 진형구의 아들이자 검사 한동훈의
처남입니다.

2018년, 검사 서지현의 성추행 폭로로 '검찰 성추행 진상규명 및

피해회복조사단'이 출범하면서 진동균에 대한 조사가 뒤늦게 이뤄졌습니다. 대검찰청에서 사건 자료를 넘겨받은 조사단은 진동균을 강제추행 혐의로 재판에 넘겼고, 그는 징역 10개월을 확정받았습니다. 또한, 40시간의 성폭력 치료 프로그램 이수와 2년간 아동·청소년 관련 기관 및 장애인 복지시설 취업 제한 명령도 받았습니다.

25. '96만 원 불기소 세트' 사건(2020)

피해 규모가 1조 6000억 원에 달하는 '라임자산운용 사태' 핵심 인물 스타모빌리티 회장 김봉현은 2020년 옥중 입장문을 언론사에 보내 라임 수사팀에 합류할 현직 검사들을 술 접대했다고 폭로했습니다.

2019년 7월, 서울 강남구 청담동의 한 유흥주점에서 검사 세 명과 검사 출신 이 아무개 변호사, 김봉현이 함께 536만 원 상당의 술을 마셨습니다. 이 술자리는 2019년 7월 18일 오후 9시 30분쯤 시작돼 다음 날 오전 12시 50분에 끝났습니다. 검사 나 아무개는 오후 11시 50분이 넘어서까지 자리를 지켰지만, 검사 유 아무개와 검사 임 아무개는 오후 10시 50분쯤 자리를 떴습니다.

검찰은 접대에 쓰인 총 536만 원 중 밴드와 여성 접객원 비용 55만 원을 제외한 481만 원을 술자리 참가자 5명으로 나눠 계산했습니다. 밴드 비용 등 55만 원은 두 검사가 자리를 뜨고 나서 발생했다는 이유에서입니다. 결국 유 검사와 임 검사의 접대비는 각각 96만 원으로 계산되어, 검찰은 '혐의 없음' 처분을 내렸습니다. 청탁금지법에 따르면 공직자는 직무 관련성이 없는 사람에게서 1회 100만 원이 넘는 접대를 받지 못하도록 규정되어 있습니다. 검사 개인에게 접대비로 들인 돈이 1인당 100만 원을 넘지 않으면 형사처벌이 아닌 과태료 처분 대상입니다.

술자리를 끝까지 지킨 나 검사, 그리고 이 변호사와 김봉현 등 3명으로 나누어 접대비를 계산하여 114만 원으로 산정해서 기소하였습니다. 김봉현은 향응을 제공한 사람이자 향응을 함께 받은 사람이라는 논리였습니다. 1심과 2심은 나 검사 등에 대해 무죄를 선고했습니다. 당시 김봉현의 친구인 청와대 행정관 김 아무개와 라임 부사장 이종필도 술자리에 들른 것으로 확인되면서, 1인당 접대비를 다시 계산했기 때문이었습니다. 그 결과, 나 검사에게 들인 접대비가 93만 9167원으로 줄어 청탁금지법 위반 기준(100만 원)에 미치지 못했습니다. 반면 대법원은 나 검사가 받은 향응 접대비가 100만 원이 넘을 가능성이 있다며 유죄 취지로 파기환송했습니다. 그럼에도 검찰의 '96만 원 불기소 세트' 기소로 나 검사를 제외한 라임 술접대에 참석한 현직 검사 2명은 처벌을 피해갔습니다. 또한 법무부는 사건 발생 3년이 지났지만 징계 심의를 진행하지 않고 있습니다.

26. 면담 보고서 허위 작성 의혹(2021)

검사 이규원은 2018년부터 2019년까지 대검찰청

과거사진상조사단에 파견돼 전 법무부 차관 김학의의 '별장 성접대' 사건을 재조사했습니다. 이 과정에서 건설업자 윤중천과 박근혜 정부 첫해 김학의 인사 검증을 맡은 전 청와대 행정관 박관천 등을 면담하고, 이 면담 내용을 바탕으로 허위 보고서를 작성했다는 혐의로 재판에 넘겨졌습니다. 검찰과거사위원회는 이 면담 보고서를 기반으로 보도자료를 작성해 언론에 배포했습니다. 보도자료에는 경찰이 김학의 사건을 수사할 당시 청와대 민정수석이었던 곽상도가 압력을 넣었다는 의혹과, 윤중천과 유착한 전 대구고검장 윤갑근이 관련 사건을 봐주기 수사했다는 의혹이 포함되었습니다.

곽상도와 윤갑근은 이규원을 명예훼손으로 고소했고, 혐의를 '발견'한 검찰은 2021년 3월 사건을 공수처로 이첩했습니다. 공수처법에 따르면 수사기관이 검사의 범죄 혐의를 발견한 경우 공수처에 이첩해야 합니다. 공수처는 '사건 관계인에 대한 합일적 처분'을 이유로 사건을 9개월 만에 다시 검찰에 넘겼고, 검찰은 2021년 12월 이규원을 허위공문서 작성 및 행사, 공무상 비밀 누설, 업무방해 등 혐의로 불구속기소 했습니다.

2024년 3월 언론 보도에 의하면, 박관천을 증인으로 채택했지만, 출석하지 않아 1심 재판이 원활히 진행되지 않는 상황이라고 합니다. 한편 검사 이규원은 해임됐습니다. 징계 사유는 무단 결근과 정치적 중립 의무 위반입니다. 이규원은 2024년 2월 총선을 앞두고 사표를 냈지만 법무부는 김학의 불법 출국금지 사건으로 재판을 받고 있다는 이유로 사표를 수리하지 않았습니다. 그러나 이규원은 총선에 출마하고 조국혁신당에서 대변인으로 활동했습니다.

27. '50억 클럽' 사건(2021)

경기도 성남시 대장동 개발업자인 화천대유 대주주 김만배에게 50억 원을 받았거나 받기로 약속했다는 6명의 실명이 2021년 10월 공개됐습니다. 이들은 김만배와 회계사 정영학의 대화에 담긴 '정영학 녹취록'에서 처음 등장했으며, 전 청와대 민정수석 최재경, 전 특검 박영수, 전 국민의힘 의원 곽상도, 전 검찰총장 김수남, 《머니투데이》 회장 홍선근, 전 대법관 권순일 등입니다. 이 중 4명은 검찰 출신입니다.

검찰은 이들 중 실제로 50억 원이 전달된 곽상도를 먼저 기소했습니다. 곽상도는 아들 퇴직금 명목으로 50억 원(세후 25억여 원)을 뇌물로 받은 혐의로 기소됐으나, 2023년 2월 1심에서 무죄를 선고받았고 2심은 진행 중입니다. 검찰은 2심에서 곽상도를 범죄수익은닉죄로 추가 기소했습니다.

검찰의 지지부진한 수사에 비판 여론이 커지자, 야당은 대장동 '50억 클럽' 특검을 발의했습니다. 2023년 3월 국회 법사위가 50억 클럽 특검법을 상정한 날, 검찰은 뒤늦게 박영수에 대한 압수수색을 벌였습니다. 박영수는 2014년부터 2015년까지 우리은행 이사회 의장 등을 지내며 대장동 사업과 관련해 변호사 남욱 등의 청탁을 들어주는 대가로 200억 원을 약속받고 실제로 8억 원을 받은 혐의로 2023년 8월 재판에 넘겨졌습니다. 이 사건은 현재 1심 진행 중입니다.

대장동 50억 클럽 특검은 국회를 통과했지만, 2024년 1월 윤석열 대통령이 재의요구권(거부권)을 행사했습니다.

검찰은 2024년 8월 권순일과 홍선근을 추가로 기소했습니다. 권순일은 대법관 임기를 마친 뒤인 2021년 1월부터 8월까지 대한변호사협회에 변호사로 등록하지 않은 상태로 화천대유 고문으로 재직하며 관련 민사소송 상고심과 행정소송 1심의 재판 상황 분석 등 변호사 직무를 수행한 혐의(변호사법 위반)를 받고 있습니다. 고문료는 1억 5000만 원이었습니다.

홍선근은 2019년 10월 김만배에게 배우자와 아들 명의로 50억 원을 빌렸다가 이듬해 1월 원금만 갚은 혐의(청탁금지법 위반)를 받고 있습니다. 검찰은 홍선근이 면제받은 약정이자 1454만 원을 수수한 금품으로 판단했습니다.

28. '고발 사주' 사건(2022)

2020년 4월 15일, 21대 총선 직전 '검찰총장의 눈과 귀'로 불리는 대검찰청 수사정보정책관 손준성이 고발장을 작성해서 검사 출신 국회의원 후보 김웅에게 전달하면서 미래통합당의 형사 고발을 사주했다는 게 사건의 핵심 내용입니다. 고발장에는 검찰총장 윤석열과 그의 부인 김건희, 대검찰청 반부패부장 한동훈이 명예훼손 피해자로 이름을 올렸습니다.

공수처는 손준성을 수사하는 한편, 공범으로 지목한 김웅을 검찰로 이첩했습니다. 김웅은 검사 출신이지만 범행 당시에는 검사가 아니었기 때문입니다. 검찰은 김웅에 대해 무혐의 처분을 내렸습니다. 공수처는 윤석열과 한동훈에 대해서는 충분히 수사하지 못해 무혐의 처분하고, 2022년 5월 손준성만 재판에 넘겼습니다. 수사 역량의 부족으로 '윗선'의 개입은 밝히지 못한 것입니다.

1심 재판이 진행 중인데도 대검찰청 감찰본부는 손준성에 대해 감찰을 무혐의로 종결했습니다. 게다가 2023년 9월 손준성을 검사장으로 승진시켰습니다. 그러나 1심은 손준성이 고발장 작성에 관여하고 이를 김웅에게 전달했다고 판단해 유죄로 인정했습니다. "검사가 지켜야 할 핵심 가치인 정치적 중립을 정면으로 위반했다"고 판단해 징역 1년을 선고했습니다.

2023년 12월 국회는 손준성의 탄핵소추안을 국회 본회의에서 통과시켰습니다. 1심 판결에 항소한 손준성은 2024년 3월 헌법재판소에 탄핵 심판 절차를 2심 판결이 나올 때까지 멈춰달라고 신청했고, 헌법재판소는 이를 받아들였습니다.

29. '공소권 남용' 검사 탄핵소추 사건(2023)

'서울시 공무원 간첩 조작 사건' 피해자 유우성은 2004년 북한을 탈출해 한국에 정착한 후 서울시 계약직 공무원으로 일하던 중, 국내 탈북자들 정보를 북한에 넘겨줬다는 혐의로 2013년 기소됐습니다. 그러나 유우성의 간첩 혐의는 1심, 2심, 3심 모두 무죄가 났습니다. 무엇보다 재판 과정에서 검찰이 유우성의 출·입국 기록 등 증거를 조작해 제출한 사실이 드러났습니다.

국정원이 유우성의 동생 유가려를 불법 구금하고 가혹
행위를 하며 "오빠는 간첩"이라는 허위 진술을 받아낸 사실도
확인됐습니다.

2014년, 국정원이 조작한 간첩 증거를 검찰이 의도적으로 방치한
채 유우성을 재판에 넘긴 정황이 드러나면서 사건 관련 검사들이
징계를 받았습니다. 그러자 검찰은 4년 전 사안이 경미해 이미
기소유예 처분을 내렸던 불법 대북 송금 혐의(외국환거래법
위반)로 유우성을 추가 기소했습니다. '보복 기소'라는 비판을
받았습니다. 법원은 "(검찰의) 기소에 의도가 있다. 공소권을
자의적으로 행사해 위법하다"며 공소 기각 판결을 내렸습니다.
검사의 공소권 남용을 인정해 공소 기각을 확정한 첫
사례였습니다.

유우성을 '보복 기소'했던 검사 안동완은 2023년 9월 국회에서
탄핵소추됐습니다. 현직 검사가 헌법재판소의 탄핵심판대에
오른 건 헌정사상 처음이었습니다. 그러나 헌법재판소는 재판관
5(기각) 대 4(인용) 의견으로 탄핵심판 청구를 받아들이지
않았습니다. 다만 재판관 다수(6명)는 안동완이 유우성을
기소한 것은 "위법하다"는 의견을 남겼습니다.

30. 백현동 불구속 수사 청탁 사건(2023)

2024년 1월, 경기도 성남시 백현동 개발 특혜 수사 무마를
위해 금품을 수수한 혐의(변호사법 위반)로 검찰 출신 변호사
임정혁이 기소됐습니다. 임정혁은 2023년 6월, 백현동

개발업자로 수사받던 아시아디벨로퍼 대표 정바울에게 수사 관련 공무원과의 교제 및 청탁 명목으로 1억 원을 받은 혐의를 받았습니다. 그는 검찰 고위직 인맥을 이용해 정바울에게 성공 보수로 10억 원을 요구했고, 착수금으로 1억 원을 수수한 것으로 알려졌습니다. 변호사 선임계도 제출하지 않은 상태였습니다. 임정혁은 대검찰청 공안부장과 서울고검장, 대검찰청 차장, 법무연수원장을 거쳐 2016년 변호사 개업을 했습니다. 그는 정당한 변호 활동 보수라고 주장했지만, 2024년 8월 1심은 이를 받아들이지 않고 징역 2년에 집행유예 3년, 추징금 1억 원을 선고했습니다. 임정혁이 전관으로서의 인맥과 영향력을 이용하여 대검찰청 고위 간부들을 많이 알고 있으며 쉽게 만날 수 있다는 점을 과시하며 수임료를 수수하고 성공 보수를 약속받았다는 이유에서입니다. 또 변호인 선임서 없이 대검찰청을 방문해 정바울 불구속 수사 등을 청탁한 것은 정당한 변호 활동이 아니었다고 판단했습니다. 또, 대검찰청 고위 간부를 만나는 데 1억 원, 불구속 성공 보수금 5억 원은 "정상적인 변호 활동 대가로 보기엔 상당히 고액"이고 "대검찰청 반부패부장을 만나 1쪽짜리 의견서를 제출한 것 이외에 다른 변호 활동하지 않은 것"이라고 지적했습니다.

한편 정바울은 2013년 7월부터 2023년 3월까지 자신이 실소유한 회사 등에서 총 480억 원을 횡령·배임한 혐의로 구속기소되었으나, 같은 해 11월 보석으로 풀려났습니다.

참고문헌

1장 우리는 검찰공화국에 살고 있다

❶ 2024년 4월 30일 기준 현황은 가집계로, 5월 12일 추가 확인을
통해 팩트시트로 발간함.『윤석열정부 2년 검찰⁺보고서 2024』,
247쪽.

❷ 황수정, "씨줄날줄 그들만의 '벨트 검사'", 《서울신문》, 2024년
4월 18일.

❸ 정의길, "룰라, 무르시, 조국혁신당…검찰정권 심판은
어디로", 《한겨레》, 2024년 4월 8일.

2장 검찰은 무엇으로 사는가

❶ 대법원 2007.6.14. 선고 2004도5561 판결. 김종훈, "'수사
압력' 아니라는 경찰", 《경향신문》, 2013년 4월 24일.

❷ 이성윤,『그것은 쿠데타였다』, 오마이북, 2024년, 154쪽;
유길용, "이성윤의 '그것은 쿠데타였다'로 본 '윤석열 사단'
속살", 《월간중앙》, 2024년 2월 17일.

❸ 이재상·조균석·이창온,『형사소송법』(제15판), 박영사,
2023년, 54쪽.

❹ 이재상·조균석·이창온,『형사소송법』(제15판), 박영사,

2023년, 57쪽.

❺ 오병두, 「'검찰권의 일원적 행사론'에 대한 비판적 검토: 검찰기구의 분할 사례에 관한 비교법적 검토를 겸하여」, 《법과사회》 제75호, 2024년, 169~194쪽.

❻ 小田中聰樹, 『刑事訴訟法の歴史的分析』, 日本評論社, 1976년, 454쪽.

❼ 小田中聰樹, 『現代刑事訴訟法論』, 勁草書房, 1977년, 29~35쪽.

❽ 小田中聰樹, 『現代刑事訴訟法論』, 勁草書房, 1977년, 86~135쪽.

❾ 김지훈, "홍만표 16개월에 110억 매출…전관 변호사 중 '최고'", 《한겨레》, 2016년 5월 16일.

❿ 이순혁, 『검사님의 속사정』, 씨네21북스, 2011년, 127~128쪽.

⓫ 문준영, 『법원과 검찰의 탄생』, 역사비평사, 2010년, 549~601쪽; 신동운, 「제정 형사소송법의 성립경위」, 《형사법연구》 제22호, 2004년; 정은주, "124년의 검찰권력, 일제가 낳고 보안법이 키웠다", 《한겨레》, 2019년 10월 5일.

⓬ 신동운, 『형사소송법제정자료집』, 한국형사정책연구원, 1990년, 108~111쪽.

⓭ 부대공소제도, 독일 형사소송법 제395조 이하.

⓮ 독일 형사소송법 제397조.

⓯ 이연주, 『내가 검찰을 떠난 이유』, 포르체, 2020년, 286~287쪽.

⓰ 조홍복, "'순천 청산가리 막걸리' 범인은 누구?…14년만에 재심 결정", 《조선일보》, 2024년 1월 5일.

⓱ 문준영, 『법원과 검찰의 탄생』, 역사비평사, 2010년, 80~96쪽;

정은주, "124년의 검찰권력, 일제가 낳고 보안법이 키웠다", ≪한겨레≫, 2019년 10월 5일.

⑱ 헌법재판소 2023년 3월 23일 선고 2022헌라4 결정(전원재판부) 「법무부장관 등과 국회 간의 권한쟁의(검사의 수사권 축소 등에 관한 권한쟁의 사건)」(각하), 판례집 35-1상, 564~670쪽.

⑲ 문준영, 『법원과 검찰의 탄생』, 역사비평사, 2010년, 701~708쪽.

⑳ 정은주, "헌법상 검사의 영장청구권은 어떻게 탄생했을까", ≪한겨레≫, 2019년 10월 11일.

㉑ 김인회, 『문제는 검찰이다』, 오월의 봄, 2017년, 135~137쪽.

㉒ 이 사건에 관해서는 참여연대 데이터베이스, '그 사건 그 검사' 참조.

㉓ 형사소송법 제197조의 2 제1항 제1호, 제245조의 8 등.

3장 검사가 누리는 특권들

❶ 박수혁, "춘천지법-지검 '청사 이전' 3년 갈등 마침표", ≪한겨레≫, 2023년 9월 19일.

❷ 하태훈, "준사법기관에 걸맞는 검찰이어야", ≪경향신문≫, 2019년 10월 21일.

❸ 이성기, 「수사-기소의 분리와 검찰개혁」, ≪형사정책≫, 제29권 제1호, 2017년 4월, 154~155쪽; 문재인·김인회, 『문재인,

　　김인회 검찰을 생각한다』, 오월의 봄, 2011년, 64쪽.

❹ 최강욱 등, 『도치된 권력, 타락한 정의』, 창비, 2024년, 71쪽.

❺ 이순혁, 『검사님의 속사정』, 씨네21북스, 2011년, 77쪽.

❻ 김희준, "국민의 검찰이 되기 위한 필수조건",

　　《광주매일신문》, 2022년 9월 1일.

❼ 이연주, 『내가 검찰을 떠난 이유』, 포르체, 2020년, 50~51쪽.

❽ 정영철, "검, 간첩증거 공증도 기본형식 못갖춰…위조 논란

　　확산", 《노컷뉴스》, 2014년 2월 16일.

❾ 정혜민, "도이치 '유죄' 10개월…김건희 조사는 안하는 검찰",

　　《한겨레》, 2023년 12월 28일.

❿ 김희진, "'세월호 구조 실패' 책임, 잘못 끼운 수사…결국

　　되돌리지 못했다", 《경향신문》, 2023년 11월 2일.

⓫ 정은주, "7년간의 거짓말", 《한겨레21》, 2021년 2월 22일.

⓬ 최다원, "서부지검장 "검찰 내 '이태원 참사' 김광호 청장

　　구속·기소 의견 있었다"", 《한국일보》, 2023년 10월 17일.

⓭ 김가윤, "이태원 참사 447일 만에 김광호 기소…늑장 덕 '역대

　　최장수' 청장", 《한겨레》, 2024년 1월 19일.

⓮ 정은주, "'밥값 대신 내주는 뭐…' 죄책감 마비된 검찰윤리",

　　《서울신문》, 2010년 4월 23일.

⓯ 이연주, 『내가 검찰을 떠난 이유』, 포르체, 2020년, 46~47쪽.

⓰ MBC, <PD수첩>, '검사와 스폰서', 2010년 4월 20일.

⓱ 이상원, "검사가 자살했다, 검찰은 침묵했다", 《시사IN》, 2016년

　　7월 18일.

⑱ 이지혜, "서지현, 재판은 졌지만 강제추행·인사보복 실체는 법원도 인정", ≪한겨레≫, 2024년 1월 30일.

4장 언론은 검찰을 감시할 수 있을까

❶ 이승재, "권 여사, 1억원짜리 시계 2개 논두렁에 버렸다", SBS, 2009년 5월 13일.

❷ Jamali v. Maricopa County, US Support LLC, et al. No. 2:13-cv-00613-DGC(9th Cir. Oct. 21, 2013).

❸ 김주석, 「재판공개원칙의 현대적 의미와 한계」, 사법정책연구원, 245~246쪽.

❹ 김주석, 「재판공개원칙의 현대적 의미와 한계」, 사법정책연구원, 233~244쪽.

❺ 연성진, 「검찰 수사 중 피조사자의 자살 발생원인 및 대책 연구」, 한국형사법무정책연구원, 2014년 12월.

❻ 국회 토론회, '자살로 몰고가는 범죄수사, 어떻게 바꿀 것인가?', 2024년 6월 4일.

❼ 임수빈, 「검찰권 남용 통제방안」, 서울대학교 박사 학위 논문, 2017년, 12쪽.

❽ 이해민 의원(조국혁신당)은 22대 국회에서 국민의 알 권리 보장을
위한 판결문 공개 확대 3법을 대표 발의했다. 이해민 의원은 "검찰개혁, 법조 카르텔 해소를 위해서도 국민들이 보다 쉽게

법률 정보를 얻을 수 있도록 정보가 투명하게 공개되어야

한다"고 말했다. 신형수, "이해민 의원, 판결문 공개 확대3법

발의", 《일간투데이》, 2024년 6월 24일.

5장 법원은 검찰을 통제할 수 있을까

❶ '변호인의 피의자신문참여 문제에 대한 고찰', 1999년.

❷ 정은주, "심문제·참여권 도입 때마다 "수사 기밀"…

법원·검찰 갈등의 역사", 《한겨레》, 2023년 6월 1일.

❸ 대법원 2021. 10. 14. 선고 2016도14772 판결, 대법원

2015. 10. 29. 선고 2014도5939 판결.

❹ 대법원 2001. 11. 30. 선고 2000다68474 판결.

❺ 대법원 2002. 2. 22. 선고 2001다23447 판결.

❻ 신민정·김미나, "구속·체포 영장 줄었는데…압수수색은

3.6배 늘었다", 《한겨레》, 2023년 2월 14일.

❼ 대법원 2007. 11. 15. 선고 2007도3061 전원합의체 판결.

❽ 오연서, "법무부 장관도 찬성하시죠? 스마트폰 압수수색,

손볼 때 됐다", 《한겨레》, 2023년 6월 1일.

❾ 대법원 2024. 4. 16. 선고 2020도3050 판결.

❿ 형사소송법 제260조 이하.

⓫ 형사소송법 제262조 제6항.

⓬ 독일 형사소송법 제152조.

⓭ 독일 형사소송법 제153조 이하.

6장 검찰, 어떻게 바꿔야 할까

① 박찬수, "2003년 3월9일 '검사와의 대화', 20년 뒤 '검찰 대통령' 예고하다", 《한겨레》, 2023년 11월 21일.

② 김태선, "가시 돋친 설전, 목소리 높아지기도", KBS, 2003년 3월 9일.

③ 박찬수, ""TV 나온 그 검사 ××?"…노 대통령과 '같은 자리' 요구했던 검사들", 《한겨레》, 2023년 11월 28일.

④ 2007년 11월 17일 전국 19세 이상 남녀 500명 대상 조사(표준오차 ±4.4%, 신뢰수준 95%).

⑤ 2009년 6월 3일 전국 19세 이상 남녀 700명 대상 조사(표본오차 ±3.7%, 신뢰수준 95%).

⑥ 2010년 9월 28일~10월 1일 전국 19세 이상 남녀 1009명 대상 조사(표본오차 ±3.1%, 신뢰수준 95%).

⑦ 반대는 10.7%, 2010년 5월 11일 전국 19살 이상 남녀 700명 대상 조사(표준오차 ±3.7%, 신뢰수준 98%).

⑧ 2016년 7월 26일 전국 19세 이상 남녀 515명 대상 조사(표본오차 ±4.3%, 신뢰수준 95%).

⑨ 2016년 12월 27~29일 전국 19세 이상 성인 남녀 2017명 대상 조사(표본오차 ±2.2%, 신뢰수준 95%).

⑩ 2017년 9월 20일 전국 19세 이상 성인 남녀 514명 대상 조사(표본오차 ±4.3%, 신뢰수준 95%).

⑪ 2019년 3월 1~2일 전국 19세 이상 남녀 1031명 대상 조사(표본오차 ±3.1%, 신뢰수준 95%).

⑫ 이오성, "윤석열 정부는 '검찰공화국'인가, 시민들에게 물어봤다 [대국민 검찰 여론조사 ❶]", 《시사IN》, 2023년 11월 8일; 이오성, "윤석열 정부 겨누는 칼, 끓어오르는 '반검 정서' [대국민 검찰 여론조사 ❷]" 《시사IN》, 2023년 11월 14일; 이오성, "문재인 정부의 검찰개혁이 실패한 이유 [대국민 검찰 인식조사 ❸]", 《시사IN》, 2023년 11월 22일.

⑬ 김인회, 『문제는 검찰이다』, 오월의 봄, 2017년, 181~182쪽.

⑭ 공수처 보도자료, 공수처 조직역량 강화 정책연구서 발간, 2022년 11월 15일.

⑮ 최초 공수처법에서는 추천위원회의 의결정족수가 6명 이상이었으나, 당시 야당(국민의힘)의 보이콧으로 공수처장후보자 추천절차가 지연되자 3분의 2 이상으로 완화(2020. 12. 15. 개정된 공수처법 제6조).

⑯ MICHAEL J. ELLIS, 「The Origins of the Elected Prosecutor」, 《The Yale Law Journal》, Vol. 121, No. 6(APRIL 2012), pp. 1528~1569.

⑰ 이윤제, 「검찰개혁과 검사장 직선제」, 《형사법연구》 제29권 제2호, 2017년, 230쪽.

⑱ 오병두, 「'검찰권의 일원적 행사론'에 대한 비판적 검토: 검찰기구의 분할 사례에 관한 비교법적 검토를 겸하여」, 《법과사회》 제75호, 2024년, 175쪽 이하.

⑲ 우태경, "검사 탄핵에 이재명 부부 소환…민주당, 검찰 힘 더 빼는 개혁안으로 맞불", 《한국일보》, 2024년 7월 8일.

지은이 ◦ 검찰연구모임 리셋

백민
변호사. 대학원에서 형사법을 전공했고, 최순실 특검
특별수사관(2016~2019년)으로 재직했다. 현재는 민변 검경개혁소위원회
간사다. 고故 채 상병 사망 사건에 외압을 행사한 혐의로 대통령을 고발하는
등 사회문제의 최일선에서 활동하고 있다.

백승헌
민변 창립 시부터 현재까지 민변 활동을 해왔고, 2006년부터 2010년까지
회장을 지냈다. 현재는 법무법인 경에서 변호사로 일한다. 대한변협
인권위원, 대검찰청 검찰개혁 자문위원, 법무부 정책자문위원으로 활동하는
등 사법과 검찰개혁에 지속적으로 관심을 갖고 활동해왔다.

오병두
홍익대학교 법과대학 교수로, 참여연대 사법감시센터 소장을 역임했다.
참여연대의 『검찰보고서』를 만드는 작업을 하며 '검찰공화국'의 문제점을
지적해왔다. 형사사법체계를 시민의 관점에서 재구성하는 일에 관심을 갖고
있다.

이재근
참여연대 협동사무처장으로, 참여연대 행정감시센터와 사법감시센터에서
활동가로 일했다. 어쩌다 보니 영부인 명품 백 수수, 대통령실 이전 의혹,
검찰의 압수수색 남용 등 우리 사회의 가장 첨예한 사건에 앞장서 고발장을
내고 기자회견에 나섰다.

이춘재

전두환·노태우 재판 취재를 시작으로 기자 이력의 대부분을 법조 분야에서
쌓았다. 《한겨레》 법조팀장과 사회부장을 지냈고, 지금은 논설위원으로
있다. 복잡하고 어려운 사건일수록 누군가는 기록해야 한다는 생각으로
쓴다. 『기울어진 저울』『검찰국가의 탄생』『검찰국가의 배신』을 썼다.

전수진

미국 변호사로, 현재 민변 비상근 사무차장을 맡고 있다. 10·29 이태원 참사
TF에서 활동하고 있다. 또한 국민연금, 네이버 라인야후 사태, 인공지능 규제,
수입배당금 익금불산입 등의 문제에도 관심을 갖고 관련 활동에 참여하고
있다.

정은주

《서울신문》과 《한겨레》에서 법조기자, 법조팀장으로 일했다.
국제인권재판소 등 유럽의 여러 법률 기구를 방문 취재하고, 투자자−국가
분쟁해결절차ISDS의 문제점을 집중 보도했다. 2002년 중국 여객기 김해
추락 사고, 2008년 태안 기름 유출 사고, 2014년 세월호 참사 등을 현장에서
기록했다.

한상희

건국대학교 법학전문대학원 겸임교수 및 참여연대 공동대표로, 헌법과
법사회학을 연구했다. 사법개혁과 함께 인권 이슈에 적극적으로 목소리를
내왔다. 『감시사회』『법조윤리』 등을 썼으며, 『헌법은 왜 중요한가』를
번역했다.

지금 이 순간 당신에게 필요한 검찰 공부

검사의 탄생

펴낸날 **초판 1쇄 2024년 12월 23일**

지은이 **검찰연구모임 리셋**

펴낸이 **이주애, 홍영완**

편집장 **최혜리**

편집2팀 **박효주, 홍은비, 송현근**

편집 김하영, 강민우, 한수정, 안형욱, 김혜원, 이소연, 최서영, 이은일

디자인 박정원, 김주연, 기조숙, 윤소정, 박소현

홍보마케팅 김민준, 김태윤, 김준영, 백지혜

콘텐츠 양혜영, 이태은, 조유진

해외기획 정미현, 정수림

경영지원 박소현

펴낸곳 **(주)윌북** 출판등록 제 2006-000017호

주소 10881 경기도 파주시 광인사길 217

홈페이지 willbookspub.com 전화 031-955-3777 팩스 031-955-3778

블로그 blog.naver.com/willbooks 포스트 post.naver.com/willbooks

트위터 @onwillbooks 인스타그램 @willbooks_pub

ISBN 979-11-5581-779-7 (03300)